인생을 바꿀 부동산이 쏟아진다

인생을 바꿀 부동산이 쏟아진다

대전환의 시기, 기회를 잡는 1%의 통찰

최이준(오감스) 지음

ORNADO
토 네 이 도

부동산, 선택이 아니라 생존이다

많은 사람은 부동산을 여러 투자 수단 중 하나로 여긴다. 하지만 부동산은 선택의 문제가 아니라, 살아가기 위해 반드시 이해해야 하는 생존의 영역이다. 우리의 삶은 언제나 공간 위에서 이루어지고, 그 공간이 곧 부동산이기 때문이다.

우리는 집에서 살고, 회사에서 일하며, 상가를 이용한다. 원하든 원하지 않든 모두가 부동산 시장의 참여자다. 매수자이자 매도자고, 임차인이자 임대인인 것이다. 그렇게 모두가 부동산 시장 안에서 살아간다. 그렇다면 남은 선택지는 하나다. 구조를 이해하고 대비하는 것이다.

부동산은 주식처럼 매일의 가격 변동이 크진 않지만, 한 번의 판단이 수천만 원에서 수억 원의 손익으로 직결된다. 투자 금액이 큰 만큼 한 번의 실수가 투자 실패를 넘어 삶의 위기로 이어질 수 있다.

이 시장은 결과에 대한 책임이 철저히 개인에게 돌아온다는 특징도 갖고 있다. 부적절한 계약, 잘못된 판단, 시세 변화에 대한 미비한 대응은 모두 개인의 몫이다. 보험도, 환불도, 리콜도 없다. 모든 투자가 본인의 책임이겠지만, 부동산 투자는 그 책임의 무게가 훨씬 크다.

그렇다면 부동산 시장에서 어떻게 살아남아야 할까?

먼저 관심을 가져야 한다. 부동산은 투자 수단을 넘어 생존과 직결된 시장이다. 그렇기에 부동산 가격만 볼 게 아니라 어떤 사람들이 사는지, 어떤 환경인지, 그곳에서 어떤 삶이 펼쳐질지 함께 살펴야 한다. 내가 살 공간, 가족이 머무를 공간에 대한 이해와 준비를 미루는 것은 삶의 가장 기본적인 조건을 방치하는 셈이다.

관심을 갖는 만큼 선택의 정확도는 자연스레 높아진다. 부동산 공부는 막연한 두려움과 무지에서 벗어나기 위한 작은 관심에서부터 출발한다. 부동산은 선택 과목이 아니라, 인간에게 전공필수 과목과도 같은 영역임을 잊지 말아야 한다.

두 번째, 능동적인 전문가가 되어야 한다. 전문가의 말만 따르는 수동적인 태도가 아니라, 스스로 판단하고 분석할 수 있는 능동적인 자세가 필요하다. 여기서 전문가가 된다는 말은 자격증이나 학위가 필요하다는 뜻이 아니다. AI 시대가 도래하며 전문 지식의 접근성이 낮아진 만큼 이론 지식을 쌓는 것만으로는 차별화될 수 없다. 부동산은 책상 앞이 아니라 현장에서 완성되는 시장이기 때문에 결국 중요한 것은 경험이다.

같은 조건이라도 위치, 분위기, 주변 상권, 인근 시설에 따라 가치는 완전히 달라진다. 이 차이를 구분하는 힘은 오직 본인의 임장 경험에서 나온다. 이렇듯 중요한 건 얼마나 많은 공부를 했느냐가 아니라, 얼마나 많은 현장을 경험했느냐다. 현장을 반복해서 경험할수록 전문가의 의견에 무작정 기대지 않게 되고, 나만의 투자 기준이 생긴다.

세 번째, 삶을 쫓는 임장을 해야 한다. 많은 사람이 살고 싶어 하는 곳에는 수요가 모이고, 우리는 그곳을 입지가 좋다고 말한다. 부동산 임장을 나설 때는 "이곳에서 내가 실제로 산다면 어떨까?"라는 질문에서 출발해야 한다. 나아가 이 동네가 아이를 키우는 부모, 직장인, 은퇴한 시니어, 1인 가구 등 다양한 세대의 삶을 품는 곳인지까지 살펴봐야 한다.

그렇기 때문에 직접 임장을 다니며 눈으로 보고, 귀로 듣고, 발로 걸어야 한다. 데이터로는 알 수 없는 이면도로의 분위기, 현장의 소리와 냄새, 골목의 흐름과 리듬을 오감으로 느껴야 한다.

요즘 부동산 공부는 차트와 지표를 중심으로 한 수익률 분석에 치우쳐 있다. 특히 젊은 세대일수록 국내외 경제 상황과 여러 지표를 분석해 결론적으로 얼마의 수익률이 나오는지 명확한 숫자로 정리하려 한다. 물론 데이터 분석은 중요하다. 하지만 사람의 삶과 밀접하게 연결된 이 시장에서 숫자만으로 정확한 결론을 예측할 수 있을까?

여러 변수를 고려해 투자 가치가 있다고 판단한 집이라도, 실제로 사람들이 살고 싶어 하는 집은 다를 수 있다. 결국 투자 가치와 거주 가치가 겹치는 지점, 그 교집합에 있는 부동산만이 시장 상황이 바뀌어도 흔들리지 않는 경쟁력을 갖는다.

부동산 투자가 예로부터 중장년층의 영역으로 인식되어 온 이유도 여기에 있다. 물론 자산의 규모 차이도 무시할 수 없겠지만, 더 본질적인 이유는 삶의 경험에서 비롯된 깊이에 있다. 학업과 취업, 결혼과 육아, 부모 부양까지 다양한 역할을 경험할수록 사람에 대한 이해와 공감 능력이 상대적으로 높아질 수밖에 없다. 이러한 경험에서 비롯된 공감력은 부동산 시장에서도 유리하게 작용한다. 그래서 부동산은 데이터 분석을 넘어 다양한 인간군상을 이해하는 마음으로 바라봐야 한다. 아직은 시세가 낮고 주목받지 못하지만 많은 사람들이 '살고 싶은 집이 될 곳'을 찾아내는 것이 임장의 핵심이기 때문이다.

나는 사람들이 살고 싶어하는 집의 기준을 알아내기 위해 다양한 세대의 사람들과 대화해왔다. 대학생이 자취방을 구하며 느끼는 막막함, 사회초년생의 내 집 마련에 대한 절박함, 맞벌이 부부의 육아 고민, 시니어의 고독한 생활 패턴, 직장인의 출퇴근 문제, 사업가의 사업장 입지 고민, 토지 활용과 개발 전략 등 여러 세대와 다양한 직업을 가진 사람들을 부동산 이해관계자로 만나며 그들의 삶의 방식과 니즈를 관찰해 왔다. 그렇게 하루 30,000보 이상 걸으며 서울부터 제주까지 전국의 부동산 현장을 임장했다. 그 과정에서 부동산이란 땅이나 건물 그 자체가 아니라, 사람의 삶을 담는 그릇이라는 사실을 분명히 알게 되었다.

이 책은 그 깨달음을 바탕으로, 수치와 예측 그래프만이 아닌 실제 현장에서 쌓은 감각과 판단 기준을 담았다. 부동산을 선택의 문제가 아니라 생존의 문제로 받아들이는 순간, 관점은 완전히 달라진다. 만약 부동산에 관심은 있지만 어떻게 시작해야 할지 몰라 막막하다면, 이 책이 그 기준을 세우는 데 첫걸음이 되어주길 바란다.

차 례

1장   대한민국의 부동산을 두 발로 배웠다

2장 부동산 투자를 하기 전 반드시 알아야 할 것들

3장 부동산 오감, 첫눈에 공간의 본질을 읽는 감각

4장 100년 뒤에도 살아남을 입지의 조건

5장 아무도 알려주지 않는 부동산 이야기

1장

대한민국의
부동산을
두 발로
배웠다

01

맨땅의 헤딩부터
시작한 투자자

    부동산에 꾸준히 관심을 갖다 보면 상승·하락·횡보장을 반복하는 '부동산 사이클' 개념을 접하게 된다. 시장이 돌아가는 흐름 속에서 누군가는 기회를 잡고 누군가는 크게 흔들린다. 나는 이 사이클이 가장 극적으로 움직이던 시기인 2012년쯤 부동산 공부를 본격적으로 시작했다. 당시 시장은 고점을 찍고 하락세로 돌아선 시기였다. KB국민은행의 주택가격동향조사에 따르면, 2012년 서울 아파트 매매가격은 연간 약 4%대로 하락하며 외환위기 이후 가장 큰 약세를 기록했다. 수도권 전반에는 '하우스푸어' 공포와 함께 짙은 침체 분위기가 확산되었다. 언론은 연일 '대한민국 부동산은 끝났다'라며 비관적인 전망을 쏟아냈고, 많은 사람이 투자를 멈췄다.

    그러나 내가 본 현장은 사뭇 달랐다. 내가 방문했던 아파트 모델하우스 앞에는 늘 줄이 길었다. 땡볕에도, 영하의 날씨에도 줄을 선 사람들을 보며 그 이유가 궁금해졌다. 왜 이렇게까지 줄을 서는 걸까.

맨땅의 헤딩이 익숙해지기까지

모델하우스 줄에서 유난히 눈에 띄는 이들이 있었다. 과 잠바를 입은 대학생 무리였다. 그들은 대학생 부동산 투자 동아리 소속이었고, 함께 청약에 도전하고 있었다. 누구든 당첨되면 전매를 통해 얻은 수익을 공평하게 나누기로 했다는 이야기도 들었다. 당시에는 아파트 청약에 추첨 물량이 많았고, 전매도 가능했으며, 각종 규제가 적어 충분히 가능한 이야기였다. 기껏해야 나보다 몇 살 어린 그들이 먼저 줄을 서 있는 모습을 보며, 경쟁이 더 치열해지기 전에 부동산 시장에서 좋은 자리를 선점해야 한다는 생각이 들었다.

사실, 내가 부동산에 관심을 가질 수밖에 없었던 이유는 단 하나였다. 어릴 적 아버지가 지병으로 돌아가신 후 어머니와 동생 그리고 나, 세 식구는 1,500만 원짜리 지하 전세방으로 이사했다. 비가 새고, 쥐가 들어오고, 화장실 창문으로 누군가가 훔쳐본 적도 있었다. 그럼에도 어머니는 늘 우리가 행복해질 수 있다고 이야기해 주셨다.

어머니는 이렇게 정서뿐 아니라 경제적으로도 우리의 든든한 버팀목이었다. 생활력이 강했던 어머니는 어렵게 목돈을 모으자마자 그 돈을 전부 들고 택시에 타셨다. 부동산 정보가 많지 않던 그 시절, 30대 초반의 어머니는 강남 부동산으로 향했다. 그렇게 도착한 곳은 지금의 서래마을로 유명한 반포동이었다. 어머니는 그곳에서 당시 전세를 낀 1억 원대 아파트를 매수하셨다.

그야말로 맨땅의 헤딩이었다. 반지하에서 지상으로, 빌라에서 아파트로, 20평대에서 40평대로 집이 바뀔수록 삶도 달라졌다. 그때 깨달았다. 부동산이 한 가족의 인생을 송두리째 바꿀 수 있다는 것을.

불편함을 감수하며 첫 투자를 하다

이후 20대에 접어들며 자연스럽게 부동산 공부를 시작했다. 궁금한 지역이나 뜨는 지역이 있다면 직접 찾아가 보고, 공인중개사무소에 들어가 시세를 물었다. 그때만 해도 20대가 부동산 투자를 하는 것은 흔치 않았기 때문에 무시당하기 일쑤였다. 하지만 20대에 서울의 모든 아파트를 내 눈으로 보고, 나만의 기준을 만들기 위해 계속 발로 뛰었다.

지역별로 대장 아파트들을 거의 다 확인해갈 무렵, 머릿속에 기준점들이 자리 잡기 시작했다. 대장 아파트가 그 지역의 기준이 되어 다른 단지를 볼 때 그 가치를 어느 정도 가늠할 수 있게 된 것이다. 또 시간이 지나며 대장 아파트기 바뀌는 흐름까지 관심을 두고 지켜봤기 때문에 점차 나만의 판단 기준이 확고해졌다.

그렇게 임장을 다니다 보니, 직접 투자해 보고 싶다는 갈망이 생겼다. 당시 사회초년생이었던 나는 모아 둔 돈과 대출을 최대한 활용하면 약 3,000만 원을 마련할 수 있었다. 마침 우리 집은 어머니의 직장과 가까운 곳으로 이사를 준비하고 있었다. 당시 살고 있던 아파트가 몇 년째 매도되지 않고 있었고, 어머니의 직장이 있는 강남 지역은 부동산 가격이 더 높았다. 그래서 살던 집이 매도된다 해도 강남의 아파트를 매수하기에는 무리가 있었다.

그래서 나는 어머니께 제안했다. 기존 집을 전세로 돌리고, 그 전세금으로 어머니 직장 근처 오피스텔이나 빌라를 매수해 거주와 투자를 동시에 해보자고 말이다. 그리고 어머니가 매수를 결정하신다면 내가 가진 돈으로 작은 지분이라도 참여하겠다고 했다. 어머니가 그 제안을 받아들이셔서, 우리는 결국 넓은 아파트에서 작은 오피스텔 원룸으로 이사했다. 공간은 협소하고 불편함도 컸다. 하지만 무언가 시작했다는 생각에 마음이 풍족했고, 그곳에서 어머니와 함께 5년을 살았다.

부동산 투자의 기본은 지금 주어진 상황을 최대한 활용하는 데 있다. 당시 우리 가족에게는 이사를 가야 하는 현실적인 이유가 있었고, 나는 그 상황을 투자의 기회로 연결했다. 물론 불편함을 감수해야 했지만 그것 역시 선택의 일부였다. 돌이켜보면, 그 투자가 큰 수익을 안겨준 것은 아니었다. 어머니의 집에 일부 지분으로 참여했기에 내 마음대로 처분할 수도 없었다. 하지만 현재의 불편을 기꺼이 감내하며, 그 상황을 기회로 전환했던 태도는 이후 나의 투자 전반에 중요한 기반이 되었다. 나의 투자 철학이 처음으로 형성된 순간이었다.

만약 내가 그 불편함을 피하고 익숙한 선택을 했다면, 투자자로서의 마인드를 갖추지 못했을 것이다. 눈앞의 안락함보다 미래의 기회를 바라보는 태도, 현재의 제약을 도리어 전략으로 활용하는 사고방식은 모두 그 경험을 통해 생겨났다.

결국, 경험이 나를 만든다

결혼 후에도 부동산 임장은 계속되었다. 아내 역시 이 과정에 공감해 주었고, 매주 현장을 함께 찾아다녔다. 그렇게 수십 번의 청약 끝에 서울의 한 아파트에 당첨되었다. 당시에는 전무후무한 강력한 부동산 규제 정책이 발표된 직후였던 데다가 부동산 전문가는 물론 가족과 지인들까지 이 아파트의 입지를 부정적으로 평가했다. 실제로 당첨이 됐지만 계약을 포기하는 사람들도 많았다. 하지만 나는 수십 번 현장을 방문하며 쌓아온 나만의 기준을 믿고 계약을 진행했다.

그 지역은 이름만 들어도 소위 '하급지'로 불리던 곳이었으며, 오랜 시간 굳어진 이미지와 고정관념이 강하게 남아 있는 지역이기도 했다. 하지만 나는 과거가 아닌 미래 가치를 평가했다. 내가 엑시트를 할 시점의 상황과 시장 사이클을 예측하는 데 집중하며, "이 지역에 내가 실제로 거주한다면 어떨까?"라는 전제를 세웠다. 그렇게 입지만 놓고 이 지역의 발전 가능성과 함께 상급지를 뛰어넘을 수 없는 한계가 무엇인지도 고민했다. 충분한 검토 끝에 그 지역의 수익성에 대한 확신을 갖게 되었다.

하지만 아무리 확신이 있었다고 해도, 수억 원이 오가는 인생의 중대한 거래를 주변 모두가 반대하는 상황에서 실행에 옮기기란 쉽지 않았다. 그럼에도 내가 직접 쌓아온 확신에 베팅하기로 했고, 결국 10%의 계약금을 내며 분양 계약을 체결했다.

몇 년 뒤 준공 시점에 입주를 하거나 임대를 놓을 수 있었는데, 당시 시장이 상승기였던 덕분에 자금 계획을 세우는 데 유리한 환경이 만들어졌다. 이후 매도까지 이어지면서 초기 투자금의 10배에 달하는 수익을 거둘 수 있었다.

돌이켜보면 나는 줄곧 맨땅에 헤딩하며 부동산 시장을 걸어왔다. 어머니의 결단이 삶을 바꾼 경험, 모델하우스에서 줄을 서며 가졌던 의문, 그리고 내 기준을 고수하며 진행했던 투자까지. 이 과정은 다음 선택의 기준을 만들었고, 경험이 쌓일수록 판단은 더 견고해졌다.

부동산은 정답이 정해진 시장이 아니다. 따져보면 누가 더 많이 보고, 더 깊이 이해하느냐의 싸움이다. 처음부터 모든 걸 아는 사람은 없다. 중요한 건 내 눈으로 확인하고, 내 발로 뛰며, 내 감각으로 판단하는 것이다. 혹시 아무것도 모르는 상태로 시장에 뛰어드는 것이 두렵다면, 망설이지 말자. 모두가 그렇게 시작한다. 맨땅의 헤딩은 당신의 기준을 만드는 첫걸음이 될 수 있다.

내 투자 원칙은 복잡하지 않다. 첫째, 부동산의 가치는 사람의 쓰임에서 출발한다. 둘째, 사람의 상황과 시장 흐름에 맞춰 기회를 키워간다. 셋째, 입지와 도시계획을 분석하며 그 가치가 미래에 얼마나 확장될지 예측한다. 넷째, 부동산 사이클을 고려해 매수와 매도 시점을 계산한다.

이제부터는 이 원칙들이 어떻게 만들어졌는지, 내 여정에 비추어 차근히 짚어가려 한다.

02
집은 사람을
담는다

부동산을 이야기할 때 가장 먼저 떠오르는 키워드는 '집값', '투자', '시세차익'이다. 담론이 숫자에만 집중되다 보니, 정작 중요한 본질적인 질문은 뒤로 밀려난다.

'누가 이 집을 선택하는가.'

부동산에서 가장 중요한 것은 그 공간에서 살아가는 '사람에 대한 이해와 공감'이다. 수익을 낼 수 있는 부동산은 '누군가의 필요'에 정확히 반응한다. 그 필요를 읽어내는 감각이야말로 부동산 투자 감각의 시작이다. 부동산은 그 공간에 누가 살고, 왜 그 집을 선택하는지에 대한 고민 없이는 시장을 읽을 수도, 기회를 포착할 수도 없다. 그래서 나는 데이터 분석에만 의존하지 않고 현장을 직접 확인하기 시작했다.

시장은 '사람'이 움직인다

시장의 구조를 현장에서 체득하기로 마음먹고, 가장 먼저 선택한 분야는 주택 시장이었다. 실거주자들의 결정과 감정, 그리고 그들의 선택에 작용하는 다양한 요인을 가까이서 들여다보고 싶었기 때문이다. 그러려면 다양한 세대가 거주하고 있는 지역의 현장 경험이 필요했다. 내가 선택한 지역은 마포·서대문구였다.

이곳은 교통, 상권, 업무, 교육, 주거가 유기적으로 얽혀 있어서 도시적인 삶의 흐름이 가장 역동적으로 펼쳐지는 지역이다. 광화문과 여의도 같은 대형 업무지구는 물론, 상암 DMC와도 가까워 직주근접성이 뛰어나다. 또한 홍대와 신촌과 같은 대형 상권을 품고 있으며, 연세대·이화여대·서강대·홍익대·명지대 5개 대학이 인접해 있다.

이곳이라면 다양한 삶의 목적과 배경을 지닌 실수요자, 공급자, 투자자들을 모두 만나볼 수 있는 곳이라 확신했다. 그리고 이곳을 이해한다면 한 지역의 흐름을 읽는 데 그치지 않고, 대한민국 부동산 전체를 꿰뚫어 보는 감각을 키울 수 있다고 생각했다. 그래서 나는 지역의 흐름을 가장 가까이에서 파악하기 위해 부동산 거래의 중심에 있는 공인중개사로 일하기로 결정했다.

부동산 시장의 3축

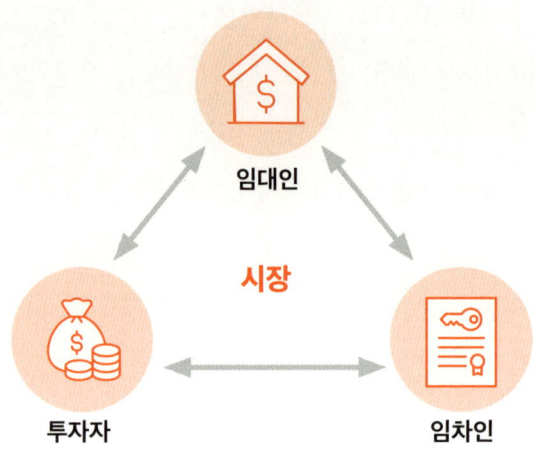

부동산 시장을 깊이 이해하려면 무엇보다 이해관계자들의 입장을 살펴야 한다. 같은 집을 두고도 입장에 따라 기대치와 판단 기준이 다르기 때문이다. 공인중개사로 일하며 주택 시장의 주요 이해관계자인 임대인과 임차인, 투자자들을 반복적으로 만나면서 확인한 사실은, 결국 이들이 가진 입장과 선택이 모여 시장이 움직인다는 점이었다.

첫째, 임대인은 가급적 손이 덜 가면서 안정적인 수익을 중요시한다. 세입자 교체가 잦지 않고, 관리 문제가 적고, 수익이 안정적인 집을 선호한다. 현장에서는 '거주형 임대인'의 건물 관리 수준이 상대적으로 양호한 경우가 많았다. 반대로 비거주형 건물은 관리가 느슨해져 수요자 반응이 급격히 나빠지는 장면도 여러 번 봤다. 이 지역은 과거에 자산을 확보해 둔 고령층 임대인이 많았으며, 본인이 거주하는 주택의 일부 세대를 임대해 생활비로 충당하는 방식으로 시장에 참여하고 있어 건물 상태는 대부분 양호했다.

또한 하숙을 운영하던 고령 임대인의 매물은 시간이 지나며 관리 부담이 커질 때 시장에 나오는 흐름이 있었다. 이 물건은 종종 대지 면적이 큰 경우가 있어, 다음 단계에서 투자자 매수로 이어지기도 했다.

둘째, 임차인은 수요의 방향을 결정한다. 겉으로는 집을 빌리는 사람이지만 임차인의 선택이 있어야 임대할 수 있고, 임대가 지속되어야 수익이 발생하며, 안정적 수익은 곧 자산의 가치로 직결된다. 결국 임차인의 생활방식과 취향에 부합하는 곳이 주택의 가치를 높인다.

이 지역의 임차인은 대학생, 직장인, 신혼부부, 프리랜서 등 매우 다양했고, 주거에 대한 기대치 역시 생애주기와 목적에 따라 달랐다. 그래서 하나의 주택이더라도 어떤 이에게는 단기 거주의 수단이 되고, 또 다른 이에게는 장기 정착의 기반이 되었다. 수요가 다양할수록 임대인이 공간을 세분화하거나 리모델링해 타깃형 상품으로 재구성히는 경우가 많았다. 예를 들어 대학가 수요를 고려해 1층을 공용 로비로 만들어 커피나 프린트 등을 제공한 건물은 만족도가 높았다. 수요자의 편의를 위한 이러한 변화는 수익률과 자산 가치 모두를 끌어올리는 방식으로 작동했다.

셋째, 투자자는 월세 수익성, 자산 가치 상승, 향후 활용 방안까지 복합적으로 고려하며 판단한다. 마포와 서대문은 노후화된 단독 주택, 다가구, 빌라가 밀집해 있어 정비사업 추진 논의가 꾸준히 이어지는 지역이 많다. 그렇기에 차익형 투자자에게는 매력적인 투자처가 될 수 있지만 실거주하기에는 불편할 수도 있다. 그럼에도 좋은 입지 덕분에 다양한 세대의 주택 수요가 존재하는 곳이기도 하다. 그래서 이곳은 차익형 투자와 수익형 투자를 단순하게 나누기 어렵다. 재개발 정비사업을 염두하고 투자했더라도 내부 인테리어 공사를 해서 월세를 받는 수익형 투자 역시 가능하다는 것이다. 탄탄한 수요로 꾸준한 월세수익을 얻을 수 있다는 것은 언제 진행될지 모르는 정비사업을 기다릴 힘이 생기는 것이기에 이런 점은 투자자에게 유리한 시장구조를 형성한다. 결국 임차인들의 수요가 높은 곳은 투자하기 좋은 곳이라는 공식이 성립된다.

이 지역은 중장년층들이 자녀 명의로 주택 매수를 문의하는 사례가 많았던 것도 큰 특징이었다. 어린 자녀가 컸을 때 무엇인가 이루어져 있을 것이라는 기대 속에서 중장기적 정비사업 가능성을 고려한 전략이었다. 주타깃은 망원동, 합정동 일대의 입지 좋은 구옥 빌라들이었다. 안정적인 임대 수익으로 장기 보유 리스크를 줄이며 가치 상승을 고려하는 전략은 마포·서대문이라는 지역의 특성과 잘 맞아떨어졌다.

임대인, 임차인, 투자자는 각각 독립적으로 시장을 움직이는 동시에, 서로의 필요와 목적에 따라 유기적으로 연결되어 있다. 임대인은 다양한 임차인의 수요를 충족시켜야 안정적인 수익을 기대할 수 있고, 여러 임차인의 수요를 충족시킨 집은 임대가 잘 이루어진다. 그로 인해 수익률이 상승하면 투자자가 몰려들기 좋은 상황이 만들어지고, 매수 거래는 늘어난다. 더불어 고령 임대인들이 더 이상 임대를 이어가기 힘들어 매도를 선택한다면, 투자자들은 이를 매입해 다시 수요자들의 니즈에 맞는 주택으로 리모델링한 후 수익형 투자와 차익형 투자를 동시에 확보할 수 있다. 그리고 투자자는 다시 임대인이 되어 이 흐름이 반복된다.

결국 시장은 임차인의 니즈가 임대인의 전략을 만들고, 그 전략이 부동산 가치를 끌어올리며, 상승한 가치는 투자자를 불러들이고, 다시 새로운 임대 구조를 통해 임차인의 선택으로 돌아오는 순환 구조 위에서 움직인다. 이처럼 각 주체는 시장의 다른 지점을 차지하고 있지만, 실상은 한 축이 움직이면 다른 축도 반응하는 유기체처럼 작동한다.

현장에서 확인한 결론은 분명하다. 수요에 맞춘 리모델링과 공실 관리 같은 수익형 전략은 효과적이다. 다만 수익이 잘 나온다고 해서 차익형 분석을 뒤로 미뤄서는 안 된다. 부동산의 기본값은 시간이 지나며 얼마나 오를 수 있는가이며, 수익형 전략은 그 위에 더해지는 보강 장치에 가깝다.

이제부터는 이 흐름의 시작이라고 할 수 있는 실제 수요자들이 무엇을 기준으로 집을 고르는지, 그래서 그것이 어떤 투자 전략으로 연결되는지 구체적으로 살펴보겠다.

대학생 수요를 대상으로 한 부동산 투자 전략

마포·서대문 지역에서 가장 많이 상담한 수요자는 단연 대학생이었다. 대학가 밀집 지역은 입학생과 재학생의 유입이 꾸준해 임대 수요의 기반이 매우 탄탄하다. 현장에서 본 패턴은 뚜렷했다. 대부분 입학 초기에는 원룸을 선호하다가 1~2년 후 1.5룸 이상으로 옮기는 경우가 많았다. 남학생은 접근성과 가격 비중이 크고, 여학생은 보안 요소(CCTV, 공동현관, 밝은 골목, 도어락 등)가 결정적 변수였다. 때문에 일부 투자자는 아예 '여성 전용' 콘셉트로 건물을 기획해 남성 출입을 제한하고, 배달 음식도 1층에서 받아 가야 할 정도로 보안에 신경을 썼다. 또한 기존 주택을 리모델링해 프리미엄 원룸 형태로 재구성하기도 했다. 실제로 조금 비싸더라도 안전하다고 느끼는 집을 택하는 비율이 높았다.

또한 상당수는 졸업 후에도 이 지역에 정착하는 경우가 많았다. 서울에서 직장 생활을 하면 직주근접성이 우수하기 때문에 굳이 익숙한 곳을 떠나지 않는 경우를 자주 봤다. 이렇듯 대학생 수요는 장기 수요로도 연결될 수 있다는 점에서, 투자자 입장에서 매우 매력적인 구조다. 대학생 수요층은 단순한 '임차인'이 아니라 지역의 인구 구조를 떠받치는 기반이며, 거주 기간이 길어질수록 지역 내 주거 안정성에도 긍정적인 영향을 미친다. 따라서 대학생부터 사회초년생까지의 니즈에 맞춘 정밀한 부동산 상품 구성은 장기적으로 수익형과 차익형을 동시에 노릴 수 있는 중요한 실마리가 된다.

직장인 수요를 대상으로 한 부동산 투자 전략

마포·서대문은 서울의 주요 업무지구와 가까워 출퇴근 시간을 줄이려는 직장인들의 선호도가 매우 높다. 특히 투룸 이상의 신축 빌라나 소형 아파트를 찾는 경우가 많았고, 잠만 자는 공간이 아닌 자신만의 거점을 만들고자 하는 의지가 강했다. 집에 머무는 시간이 짧은 만큼 오히려 더욱 쾌적하고 편안하게 쉴 수 있어야 했다. 그래서 역세권, 편의시설, 집 상태(신축, 리모델링) 같은 요소가 중요하다.

그렇게 보면 직장인 수요자는 요구 조건이 명확하고 반복되는 실수요층이라는 점에서 투자자에게 가장 예측 가능한 타깃이 된다. 따라서 직장인 수요를 노리는 투자 전략으로는 정비사업 추진 여지가 있으며, 도보 10분 이내 역세권에 위치한 투룸 이상의 신축 또는 준신축 빌라가 유리하다. 게다가 주거지 반경 내에서 마트, 병원, 세탁소, 카페 등 편의시설을 모두 해결할 수 있는 '나만의 작은 생활권'이 갖춰질수록 임대 안정성도 높아진다.

신혼부부 수요를 대상으로 한 부동산 투자 전략

신혼부부의 주거 조건은 매우 구체적이고 일관된다. 최소 면적, 방 개수, 주차 편의, 집 컨디션 같은 항목이 조건으로 등장하는 경우가 많다. 아파트는 경제적으로 부담스럽지만 공간을 포기하기 어려워, 결국 면적이 넉넉한 빌라로 수요가 모인다. 이러한 빌라는 대부분 장기 거주보다는 몇 년간의 안정적인 거주가 목적이다. 실제로 많은 부부가 "몇 년 후 아이를 낳고 나면 이사를 갈 생각이다"라고 말하며, 일종의 중간 기착지로 이러한 빌라를 선택한다.

무엇보다 신축에 대한 선호는 위생, 층간소음, 관리 용이성 등에서 출발한 실용적인 요구였다. 또한 주차 역시 생활 스트레스를 결정하는 중요한 요소다. 앞뒤로 차를 주차하는 수직형 형태보다는 출입이 자유로운 수평형이 선호되어서, 집 컨디션이 다소 떨어지더라도 주차 편의성이 높은 집을 계약하는 경우도 많았다. 특히 대형 마트, 병원, 어린이집 등 생활 인프라가 도보권인 경우 공실 걱정 없이 안정적인 임대 수익을 기대할 수 있다.

비일반적인 수요를 대상으로 한 부동산 투자 전략

마포·서대문은 예술·콘텐츠 업계 종사자, 1인 가구, 소규모 브랜드 창업자, 반려동물 가구들이 많이 모여있는 지역이기도 하다. 특히 홍대·연남·상수·성산 등은 창작 활동과 주거가 공존하는 환경이 잘 갖춰져 있어서 취향, 직주근접, 문화적 요소가 결합된 만큼 수요가 높다. 또한 반려동물 가구들이 생활 반경 내 산책 환경이나 펫 프렌들리한 시설을 고려해 집을 선택하는 경향도 강하다.

이러한 수요층은 조건을 맞춘 집을 찾기가 어렵기 때문에 기준에 부합하면 단기 거주보다 장기 거주를 선택하는 경우가 많았다. 대신 일반적인 수요자들이 중요하게 여기는 일부 물리적 조건에는 비교적 유연했다. 방음 공사 허용, 부분 수리나 인테리어 자유, 반려동물 동반 가능 여부, 일정 조건하의 공간 활용 등이 주요 협의 대상이 되었고, 이들은 자신의 생활 방식에 맞게 공간을 적극적으로 활용했다.

겉보기에는 임대인이 꺼릴 만한 조건이지만, 시선을 바꾸면 새로운 기회가 된다. 이 수요층은 옥탑이나 반지하, 일조가 불리한 비인기 매물도 유연하게 받아들였고, 계약 단계에서 민원 책임이나 원상 복구 조건을 명확히 하면 관리 부담 역시 충분히 통제 가능했다. 그 결과 비인기 매물의 공실률이 낮아지고, 임대 수익 구조도 안정적으로 유지되는 사례를 현장에서 자주 확인할 수 있었다.

이런 맥락에서 특화 업종 종사자와 반려동물 가구는 투자자에게 의미 있는 타깃이 된다. 특히 정비사업 가능성이 있는 지역이라면, 상대적으로 시세가 낮은 비인기 매물을 매수해 임대 수익을 확보하면서 장기적인 차익까지 함께 가져갈 수 있다. 이러한 수요의 존재는 지역 내 부동산 상품을 다변화시키고, 투자자가 시장을 보다 입체적으로 바라보게 만드는 중요한 기준이 된다.

🏠 비일반적인 수요 대상 투자 전략 3줄 요약
- 창작자·반려동물 가구 등 특수 니즈가 임대 수요의 새로운 축을 만든다.
- 반지하·옥탑 등 비인기 매물도 조건에 따라 가치가 높아질 수 있다.
- 감각적 구조와 유연한 임대 조건은 고수익 틈새시장으로 이어진다.

이 투자 전략은 마포·서대문에 기반한 분석이지만, 다양한 수요가 집적된 지역이라는 점에서 타 지역에서도 유효하게 적용할 수 있다. 결국 부동산을 이해한다는 건 숫자가 아니라 그 공간에서 살아가는 사람들의 마음과 선택을 읽어내는 일이다.

03

도시 성장의 출발점,
오피스 부동산

대부분은 부동산 투자라고 하면 '아파트'를 떠올린다. 그러나 그에 못지않게 높은 수익률을 기대할 수 있는 시장이 바로 '오피스 부동산'이다. 나 역시 처음에는 기업의 공간 정도로만 인식했다. 하지만 현장을 직접 뛰어 보니 아직 대중에게 충분히 알려지지 않은 블루오션이며, 부동산 시장의 선제 지표 역할을 한다는 점을 알게 되었다. 주택 입지를 결정하는 핵심 요인이 '직주근접'이기에 오피스는 가치 있는 도시의 흐름을 만드는 출발점인 셈이다.

이 시장을 더 깊이 이해하기 위해 여러 법인들의 부동산 자문, 자산관리, 매입매각, 사무실 이전까지 전방위로 지원하는 오피스 부동산 전문 회사에 합류했다. 이곳에서 맡은 첫 업무는 20년간 축적된 오피스 데이터를 토대로 현장에서 직접 실사하고 검증해 데이터베이스의 신뢰도를 높이는 일이었다. 서울·경기의 사무실 현황, 공실률, 주차 정보, 임대 조건 등 임차사가 필요로 하는 다양한 요소들을 직접 발로 뛰며 확인했다. 나는 이 업무를 '서울 오피스 시장 전체를 체득할 절호의 기회'로 여겼다.

그렇게 정장을 입고 하루 30,000보를 걸으며 GBD(강남), YBD(여의도), CBD(광화문)를 포함한 서울 전역의 크고 작은 빌딩을 찾았다. 처음에는 단순히 회사의 DB 정리를 위한 실사라고 여겼지만, 시간이 갈수록 건물 하나하나의 성격과 흐름이 보이기 시작했다. 이때부터 나는 조사원이 아닌 투자자의 시선으로 오피스를 보기 시작했다.

오피스 시장이 중요한 세 가지 이유

오피스 시장은 전체 부동산 시장을 파악할 수 있는 매력적인 투자처지만, 동시에 유의해야 할 요소도 많다. 먼저 오피스 시장이 중요한 이유부터 살펴보자.

첫째, 경기 변동을 덜 타는 수익형 자산이다. 주택 시장이 물가, 금리, 정책, 심리에 따라 크게 흔들리는 반면, 오피스 시장의 핵심 변수는 결국 '사람'이다. 경기가 좋아지면 기업은 사람을 늘리며 사무 공간을 확장하고, 경기가 나빠지면 인력을 줄이면서 면적을 축소한다. 공간의 크기는 달라져도 고용을 담는 그릇으로서의 기능은 쉽게 사라지지 않는다. 그래서 경기가 좋을 때는 넓은 사무실 수요가 살아나고, 경기가 나쁠 때는 작은 사무실 수요가 다시 힘을 얻는다.

하지만 더 중요한 사실은 산업 구조가 동시에 같은 방향으로 움직이지 않는다는 것이다. 코로나19 시기 마스크 관련 산업이 급성장했듯, 경기가 침체되는 국면에서도 오히려 확장하는 분야는 존재한다. 한 산업에서는 고용이 줄어들지만 다른 산업에서는 사람이 늘어나고, 제조업 경기가 위축될 때 서비스와 플랫폼 산업이 성장하기도 한다. 대기업이 보수적으로 돌아설 때도 신생 기업과 전문직 시장은 새로운 고용을 만들어낸다. 즉 업종마다 경기의 파도가 다르기 때문에 경기 침체가 곧바로 사무실 전체 수요의 붕괴로 이어지지 않는다.

이처럼 업종 간 증감이 맞물리면서 도시는 언제나 일정 규모의 사무 공간을 필요로 한다. 그래서 오피스 시장은 상대적으로 안정적인 임대 시장을 형성한다.

둘째, 오피스는 도시 성장과 함께하는 안정적 자산이다. 도시가 커지고 산업이 모이면, 자연스럽게 기업들이 모여든다. 그래서 이들이 필요한 사무공간에 대한 수요도 함께 증가한다. 기업 활동이라는 필수 수요와 더욱 밀접하게 연결된 데다가 업종, 직원 수, 운영 효율성이 수요에 직접 반영된다. 수요 예측이 상대적으로 명확한 만큼 도시의 산업적 성장과 궤를 같이하는 안정적 실물자산인 셈이다. 신도시나 개발 예정지에서 초기 진입에 성공할 경우, 임대 수익과 자본 차익을 동시에 기대할 수 있는 구조도 만들어진다.

대표적인 예가 판교다. 과거엔 베드타운에 불과했지만, IT기업들이 입주하면서 고급 오피스 수요가 급증하여 초기 분양가 대비 두 배 이상 상승하기도 했다. 보통 직주근접성을 이야기할 때 회사와 가까운 집의 가치를 주요한 요소로 본다. 반대로 생각하면, 주요 주거단지에 가까운 업무단지의 오피스 가치 역시 높아질 수 있다는 뜻이다. 실제로 서울 송파구 문정동 법조타운이나 성수동 오피스들 역시 초반에 이러한 기대감이 반영돼 가치가 빠르게 올라갔고, 초기 투자자들은 높은 수익률을 얻을 수 있었다.

그래서 요즘은 신도시가 만들어질 때 '자급자족 도시'로 개발되는 경우가 많다. 주거와 업무, 상업 기능이 한 공간 안에 함께 들어가는 방식이다. 도시 외형이 확장되고 기반 인프라가 갖춰질수록 그 중심에는 오피스가 자리한다.

셋째, 오피스는 전체 부동산을 파악할 수 있는 선제 시장이다. 도시 성장의 흐름은 대체로 '선(先)산업, 후(後)주거, 최종 소비'라는 구조를 따른다. 신도시를 조성할 때 가장 먼저 등장하는 것은 아파트도 상가도 아닌 오피스다. 자족기능을 확보하기 위해 대기업이나 첨단산업단지를 유치하고, 그 인근에 도시계획을 진행한다. 그러다 보니 이와 연계된 1·2차 협력업체들이 자연스럽게 인근에 오피스를 마련하면서 기업 중심의 초기 수요가 발생한다.

이 시점이 바로 도시 성장의 시작점이자, 부동산 가치가 본격적으로 움직이기 시작하는 출발선이다. 대기업이 유치되고 산업 기반이 어느 정도 갖춰지면 직주근접을 선호하는 인구들의 유입이 시작되고, 타이밍에 맞춰 아파트 단지와 택지지구가 만들어진다. 이후 인구가 충분히 유입된 후 가장 마지막으로 상가와 리테일시설이 들어서면서 도시의 숙성 단계가 완성된다. 신도시에 1층 상가들이 텅텅 빈 이유 역시 과도한 분양가나 상가 공급의 영향도 있지만, 이러한 도시 성장 구조 순서에 따라 자연스럽게 나타나는 현상이기도 하다. 따라서 오피스를 읽을 줄 아는 투자자는 도시 전체의 흐름을 한 발 앞서 읽는 셈이다.

서울 마곡지구는 초기에 '서울의 변두리'로 인식되어 주거 선호도가 지금만큼 높지 않았지만, LG전자를 유치하며 여러 첨단 기업이 집결하자 주거와 상업시설 수요도 함께 늘어났다. 이후 서울 강서권의 자족 기능은 강화되었고, 이 과정에서 초기 오피스 수요 형성에 주목한 투자자들은 시세차익과 임대수익을 함께 노릴 수 있는 기회를 선점했다. 광명시흥지구 역시 기업 유치와 교통망 확충 계획을 기점으로 오피스 수요가 서서히 반응하고 있다. 이 초기 흐름을 놓치지 않고 관찰한다면, 향후 오피스 및 아파트 투자의 흐름도 미리 예측해볼 수 있다.

다만 오피스 투자를 무작정 시작해서는 안 된다. 우리가 일반적으로 알고 있는 '좋은 부동산의 조건'은 대부분 주택을 기준으로 형성된 고정관념이다. 이 잣대를 그대로 오피스 시장에 적용하면 중요한 본질을 놓칠 수 있다. 오피스와 같은 수익형 부동산에서 가장 큰 리스크는 바로 공실률이다. 임차 수요의 특징을 제대로 예측하지 못한 채 투자에 나선다면, 장기간의 공실로 인해 수익은 물론 자본 차익까지 놓치게 되는 이중 손실을 겪을 수 있다. 결국 오피스 투자의 성패는 임차사의 입장에서 공간을 바라보는 시선에 달려 있다.

오피스 투자에서 반드시 살펴봐야 할 것들

오피스 투자에 앞서 반드시 점검해야 할 판단 기준을 하나씩 살펴보자.

첫째, 임차 수요와 투자자의 시선은 다르다. 햇빛이 잘 드는 정남향 고층 사무실과 채광은 부족하지만 외부 화장실을 사용하는 사무실이 있다면 대부분의 투자자는 전자를 선택한다. 주택을 고를 때의 기준을 그대로 적용하기 때문이다. 시행사 역시 이러한 심리를 반영해 고층 정남향 사무실의 분양가를 더 높게 책정한다.

하지만 실제 임차사들은 실용성을 더 중시한다. 강한 채광은 모니터 작업에 불편해서 대부분 블라인드를 내리고 사용하며, 건물에서 관리하는 공용 화장실을 더 선호한다. 그러므로 지역 일대 주요 임차사들의 업종과 업태를 파악한 후 그 특징에 부합하는 공간을 고르는 것이 중요하다.

둘째, 오피스는 세부 조건의 복잡성을 이해해야 한다. 주거형 부동산과 달리 오피스는 평면도만 보고 판단할 수 없다. 예를 들어 공장형 오피스는 화물형 엘리베이터의 유무, 엘리베이터와 사무실 사이의 거리도 고려해야 한다. 요즘에는 공장형 오피스일 경우 고층이어도 화물트럭이 사무실 바로 앞까지 올 수 있는 구조도 있다.

사무실 내부는 바닥에 바로 연결할 수 있는 매립형 콘센트의 유무도 확인해야 한다. 콘센트가 바닥이 아니라 벽면에만 있을 경우, 전선 정리가 어려워 사무 환경이 깔끔하게 유지되기 어렵다. 만약 바닥 콘센트가 없다면 바닥 밑으로 여유공간이 얼마나 확보되는지 살펴볼 필요도 있다. 이를 OA플로어라고 하는데, 여유공간이 있어야 바닥 콘센트를 매립해서 쓸 수 있다.

또한 배정받을 수 있는 주차대수, 자주식 주차와 기계식 주차의 비율도 파악해야 한다. 홍보를 필요로 하는 임차사들이 존재하니 사무실 외벽을 활용한 간판 및 홍보물 부착 가능 여부와 외부에서 보았을 때 그 홍보물의 가시성이 높은지까지도 확인하는 것이 좋다. 그리고 건물의 비상계단 여부 역시 공실 여부에 직접적인 영향을 줄 수 있다. 대형 학원이나 어린이·청소년이 상주하는 업종은 건축법상 규정에 맞는 비상계단이 필요할 수 있기 때문이다.

셋째, 오피스는 입지보다 매수 타이밍이 매우 중요하다. 주거형 부동산은 주민을 먼저 입주시킨 후 민원이 누적되면 인프라가 뒤늦게 개발되는 '사후형 개발' 구조가 많은 반면, 오피스는 도시계획 초기부터 필요한 인프라를 미리 고려해 설계하는 '계획형 개발' 구조가 많다. 산업단지에 유수의 기업들을 유치하기 위해서는 교통망과 사회기반시설(이하 'SOC')이 선제적으로 구축되어야 가능성이 높아지기 때문이다. 그래서 시세 역시 초기 단계에서 반영되는 경우가 많다.

따라서 오피스 차익형 투자는 도시 성장 초기 단계에 진입하는 것이 유리하다. 다만 신도시는 더욱 정밀한 분석이 필요하다. 인프라 개발이 계획은 되었지만 착공 시점이 불분명하거나 계획된 기업 유치가 지연될 경우 장기간 공실 리스크에 노출될 수 있다. 현재 공정 단계, 개발지 토지 보상의 여부, 실제 교통망 구축 여부, 기업 유치

현황, 생활 인프라, 주변 아파트 공급 계획 등 도시계획의 거시적인 요소들을 복합적으로 분석해야 한다.

반대로 이미 숙성된 지역의 오피스는 수익형 투자 관점에서 월세 수익의 안정성에 초점을 맞추는 것이 바람직하다. 숙성된 지역의 오피스를 시세 차익만을 목적으로 접근할 경우, 새로운 호재가 있지 않는 한 이미 고점에 도달한 자산을 뒤늦게 매입하게 되어 차익형 투자로는 실패하기 쉽다.

오피스 부동산을 통해 도시의 미래를 읽다

신도시 개발에서 중요한 키워드로 등장하는 것이 '자급자족'이다. 이는 업무·주거·상업 기능이 하나의 도시 안에서 순환되도록 설계되는 구조를 말한다. 이때 핵심은 오피스, 택지지구, 상업 리테일 순으로 단계적으로 발전한다는 것이다.

자급자족을 고려하지 않은 도시 개발의 가장 큰 문제는 SOC 개발이 늦다는 점이다. 아파트는 이미 다 지어졌는데 도로망이나 철도망의 개발이 늦어지면, 그 도시는 장기간 고립될 수밖에 없다. 그러다 보면 미분양이 늘어나며 유령도시로 불리기도 한다.

파주 운정신도시는 서울 접근성이 떨어지는 상황에서 아파트 공급이 먼저 이뤄졌고, 핵심 교통망이었던 GTX-A 착공이 수년간 지연되었다. 이로 인해 입주 초기부터 출퇴근 문제가 심각했고, 수도권 외곽이라는 위치적 한계까지 겹치며 상당 기간 미분양과 유입 인구 둔화 문제를 겪었다.

양주신도시 또한 서울과의 연결 교통망이 부족한 상황에서 개발이 진행되었고, 7호선 연장 등 주요 SOC가 늦어지면서 교통 불편이 장기화됐다. 결과적으로 아파트는 이미 입주가 시작되었음에도 생활 기반이 따라오지 못해 실수요자 이탈과 함께 정주 여건이 미흡하다는 평가를 받았다.

반면 자급자족형 도시로 계획된 신도시는 구조가 다르다. 오피스단지가 초기부터 계획되고, SOC와 교통망이 함께 구축되며 도시 성장을 선도한다. 결과적으로 아파트가 들어섰을 때 신도시 택지지구의 교통 불편함을 빠르게 해소할 수 있게 되어 사후형 개발의 한계를 극복하는 효과가 나타난다.

광교신도시는 주거단지 입주 이후 경기도청 신청사, 경기융합타운, 법원·검찰청 등 공공기관 오피스들이 단계적으로 이전하면서 도시의 핵심 기능이 강화되었다. 여기에 신분당선 연장 개통과 광역버스망 구축 등 SOC도 함께 확충되면서 도시 정착 속도를 높이는 데 기여했다. 오피스와 기반시설의 확장은 자연스럽게 배후 주거지의 수요를 이끌었고, 상업시설 역시 빠르게 형성되며 자족 기능을 갖춘 도시의 구조를 갖추게 되었다.

판교테크노밸리는 이러한 구조가 가장 뚜렷하게 나타난 사례다. 개발 초기부터 오피스 단지가 선제적으로 조성되고, 첨단 산업 중심의 업무 기능이 도시의 핵심으로 자리 잡았다. 이와 동시에 분당선·신분당선, 광역도로망 등 주요 교통 인프라가 비교적 빠르게 구축되며, 주거지 입주 이후 교통 불편이 다른 신도시에 비해 현저히 적었다. 오피스와 기반시설이 함께 준비된 결과, 판교는 자급자족형 도시 모델의 성공 사례로 평가받고 있다.

따라서 업무단지 개발 계획을 통해 그 도시의 성장 방향과 아파트의 가치 흐름까지 어느 정도 예측할 수 있다. 오피스를 선제적으로 개발하는 자급자족형 신도시 개발 흐름은 매우 전략적인 구조다. 오피스 투자는 결코 일부만의 리그가 아니다. 정확한 정보와 실전 감각만 있다면 누구나 도전할 수 있다. 더불어 오피스 시장은 전체 부동산 흐름을 선도하는 '선행 시장'이라는 점에서 직접 투자하지 않더라도 개발 계획 정도는 파악해 두자.

04

시간이 지나도
가치가 유지되는 토지 시장

대부분의 경우 부동산을 이야기할 때 아파트, 빌라, 오피스텔 같은 건축물부터 생각한다. 하지만 이 모든 것은 결국 땅 위에 지어진 것이며, 주택 한 채를 거래하는 일 역시 쪼개진 토지의 일부를 함께 사고파는 셈이다.

부동산을 이루는 요소들을 하나씩 분해해 보면, 시간이 지나도 가치가 유지되거나 오히려 높아지는 것은 '토지'다. 대지지분이 많은 주택일수록 가치가 높게 평가되는 이유도 이 때문이다. 정착물의 가치는 시간이 지날수록 감가상각이 되지만, 토지는 매년 상승하는 공시지가처럼 세월이 지나도 가치가 오르고 있으며, 그 흐름은 앞으로도 이어질 가능성이 높다. 구옥의 경우 이 구조는 더 분명해진다.

국토교통부와 산림청의 통계에 따르면, 우리나라 국토의 약 63%가 임야다. 대한민국은 산이 많기 때문에 개발 가능한 토지 비율이 제한적이며, 남은 토지 역시 국토계획법상 용도지역으로 나누어 철저하게 개발 제한이 적용된다. 결국 개발할 수 있는 토지는 일종의 '리미티드 에디션'과도 같은 자원이다. 특히 인구밀도가 높은 대도시에서는 이 희소성이 가격에 그대로 반영된다.

왜 토지는 여전히 어렵게 느껴지는가

서울의 토지는 많은 사람이 가치를 인정하지만, 가격이 너무 높아 주로 소수점 단위로 투자할 수 있다는 점에서 비트코인과 비슷하다. 한정된 서울 땅을 지분으로 쪼개 만든 서울 아파트가 대표적인 예다. 반면 지방의 토지는 아직 1코인 단위로 살 수 있는 알트코인이라고 볼 수 있다. 가격이 현실적이고, 온전히 내 명의로 단독 소유할 수 있다. 하지만 많은 투자자들이 토지는 복잡하고 난해하다는 선입견 때문에 진입장벽을 느끼며 접근조차 망설인다. 여기에 인구소멸과 수도권 과밀 현상으로 인해 지방 토지는 가치에 비해 오랫동안 낮게 평가됐다.

그럼에도 시장 한편에는 여전히 토지 투자로 수익을 올리는 사람들이 있다. 대도시처럼 이미 고점에 도달한 지역과 달리, 지방의 토지는 아직 개발되지 않은 곳이 많다. 중앙 정부의 국토 균형 발전이라는 목적 아래 산업단지 조성, 교통망과 도로망 개발, 관광지 및 각종 인프라 개발 등 다양한 장기 호재를 품고 있는 경우가 많기 때문이다.

기회는 모두에게 공평하게 주어진다. 하지만 토지에 대해 꾸준히 공부하며 높은 진입장벽을 넘어선 사람들만이 이 시장에 들어올 수 있다.

전국 임장으로 시야가 열리다

나 역시 토지 투자에 대한 진입장벽을 크게 느끼고 있었다. 시야가 넓어진 계기는 대학원에서 들었던 도시계획 수업이었다. 그 수업을 맡은 교수님은 전북 새만금 사업과 관련된 활동을 하고 계셔서 개발 사업에 관한 이야기를 자주 들을 수 있었다.

새만금은 국가 차원의 대규모 토목사업으로 추진되어 왔지만, 수십 년 가까이 지지부진했던 지역이기도 하다. 여전히 진행 중인 방대한 기반시설 사업, 민간 투자 유치 사업들까지 여러 요소가 복합적으로 얽혀 있는 곳이었다. 정체된 듯 보이지만 천천히 움직이는 지방의 토지 시장, 그리고 그 안에 담긴 시간차 투자의 가능성을 그때 처음으로 실감하게 되었다. 이후 수도권을 넘어 전국 단위로 부동산에 관심을 가져야겠다는 목표가 생겼다.

토지 임장의 시작은 제주 여행 중 우연히 마주한 '본 토지 매매'라는 팻말이었다. 평소 제주에 애정이 깊다 보니 자연스럽게 관심이 갔고, 망설임 끝에 연락해 그 토지에 대한 브리핑을 들을 수 있었다. 물론 토지를 보는 눈이 전혀 없는 상태에서 현장을 찾았기에 특별해 보이는 건 없었지만, 내 의지로 토지 임장을 시도했다는 사실 자체가 중요한 전환점이 되었다.

서울로 돌아온 뒤에도 수도권의 토지 임장을 이어갔는데, 그 과정에서 자연스럽게 전국 단위로 부동산을 바라보는 시야가 넓어졌다. 돌이켜보면 나를 움직인 것은 정교한 분석이나 계산이 아니라 막연한 관심과 특정 지역에 대한 애정, 그리고 끝까지 확인하려는 집요함이었다.

하지만 토지 시장은 상식이나 이론만으로는 쉽게 해석되지 않는 시장이기도 했다. 현장을 직관적으로 읽어내는 감각, 복잡한 정보 속에서 핵심을 꿰뚫는 해석력, 그리고 법률적 지식까지 함께 요구되는 고난도의 무대였다. 무엇보다 토지 시장은 다른 분야보다 훨씬 더 정보가 폐쇄적이고 구조가 불투명했다. 신뢰할 수 있는 정보를 찾기도 쉽지 않았고, 어디서부터 접근해야 할지 막막했다. 잘못 접근하면 기획부동산처럼 불투명한 거래 구조에 휘말릴 수 있다는 불안도 컸다. 시장의 진입부터 난도가 높았던 것이다.

그러던 중 20년 이상 전업으로 토지 투자를 이어온 전문가가 운영하는 토지 연구소에 합류하게 되었다. 그곳에서의 주요 업무는 토지 투자에 관심 있는 분들과 전국 각지의 토지를 직접 답사하고, 현장 브리핑을 하며, 유망한 토지를 발굴하기 위한 실전 분석을 수행하는 일이었다. 투자 가치가 있는 좋은 매물을 찾기 위해 실제 부동산 매물과 경매 사건까지 뒤져가며 토지 관련 정보들을 샅샅이 분석했다. 그렇게 발굴한 전국의 좋은 토지 매물들은 직접 투자하거나 회원들에게 안내할 수 있도록 정리해 공유했다. 이를 위해 변화하는 부동산 법령과 정책, 시장 흐름을 항상 파악해야 했기에 토지 공부는 자연스럽게 일상이 되었다. 그렇게 이론적인 분석과 함께 꾸준한 임장, 실무적 토지 매물 분석을 병행하며 토지를 보는 눈을 키워나갔다.

그럼에도 토지는 복잡한 공법 구조, 수많은 변수, 지역마다 다르게 적용되는 인허가 체계 등으로 단기간에 파악하기 어려운 영역이었다. 현장에서 가늠이 잘 되지 않는 부분이 있을 때마다 관련 법률을 직접 찾아보고, 지역마다 다르게 적용되는 내용을 하나하나 확인했다. 이 과정을 반복하며 행정과 현장을 연결하는 감각을 키웠고, 실전에서 통하는 기준도 조금씩 쌓이기 시작했다.

토지 투자에 대해 제대로 이야기하자면 책 한 권으로도 부족할 만큼 내용이 방대하다. 하지만 이 챕터에서는 토지 투자의 장점 네 가지를 중심으로, 토지가 왜 주목해야 할 투자처인지 살펴보고자 한다. 토지 투자를 무작정 권하려는 것은 아니다. 다만 토지는 부동산의 가장 본질적인 요소이자 가장 깊은 층위에 자리한 투자 영역이다. 이 메커니즘을 이해하면, 토지뿐 아니라 부동산 시장 전체를 훨씬 더 입체적이고 깊이 있게 바라볼 수 있다.

토지 투자의 네 가지 장점

첫째, 가격 탄력성이다. 평당 1,000만 원 아파트를 매수한다면, 1억으로는 고작 10평 남짓이 한계다. 이 경우 수익 실현보다는 자산

보존의 의미가 크며, 가격이 두 배로 오르기 위해선 시장 유동성, 강력한 수요가 동시에 뒷받침되어야 한다. 만약 주택 시장에서 그런 일이 일어난다면 언론에서는 부동산 급등이라며 각종 위기설이 뒤따를 것이다.

하지만 토지는 다르다. 심지어 5배가 올라도 체감이 늦다. 개발되기 전까지는 피부에 와닿는 자산이 아니기 때문이다. 지방 토지는 평당 100만 원 이하인 곳도 많아 1억이면 100평 이상을 매입할 수 있다. 이런 저가 토지는 진입도로나 고속도로 IC 개설, 산업시설 조성 같은 작은 개발 요인만으로도 가격 상승이 일어나기 쉽다.

같은 '두 배 상승'이지만, 평당 1,000만 원이 2,000만 원이 되는 것보다 100만 원이 200만 원이 되는 편이 훨씬 수월하다. 금액이 작을수록 가격 저항이 낮고, 기대심리에 따라 단기간에 수익을 실현할 수 있는 구조가 만들어지기 때문이다. 이처럼 소액 토지는 가격 탄력성이 크기 때문에 자본이 작을수록 오히려 수익률을 실현하는 속도는 더 빨라질 수 있다.

둘째, 어렵기에 오히려 기회가 된다. 토지 시장은 아파트 시장처럼 정보가 공개적이고 표준화된 구조가 아니다. 오히려 불투명하고 복잡하다. 그만큼 이 시장은 투자금의 규모보다 얼마나 발품을 팔고 조사하며 정보를 해석했는가에 따라 기회가 갈린다. 시간과 정성을 투자한 사람에게만 기회가 오는, 난도는 높지만 정직한 시장인 셈이다.

저평가된 토지는 기사에 나오는 것이 아니라, 각종 정부 계획 문서의 문장 사이 혹은 현장에서 직접 확인해야만 알 수 있는 조건에 숨어 있다. 여기서 핵심이 되는 자료가 바로 '국토종합계획'과 '도시기본계획'이다. 국토종합계획은 우리나라 전체 국토를 어떻게 개발·보전할지를 설정한 최상위 공간 계획이며, 도시기본계획은 개별 도시가 중장기적으로 어떻게 성장할 것인지 제시한 청사진이다.

그래서 전문가들도 먼저 국토종합계획을 통해 어떤 도시를 전략적으로 육성하는지 파악한 후 투자 도시를 정한다. 이후 해당 도시의 도시기본계획을 살피며 도로, 택지, 산업단지 같은 개발 호재가 있는 지역으로 범위를 좁혀 나간다. 이것이 가장 기본적이면서도 실전적인 접근 방식이다. 일반인이 수백 페이지에 달하는 계획서를 처음부터 끝까지 읽기는 쉽지 않기에 요약 자료를 참고하면 좋지만, 반드시 원문에서도 같은 맥락인지 직접 확인하는 과정은 필요하다.

또한 토지는 정보의 비대칭성이 심하기 때문에 가격을 판단하기 어려운 시장이다. 아파트처럼 비교 기준이 없고, 시세를 추정할 근거도 명확하지 않다. 바로 옆 필지라도 지형, 방향, 도로를 접한 부분, 공법 조건 등이 다르면 가치는 완전히 달라진다. 실거래 사례가 있더라도 일부 토지개발자가 새로운 실거래를 발생시켜 가격을 왜곡하는 경우도 있기 때문에 100% 신뢰하기 어렵다. 단, 지역의 시세를 파악하고 싶을 때 인근 토지에서 이루어진 경매 사건의 최초 감정가를 참고할 수는 있다. 경매 사건에는 해당 토지에 대해 감정평가사들이 산정한 감정평가 금액이 명시되어 있는데, 이를 참고하여 대략적인 시세를 가늠해 보는 것이다. 다만 해당 토지가 비슷한 조건인지, 감정평가의 시점이 현재와 가까운지 반드시 확인해야 한다.

그리고 기획부동산이 홍보하는 토지를 실제로 매수하지는 않더라도, 그들이 제시하는 자료에서 아이디어를 얻을 수는 있다. 기획부동산은 사람들을 설득하기 위해 공식 자료와 개발 계획을 토대로 설명을 구성한다. 하지만 아무리 좋은 지역의 토지라 할지라도 건축도 어려워 가치가 낮은 토지를 지분 형태로 거래하려는 경우가 많기 때문에, 달콤한 말에 현혹되어 섣불리 계약하는 일은 절대 없어야 한다. 다만 거시적인 개발 흐름조차 모르는 상태라면, 기획부동산들이 만든 자료를 단서 삼아 실제 현재 계획과 부합하는지 사실관계를 검증하며 지역을 공부해 보는 것이 하나의 출발점이 될 수 있다.

셋째, 가치를 내가 직접 만들 수 있다. 토지는 완성된 상품이 아니라 원재료에 가깝다. 토지의 28가지 지목 중 전(밭), 답(논), 과수원, 임야처럼 개발 가능성 높은 지목은 특히 그렇다. 여기에 어떤 그림을 그리느냐에 따라 토지의 용도가 달라진다.

여기서 말하는 '개발'은 건물을 짓는 행위에만 그치지 않는다. 길을 내거나, 땅을 깎거나(절토), 메우거나(성토), 땅을 나누는(분할) 등의 행위도 모두 토지의 가치 상승으로 이어진다. 예를 들어 어떤 토지의 잠재 가치가 주거지라면, 집을 짓는 것이 아니라 '집을 짓기 좋은 상태'로 만들어두는 것만으로도 가치가 상승할 수 있다. 마찬가지로 상업시설이 들어올 만한 지역이라면, 상가 건축이 가능하도록 준비하는 것만으로도 시세는 오를 수 있다.

이를 위해 할 수 있는 개발은 다양하다. 잡목을 정리하고, 절토·성토로 지형을 평탄화하고, 진입로를 내서 출입이 쉬운 환경을 만든다. 나아가 건축 허가까지 받아둔다면 아직 건물이 없어도 가치가 상승한다. 물리적 요건과 법적 요건을 모두 갖춘 토지는 그 자체로 완성형 상품이 된다.

합필과 분필 역시 중요한 전략이다. 넓은 토지를 분할하면 개별 평단가가 올라간다. 면적이 작은 토지가 환금성이 좋기 때문이다. 그래서 입지가 좋은 토지라면 분필하는 것이 전략이 될 수 있다. 또한 비효율적인 모양의 토지는 합필 후 재분할하는 방식으로 활용도를 높일 수 있다. 다만 충분한 법적·물리적 검토를 거쳐, 실제 활용 가능성을 전제로 분할이 이루어져야 한다.

물론 분필이라는 행위가 오해를 사는 경우도 있다. 건축이 불가능한 토지를 큰 가치가 있는 것처럼 포장해 분할 매도하거나, 도로와 접하지도 않은 맹지를 곧 개발될 땅이라며 홍보하는 경우가 대표적이다. 만약 그런 제안이 온다면 의심부터 해봐야 하며, 명확한 검토 없이는 접근해선 안 된다. 핵심은 '어떻게 분할하느냐'다. 근거 없는 분할은 위험하지만, 현실적인 가치와 활용을 기반으로 한 분할은 수요자와 투자자 모두에게 윈윈이 될 수 있다.

넷째, 토지는 시장 사이클에 덜 흔들리는 안정적 자산이다. 전체 부동산 시장이 침체되는 국면에서도 각종 SOC가 조성되고, 산업단지가 들어서며, 택지지구로 개발되는 과정에서 토지 가격은 개별적으로 움직이기도 한다. 같은 시장 안에서도 다른 리듬으로 움직이는 자산, 그것이 토지다. 이 때문에 토지는 비교적 예측가능한 안정적 자산이라고 표현할 수 있다. 토지의 공시지가는 거의 매년 장기적으로 우상향 중이라는 것을 잊지 말자.

또한 현재 기준에서 볼 때 토지는 아파트에 비해 제도적인 규제나 세금 구조에서도 비교적 자유롭다. 특히 다주택자 규제가 강화되는 시기에는 추가 주택 매수가 부담되지만, 토지는 주택 수에 포함되지 않아 부담이 적다.

다만 토지가 안정적인 자산이라고 해서 누구에게나 같은 결과가 주어지는 것은 아니다. 막연히 '좋은 땅'을 찾는 접근으로는 원하는 수익을 기대하기 어렵다. 실제로 토지 투자를 잘하는 사람들은 공통적으로 땅을 '쓸 수 있는지', 그리고 '어떻게 쓸 수 있는지'를 기준으로 판단한다.

종합하면 토지 투자는 '제대로 아는 것'에서부터 출발한다. 복잡한 스터디와 수많은 확인 과정을 견디며 하나씩 밟아가는 집요함이야말로 관심자를 진짜 토지 투자자로 만드는 힘이다.

05

대한민국의 모든
부동산을 걸으며 생긴 오감

나는 주택과 오피스, 토지를 아우르며 대한민국 부동산 시장을 입체적으로 경험해 왔다. 이러한 경험을 바탕으로 현재는 수도권 주택과 지방 토지를 투트랙으로 운용하는 포트폴리오를 구축해 전업 투자 활동을 이어가고 있다. 이 과정을 통해 얻은 결론은 명확했다. 부동산은 많은 사람이 필요로 할 때 가치가 비로소 올라간다는 것이다.

통계청에 따르면 유주택자의 약 85%는 1주택자다. 그래서 대부분의 사람에게 부동산 선택은 여러 번 반복되는 행위가 아니라, 인생의 방향을 좌우하는 단 한 번의 결정이 되기도 한다. 그렇기에 부동산 선택은 수익 문제를 넘어 삶의 안정과 직결된 결정이다.

세대, 직업, 삶의 조건에 따라 원하는 집은 다르지만, 그 수요가 겹치는 지점에 놓인 부동산은 시간이 지나도 가치를 잃지 않는다. 그래서 나는 숫자보다 현장을, 이론보다 체감을 더 우선하게 되었다. 눈으로 보고, 걸으며, 머물러보는 과정에서만 드러나는 가치가 분명히 존재했기 때문이다. 이 책에서 말하는 '오감을 활용한 임장'은 바로 그런 판단을 가능하게 하는 도구다.

가족을 위한 선택이 나를 지켜준다

매일 습관처럼 부동산 시장 동향을 살피다 보면 좋은 기회가 계속 보인다. 그러나 이미 투자를 진행 중이거나 안정 궤도에 오른 상태에서는 새로운 선택을 하기 어렵다. 그럴 때마다 생각했다. '이 기회를 내가 아니라 가족이 가져간다면 어떨까' 하고.

가족 간 갈등의 대부분은 경제적 불안에서 비롯된다. 부모나 형제가 흔들리면 나의 안정도 오래 지속되기 어려우며, 결국 가족 전체가 안정되어야 내 삶에 온전히 집중할 수 있다. 그래서 최소한 가족 모두가 거주할 한 채 정도는 실거주와 투자를 겸해 심리적·경제적 기반을 마련하도록 돕기로 결심했다.

첫 번째로 고민한 곳은 본가였다. 결혼을 앞두고 출가를 준비하던 때, 내가 떠난 뒤에도 본가의 부동산 포트폴리오가 안정적으로 유지되도록 정리해 두고 싶었다. 그래서 내가 독립한 이후의 생활 구조를 고려해, 본가에 적합한 주택을 매수하기로 했다. 당시 강남에서 비교적 시세가 낮은 편이었던 개포동, 일원동, 수서동을 검토했다. 개포동은 재건축이 한창 이슈였고, 일원동과 수서동은 상대적으로 많은 관심을 받지 못하던 시기였다. 그중에서도 수서 역세권

개발 사업으로 대형 호재가 가시화되며, 주택의 생애주기상 기회가 있는 입지라고 판단했다.

다만 매수 금액이 컸고, 기존 주택이 언제 매도될지도 불확실했다. 그래서 일단 매수 의사가 있는 아파트에 전세로 거주하며 판단하기로 했다. 실제로 거주해 보니 매수에 대한 확신이 생겼고, 이후 기존 주택이 매도되자마자 곧바로 이 아파트를 매수했다. 결과적으로 이 선택은 매우 탁월했다. 매수 후 3개월 만에 시세가 크게 올랐을 뿐만 아니라, 본가의 주거 안정이 가족 모두에게 큰 심리적 여유를 만들어주었다.

다음으로 고민한 곳은 장인어른과 장모님이었다. 당시 장인어른은 정년퇴직을 앞두고 계셨지만, 본인 명의의 주택이 없는 상황이었다. 노후를 위한 안정적인 주거지이자 동시에 자산 가치 상승이 기대되는 곳을 찾아야 했다. 상급지의 빌라와 비상급지의 아파트 사이에서 고민한 끝에, 좋은 입지와 충분한 대지지분을 확보한 빌라가 장기적으로 더 높은 가치를 만들어줄 수 있다고 판단했다. 이러한 판단에 따라 나는 서초구의 빌라를 추천했지만, 두 분은 연고가 없는 지역에 대한 거부감을 보이셨다.

그래서 무리한 설득 대신 '경험'을 시켜드리기로 했다. 함께 걷고 머물며 주변을 체감하실 수 있도록 시간을 쌓았다. 그 과정에서 그곳이 점점 '남의 동네'가 아닌 '살아볼 수 있는 곳'으로 느껴지기 시작하셨다고 한다. 그 결과 매수로 이어졌고, 현재는 전세가가 매수했던 금액을 상회할 만큼 자산 가치가 상승했다. 무엇보다 장인어른과 장모님의 노후에 대한 불안이 사라졌다는 점에서 이 선택은 충분히 의미 있었다.

마지막은 내 남동생과 처남이었다. 두 사람은 비슷한 시기에 사회초년생이 되어 자금 여력은 크지 않았지만 앞으로 소득을 만들어 갈 시간이 충분했다. 나는 이 점에 주목해 재건축 가능성이 있는 아파트를 중심으로 한 차익형 전략을 제안했다. 직주근접 조건을 기준으로 동생은 경기도 성남, 처남은 경기도 광명의 재건축 아파트를 추천했고 각각 그 아파트를 매수했다. 이후 두 지역 모두 사업이 진척되며 시세 상승 랠리를 이어가고 있다.

흥미로운 점은 비혼주의였던 두 사람 모두 집을 마련한 이후 곧바로 결혼을 결정했다는 사실이다. 주거의 안정이 미래를 결정하는 심리적 기반이 된 것이다. 이 경험을 통해 주택은 투자 대상에 그치지 않고, 개인의 생애 계획에 영향을 미치는 자산임을 다시 확인했다.

어렸을 때부터 안정적인 부동산이 인생을 지켜준다는 사실을 가까이에서 보며 자랐다. 그래서 나는 가족을 위해, 또 나 자신을 위해 가족 모두가 안정적인 자산을 갖추도록 돕는 일을 삶의 중요한 목표로 삼게 되었다. 그리고 그 안정성은 내 삶을 지켜주는 공간이자, 어떤 흐름이 와도 쉽게 흔들리지 않는 경제적 가치에서 나온다. 그래서 그러한 가치를 지닌 부동산을 찾아 꾸준히 임장을 다녔다.

내가 수도권 주택과 지방 토지 투트랙 전략을 고수하는 이유도 변동성이 큰 시장 속에서 균형을 유지하기 위해서다. 이 전략의 핵심은 늘 같다. 내가 통제할 수 있는 가치를 선택하고, 노력한 만큼 얻을 수 있는 수익 구조를 만들며, 시간이 흐를수록 그 가치가 스스로 증명되도록 하는 것이다. 단기적 유행이나 무리한 투기는 지양하고, 도시의 성장 방향과 인구·수요의 흐름을 꾸준히 관찰하며 많은 사람이 필요로 하는 부동산이라는 확신이 생겼을 때만 움직였다. 그렇게 쌓아온 원칙들은 결국 나와 내 가족의 삶을 지키는 동시에, 더 나은 미래로 나아가게 하는 나침반이 되었다.

2장

부동산 투자를
하기 전
반드시 알아야
할 것들

01

인구소멸 시대의
부동산 투자

부동산 시장이 조정기를 맞거나 급등락을 반복할 때마다, 어김없이 등장하는 화두가 있다. 바로 '인구소멸'이다. 초저출산과 고령화에 따른 인구 구조 변화가 이어지며 "앞으로 집을 필요로 하는 사람이 줄어드는데, 당연히 부동산 가격도 하락할 것이다"라는 반응부터 "서울 아파트도 더 이상 안전자산이 아니다" 같은 자극적인 주장까지 쏟아진다.

인구 감소가 곧 부동산 시장의 붕괴로 이어질까? 인구가 줄어들고 있는 것은 명백한 사실이지만, 이는 부동산 시장의 몰락이 아니라 구조의 재편을 의미한다. 도시는 변하고, 사람의 움직임은 바뀌며, 수요의 형태는 더 정교하고 입체적으로 나뉜다. 바로 이 과정에서 새로운 패러다임이 등장하고, 그 흐름을 제대로 읽는 사람이 시장의 기회를 선점할 수 있다.

인구가 줄어들수록 도심 과밀화는 심화된다

대한민국 전체 인구는 감소세에 접어들었지만 수도권 인구는 여전히 증가하고 있다. 수도권에는 일자리·교육·의료·문화 등 핵심 기능들이 집중되어 있다. 즉, 사람들은 '집'에 따라 움직이는 것이 아니라 '도시의 기능'에 따라 움직인다. 지방의 인구가 빠져나가면 단순히 부동산 가격이 하락하는 데서 끝나지 않는다. 병원, 상업시설, 학교도 함께 문 닫으면서 도시의 기능 자체가 붕괴된다. 아이를 둔 가구일수록 이탈 속도는 더 빠르다.

이처럼 삶의 질을 지탱해 주는 모든 기능이 수도권에 집중되다 보니, 점점 더 지방 도시의 기능이 사라지는 악순환에 빠진다. 서울 쏠림 현상은 주택 수요의 문제가 아니라, 기능 편중에서 비롯된 결과라는 것이다.

이러한 흐름은 지방 소도시에서 중소도시를 거쳐 수도권, 서울 외곽, 서울 중심부로 수렴된다. 나는 이 현상을 '노른자 이론'이라고 부른다. 도심은 기능과 인프라가 진하게 응축된 노른자다. 그래서 사람들은 점점 더 핵심지인 노른자로 모여든다. 이 흐름은 아파트 시세에서 그대로 증명되고 있다. 그렇기에 인구소멸 시대가 도래하더라도, 도심과 수도권의 부동산에는 수요가 몰릴 수밖에 없다. 이는 일시적인 현상이 아닌 인간의 본능적 선택이 쌓여 만들어낸 흐름이다.

집은 남아도, 살고 싶은 집은 부족하다

모든 상품의 가격은 수요와 공급으로 결정된다. 하지만 부동산 시장에서 수요와 공급 논쟁이 반복되는 이유는 그 기준이 다르기 때문이다. 통계상 서울에 집은 많지만 상당수는 노후화된 주택, 주차장이나 커뮤니티가 없는 아파트 단지, 재개발 가능성조차 낮은 다세대주택과 빌라다.

집은 금융 상품이 아니라 사람이 사는 공간이다. 그렇기에 집은 살고 싶은 곳일수록 가치가 높아진다. 즉, 많은 사람들에게 관심을 받으며 순환될 수 있어야 가치가 생기는 것이다. 이와 함께 사람들은 주거 환경, 커뮤니티, 교통, 학군, 편의시설, 관리 시스템 등 삶의 질을 구성하는 여러 요소를 종합적으로 고려한다. 그래서 사람들이 현재 살고 싶은 집을 기준으로 보면, 공급은 대폭 줄어든다.

신축 아파트가 공급되면 상위 수요가 이동하고, 그 빈자리를 중간 수요가 채운다. 이 과정이 반복되며 주거 수준이 한 단계씩 올라가는 것이 바로 '여과(濾過) 과정'이다. 그러나 신규 공급이 막히면 이 사다리는 멈춘다. 그 결과 좋은 집은 더 희소해지고, 수요가 낮은 집만 시장에 남는다.

특히 서울은 이런 현상이 뚜렷하다. 신축할 땅은 제한적인데, 각종 규제 때문에 주택 노후화는 빠르게 진행된다. 인구가 줄어드는 만큼 주택도 함께 노후화되며, 사람들이 실제로 살고 싶은 집의 수는 오히려 줄어든다. 시간이 지나 남는 것은 주거 기능을 다한 집들이고, 이런 주택까지 포함해 공급 과잉이라 말하는 것이 과연 타당한지는 다시 생각해 볼 문제다. 중요한 것은 집의 개수가 아니라, 현재 시대에 맞는 주택이 얼마나 존재하는가다.

시장은 결국 균형을 향해 움직인다. 적절한 공급이 이루어지면 가격은 안정되고, 살고 싶은 집이 늘어날수록 전체 주거 수준은 한 단계씩 올라간다. 이 주택 여과 과정이 원활하게 작동할 때, 사람들은 현재보다 나은 삶을 선택할 수 있다. 이런 흐름이야말로 바람직한 주택 시장의 본질이다.

인구는 줄어도, 가구는 늘고 있다

인구가 감소한다고 해서 부동산 수요가 무조건 줄어드는 것은 아니다. 오히려 1·2인 가구 증가로 가구 수는 계속 늘고 있다. 1인 가구는 청년층뿐 아니라 중장년층, 고령층까지 다양한 세대로 확대되고 있으며, 결혼하지 않거나 자녀 없이 사는 부부도 늘고 있다. 그러나 가구 규모가 줄었다고 주택 면적까지 비례해 줄어들지는 않는다.

아울러 개인의 소득 수준은 과거보다 훨씬 높아졌다. 소득이 높아진 만큼 1인당 필요로 하는 집의 면적도 자연스럽게 커졌다. 이제는 생존을 위한 집을 넘어 삶의 질을 위한 공간이 된 것이다. 1인 가구, 딩크족, 취향 중심 소비층은 오히려 더 넓고 쾌적한 공간을 원한다. 라이프스타일과 취향에 따라 주거 형태와 수요 역시 다양한 형태로 확장되었다.

결국 숫자보다 흐름을 봐야 한다. 인구 수치만으로 과거와 현재를 비교하는 것은 매우 위험하다. 과거 인구 3,000만 명이던 대한민국과, 고도화된 사회에서 다시 3,000만 명이 되는 대한민국은 전혀 다른 나라다. 인구가 더 줄어드는 미래에는 주거 형태 역시 바뀐다. 아파트 중심의 구조에서 더 넓은 전용 면적과 자율적인 삶을 담아낼 수 있는 새로운 주거 모델이 등장할 가능성도 충분하다.

전체 인구가 3,000만 명도 채 안 되는 호주 시드니의 집값은 세계적으로도 비싼 수준이다. 즉, 부동산의 가치는 인구수만으로 결정되는 것이 아니라 입지와 희소성, 라이프스타일의 질적 변화에 의해 결정된다. 따지고 보면 인구소멸 시대에 부동산을 이해하는 핵심은 단 하나다. 사람들은 지금 어디로, 왜 움직이고 있는가다. 이 흐름을 읽을 수 있다면, 인구 감소는 위기가 아니라 새로운 선택지로 바뀐다.

02
성공 투자를 꿈꾸는
모든 이에게

부동산 투자는 수천만 원에서 수억 원의 자금이 들어가는 만큼 한 번 실패하면 회복까지 오랜 시간이 걸린다. 자산이 넉넉하지 않다면 첫 실패가 곧장 부동산 시장 이탈로 이어질 수도 있다. 하지만 첫 투자가 성공하면 자신감이 생기고, 공부와 실천도 자연스레 따라오며, 다음 투자를 향한 동력이 만들어진다. 그래서 첫 투자는 단순한 수익 이상의 의미를 갖는다.

시드머니의 크기는 관심의 깊이다

첫 내 집 마련이나 갈아타기를 준비하는 분들에게 "한 달에 얼마씩 시드머니를 모아야 할까요?"라는 질문을 받으면, 나는 "부동산에 얼마나 관심이 있으신가요?"라고 되묻는다. 시드머니의 크기는 부동산에 대한 관심의 깊이에 비례하기 때문이다. 그래서 나는 "월급의 몇 %를 저축하세요" 식의 조언을 하지 않는다. 부동산 투자를 간절히 원한다면 불필요한 소비부터 자연스럽게 줄이게 된다. 나 역시 시드머니를 모으던 시절, 주변 사람들이 소비를 즐길 때 임장을 다니며 계약서에 도장을 찍을 그날을 기다렸다. 그렇게 부동산이 일상이 되자 그 간절함이 저축의 속도를 끌어올렸다.

여기서 중요한 키워드가 있다. '견물생심(見物生心)'이다. 자주 보면 마음이 생기고, 관심이 깊어질수록 욕망이 커진다. 그 욕망은 시드머니를 빠르게 만든다. 그래서 부동산 투자의 출발은 늘 관심이고, 그 관심을 현실로 바꾸는 행동이 바로 임장이다.

하지만 마음이 움직여도 손에 쥔 돈이 부족할 때가 많다. 그렇다고 시드머니가 다 모일 때까지 기다리고만 있다면, 그 사이 시장은 이미 멀리 달아나 있을 것이다. 오히려 시드머니를 모으는 지금이 가장 바쁘게 움직여야 할 시기다. 지금 해야 할 일은 돈만 모으는 것이 아니라 구체적인 매수 계획을 세우는 일이다.

예를 들어 2년 뒤 1억 원의 시드머니를 만들 수 있다고 가정해 보자. 가용할 수 있을 만큼의 주택담보대출을 받았을 때 살 수 있는 집이 약 3억 원 수준이라면, 지금부터 해야 할 일은 2년 뒤 3억 원이 될 집을 찾는 것이다. 즉, 미래의 시세를 예측했을 때 2년 뒤 1억 원이 오를 가능성이 있는 지역을 고르고, 그 지역에서 현재 2억 대의 후보군을 찾아야 한다. 사람들은 여기서 "그럼 2년 뒤 1억이나 오른 집을 사야 한다는 말인가요?"라고 물어본다. 나는 반대로 "그럼 2년 동안

1억도 오르지 않을 집을 사시겠습니까?"라고 되묻는다. 투자는 '오를 가능성' 위에서만 성립한다.

준비된 사람만 타이밍을 잡는다

이 작업은 계약 직전까지 이어져야 한다. 눈여겨보던 아파트의 시세가 더 올라서 살 수 없을 때도 있다. 하지만 그런 순간에도 시장 감각을 놓지 않기 위해 부동산 중개업소를 수없이 드나들며 실전 감각을 유지해야 한다. 끊임없이 시장의 움직임을 관찰해야 관심을 유지할 수 있기 때문이다.

또한 본인이 가장 매수하고 싶은 지역과 부동산을 1순위부터 적어도 5순위까지 정리해 두어야 한다. 주택 매수는 변수가 많다. 집주인이 계약을 취소하거나 매물이 갑자기 사라질 수도 있고, 시세가 급등할 수도 있기 때문에 대안이 있어야 한다.

다만 1순위와 5순위의 격차가 크면 안 된다. 1순위 매물을 놓쳤을 때 2순위, 3순위 매물로 자연스럽게 이동할 수 있어야 한다. 5순위도 기쁜 마음으로 매수할 수 있을 정도로 정말 마음에 드는 매물로만 리스트를 만들어야 한다. 그 수준의 리스트를 만들려면 임장을 많이 다니는 수밖에 없다. 발로 뛴 만큼 리스트의 간극은 촘촘해지고, 어떤 변수가 생겨도 흔들리지 않는 판단 기준이 생긴다.

나는 매수하고 싶은 아파트가 생기면, 외부와 내부 구조를 미리 확인해 두었다. 추후 자금이 마련되었을 때 좋은 매물을 바로 선점하기 위해서다. 이런 신속성은 거래에서도 상당한 우위를 만든다. 예컨대 "지금 가격에서 이만큼만 조정해 주시면, 집을 보지도 않고 바로 계약금 입금하겠습니다"라고 먼저 제안할 수도 있다. 이 한마디가 협상의 흐름을 바꾸기도 한다.

아파트는 내부 구조가 타입별로 동일하기 때문에 한두 집만 봐도 구조를 파악할 수 있다. 현장에서 창 방향, 채광, 층간 소음, 조망 등을 사전에 체크해 두면, 실행 판단이 훨씬 빨라진다. 오래된 아파트라면 내부 수리를 전제로, 인테리어보다는 구조와 동선을 중심으로 보는 것이 좋다.

결국 매수할 수 있는 시점이 되었을 때, 고민 없이 바로 계약서를 쓸 수 있을 정도로 모든 고민을 미리 끝내야 한다. '이 동네에 이런 집을 사고 싶다'라는 바람만으로는 부족하다. 준비가 부족하다면, 좋은 기회를 놓친다.

많은 사람이 '일단 돈부터 모으고, 나중에 부동산 공부하면 되지 않을까?'라고 생각한다. 하지만 시드머니를 모으고 있다는 사실에 안도하며 멈추는 순간, 목표는 오히려 멀어진다. 지금 필요한 것은 저축과 임장, 계획과 판단 기준을 동시에 굴리는 일이다. 매수 타이밍은 누구에게나 온다. 그 순간을 붙잡는 사람은 미리 준비를 마친 사람뿐이다.

첫 투자를 잘 디디면 두 번째, 세 번째 투자로 이어지는 길이 열린다. 감각도 점점 날카로워지고, 판단의 기준도 생긴다. 그래서 나는 늘 말한다. 첫 번째 투자가 인생의 가속도를 좌우한다고. 지금 당장은 작은 선택처럼 느껴질 수 있지만, 그 한 걸음이 앞으로의 인생을 지탱할 가장 강력한 기반이 될 수 있다. 오늘도 묵묵히 준비하는 한 걸음을 내딛길 바란다.

03
당신의 부동산 온도는 몇 도인가

"여기는 안 오를 거 아는데요…", "어차피 실거주용이어서요"라며 실거주와 투자를 분리해서 생각하는 사람들을 종종 만난다. 하지만 실거주와 투자를 분리하는 것은 비효율적인 접근이다. 주거 비용은 반드시 지출해야 하는 비용이기 때문에, 이 돈이 소비로 끝날지 자산으로 전환되는 구조가 될지 고민해 볼 필요가 있다. 어차피 지출할 돈이 곧 투자 수단도 될 수 있기 때문이다.

물론 피치 못할 사정으로 특정 지역에 꼭 실거주 매수를 해야 하는 경우도 있겠지만, 그 안에서도 투자성이 가장 높은 곳을 찾아야 한다. 그렇다면 투자 수익을 내기 위해서는 어떤 집을 선택해야 할까?

지금 완벽한 집 vs 시간이 완성할 집

누구나 한강 조망, 학군, 역세권, 신축 대단지에 사는 것을 꿈꾼다. 모든 세대가 선호하는 요소들이 집약된, 이른바 '육각형 아파트'는 공급보다 수요가 많을 수밖에 없기에 가격이 높다. 그래서 현실적인 대안은, 지금은 덜 완벽하지만 시간이 흐르며 완성될 집을 선택하는 것이다. 이는 정비사업을 기다리는 낡은 집만을 뜻하지 않는다. 주변 환경의 변화, 구조적 개선, 수요의 변화 속에서 점점 더 조건이 나아질 집이다. 즉, '완벽해질 집+나의 시간=완성된 집'이라는 공식이 최대한 성립하는 곳을 찾는 것이 부동산 투자의 핵심이다.

이 책 전반에서 '완벽해질 집'을 고르는 기준은 충분히 다룰 예정이니, 여기서는 공식의 두 번째 요소인 '나의 시간'을 어떻게 쓸 것인가에 집중해 보자.

부동산은 솔직하다. 큰 수익을 원한다면 반드시 그에 상응하는 대가를 요구한다. 미래에 완벽해질 집은 아직 완벽하지 않기에, 실거주에서 어느 정도의 불편함이 뒤따른다. 그래서 관건은 그 불편함을 견딜 수 있느냐다. 만약 불편을 줄이고 싶다면 방법은 하나다. 더 많은 돈을 투자하면 된다. 결국 부동산 투자에서 높은 수익을 얻는 방식은 둘 중 하나다. 더 많은 자본을 투입하거나 더 많은 불편함을 감수하며 기다리는 것이다.

부동산 온도라는 기준

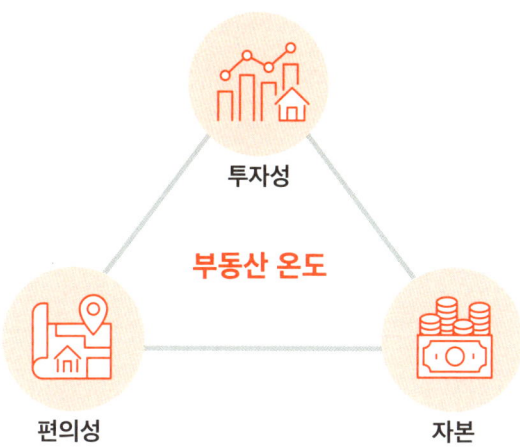

투자성과 편의성 그리고 자본은 언제나 트라이앵글 구조를 이룬다. 자본이 한정된 보통의 투자자라면, 실거주 편의성을 어디까지 포기할지 선택의 기로에 선다. 이 지점에서 대부분이 망설인다. 지금까지 내가 경험해 온 바에 따르면, 선택의 차이는 그 사람의 '부동산 온도'에 달려 있었다.

지금 당장 매수를 하겠다며 흥분을 감추지 못하는 사람, 뭔가 사야 할 것 같아 알아보지만 아직 절실하지 않은 사람, 남들도 하니까 공부는 해보자는 사람, 투자를 꼭 해보겠다며 전략적으로 수십 번 임장을 다니지만 정작 결정의 순간에는 망설이는 사람까지. 부동산에 대한 온도는 모두 제각각이다. 그리고 그 온도는 결과의 차이로 그대로 이어진다.

부동산 온도는 경험과 배움이 쌓여 확신이 되고, 그 확신이 실행력과 만날 때 비로소 끓어오른다. 그리고 그 온도가 높을수록 어떠한 불편함도 기꺼이 감수하게 된다. 그렇다면 중요한 질문은 하나다. 완벽해질 집을 찾아야 하는 상황 속에서 나는 어떤 온도로 이 기회를 마주하고 있는가?

지금부터 소개할 몇 가지 사례는 같은 시기, 비슷한 조건에서 출발했지만 전혀 다른 결과로 이어진 선택들이다.

30대 초반에 결혼한 한 부부는 전세로 살며 꾸준히 저축했다. 부동산엔 큰 관심이 없었고, 딩크족이라 소비도 비교적 자유로웠다. 그러다 30대 중반 무렵 '이제는 집을 사야 하지 않을까' 하는 불안이 찾아와 공부를 시작했다. 두 사람은 투자성이 있는 지역을 고르는 데는 합의했지만, 어떤 아파트를 살지를 두고 의견이 갈렸다.

아내는 학원가가 가깝고, 단지 안에 초등학교가 있는 '초품아' 학군지 아파트를 원했다. 남편은 아이 계획이 없으니 구조가 마음에 드는 비학군지 아파트가 낫다고 봤다. 아내는 '나중에 더 잘 팔릴 집'을 선택하자고 했다. 부동산 선택은 한정된 자본 안에서 '내 만족'과 '시장 선호' 사이의 균형을 찾는 일이다.

내가 아이를 키우지 않아도, 내 집을 사줄 사람은 아이가 있는 가정일 수 있다. 학군지 아파트는 기존 수요에 더해 고정적인 추가 수요를 확보한다. 수요가 넓어질수록 엑시트는 유리해지고, 상승장에서는 가격 탄력도 더 커진다. 같은 지역 안에서도 아파트의 상승폭이 달라지는 이유다. 실제로 이 부부는 아내의 선택을 따랐다. 매수한 학군지 아파트는 실거래가 기준으로 4억 원 이상 상승했고, 남편이 고민하던 아파트는 약 2억 원의 상승에 그쳤다. 처음에는 7,000만 원 남짓하던 가격 차이가 시간이 지나며 2억 원 이상으로 벌어졌다. 내 기준만큼이나 시장의 기준이 중요한 이유다.

첫 번째 사례가 '무엇을 우선순위에 둘 것인가'의 문제였다면, 두 번째 사례는 시간이 입지의 편에 서는 순간을 보여준다. 내가 의뢰를 받았던 한 40대 부부는 유치원생 자녀를 둔 가정으로, 서울의 비상급지 빌라에 오래 거주해 왔다. 아이가 자라며 이사를 고민했고, 보유했던 빌라를 어렵게 매도한 뒤 새로운 선택의 기로에 섰다. 적극적인 투자 성향은 아니었지만, 이번만큼은 오래 머물 집을 고르고 싶어 했다.

나는 그들에게 서울 상급지의 빌라를 제안했다. 당장의 편의성은 떨어질 수 있지만, 입지가 가진 잠재력은 시간이 지날수록 충분히 보상될 것이라 판단했기 때문이다. 그러나 이미 빌라 생활에 지친 부부에게 아파트에 대한 갈망은 컸고, 빌라 환금성에 대한 불안도 남아 있었다. 결국 그들은 자금 범위 안에서 선택할 수 있는 경기도의 10년 차 구축 아파트를 택했다.

1년도 지나지 않아 시장의 빙향은 갈렸다. 경기도 구축 아파트는 큰 변동 없이 정체된 반면, 서울 상급지 빌라 지역은 재개발과 모아주택 이슈가 거론되며 시세가 빠르게 움직이기 시작했다. 시간은 입지의 편에 섰다. 아무리 번듯한 아파트라도 사람들이 덜 찾는 지역에 있다면 정체되기 쉽다. 반면 입지가 뛰어난 곳의 낡은 주택은 시간이 지나며 새로운 기회를 품는다. 부동산에서 입지가 가진 힘은 여전히 압도적이다.

세 번째는 단점이 있는 집을 어떻게 볼지에 대한 사례다. 한 지인은 주차 여건이 열악한 구축 아파트를 두고 고민하고 있었다. 동일한 조건의 두 아파트 중 한 곳은 주차가 심각하게 불편해서 주변 단지보다 시세가 1억 원가량 낮았다. 그래서 불편함을 감수하고 더 저렴한 집을 선택할지 고민하고 있었다. 두 단지 모두 정비사업을 추진 중이었기 때문에, 나는 이렇게 물었다.

"이 단점이 사라지면, 그 가격 차이가 그대로 수익이 되는 거 아닌가요?"

재건축이 진행되면 주차 문제는 자연스럽게 해소된다. 그렇다면 지금의 불편함은 오히려 저평가의 이유가 되니 더 나은 선택일 수 있다고 조언했다. 그는 그 불편함을 감수하는 쪽을 택했다.

부동산 가격을 움직이는 것은 지하철 개통, 소각장 이전, 대형 쇼핑몰 유치 같은 외부 이슈만이 아니다. 재건축은 물론 외벽 공사, 배관 교체, 방수 공사 같은 단지 내부의 변화, 즉 단점의 해소 역시 강력한 상승 요인이 된다. 외부는 통제할 수 없지만, 내부 환경은 주민들의 의지로 바뀔 수 있다. 그래서 단점이 있는 집을 볼 때는 '이 단점이 사라질 수 있는가'를 먼저 따져봐야 한다. 해소 가능한 단점은 지금의 저평가를 설명하는 이유이자, 미래 수익의 씨앗이 될 수 있다.

이 세 가지 사례가 던지는 결론은 하나다. 자본이 제한될수록 시간은 가장 공평한 자원이고, 그 시간을 어떤 불편함과 맞바꿀지에 따라 결과가 달라진다. 그러면 이 질문이 남는다. 지금 당신의 부동산 온도는 어떠한가.

04
감내할 수 있는 리스크에 투자하라

부동산을 이야기할 때 실무적인 방법론 외에 마인드셋을 강조하는 편은 아니다. 하지만 단 한 가지만 말해야 한다면, 나는 늘 '리스크에 투자하는 마음가짐'을 이야기한다. 장밋빛 미래를 믿고 뛰어드는 것이 아니라, 지금의 내가 감당할 수 있는 리스크를 정확히 정하고 그 리스크를 선택하는 것. 이것이 내가 생각하는 투자자의 기본 자세다.

사람들은 상승장에서는 지나치게 낙관적이 되고, 하락장에서는 필요 이상으로 움츠러든다. 하지만 시장의 분위기에 휩쓸리기보다 냉정하게 '지금의 나'를 기준으로 판단한다면, 어떤 국면에서도 중심을 잃지 않을 수 있다.

두 가지 리스크 중 무엇을 선택할 것인가

나는 한때 서울의 신축 아파트를 보유하고 있었다. 당시 시장은 부동산 상승 사이클에 들어선 시점이었고, 서울의 모든 아파트 시세가 꾸준히 오르고 있었다. 그러던 중 상급지의 한 구축 아파트가 정비사업을 본격적으로 추진하고 있다는 사실을 확인했다. 조합 설립이 임박했고, 시공사 선정도 본격적으로 들어가기 시작하는 상황이었다.

그때 나는 두 가지 리스크를 비교했다. 첫 번째는 매수하지 않았을 때의 리스크, 즉 기회를 놓치는 위험이었다. 해당 상급지 아파트는 정비사업 초기 단계였지만, 추진 속도가 빠르게 붙고 있었다. 조합장의 추진력과 현장 분위기를 살펴보았을 때, 1군 건설사들의 관심이 높다는 점도 확인할 수 있었다.

이 모든 흐름을 종합해 보면, 정비사업은 빠르게 전개될 가능성이 컸고, 사업이 한 단계씩 진척될수록 시세 역시 계단식으로 형성되리라 판단했다. 만약 이 시점에서 매수하지 않는다면, 시세 상승으로 인해 현재의 자산 규모로는 더 이상 이 지역에 진입하지 못할 가능성이 높았다. 이 기회를 놓치는 것은 되돌릴 수 없는 리스크라고 느껴졌다.

두 번째는 매수했을 때의 리스크였다. 만약 매수 후 사이클이 반전된다면 소위 말하는 '상투'를 잡게 될 가능성도 배제할 수 없었다. 더불어 기존에 보유하고 있던 아파트는 신축이었지만, 갈아타게 될 상급지 아파트는 지하주차장도 없는 30년이 넘은 복도식 구축이었다. 실거주 측면에서 불편함을 감수해야 한다는 점은 분명한 부담이었다. 다시 말해 신축을 중시하는 시대에 신축이 가진 희소성과 편의성을 내려놓고, 입지를 선택해야 하는 상황이었다.

'상급지로 갈아타기'라는 선택

수년간 상급지 지역을 꾸준히 관찰해 온 만큼, 내 기준과 확신은 분명했다. 흔히 신축에 살던 사람은 구축은 불편해서 못 산다고 말하지만, 투자 온도가 높았던 나는 실거주에서의 불편함 역시 충분히 감내할 수 있다고 판단했다. 설령 사이클이 반전되어 하락장이 오더라도, 실거주를 병행하며 다음 기회를 기다릴 수 있다는 점은 오히려 나에게 강점이었다.

무엇보다 결정적인 계기는 두 아파트 간 가격 흐름이 변곡점에 도달했다는 판단이었다. 상급지 구축 아파트는 연식과 실거주성, 초기 단계의 정비사업 진행 상황 때문에 상승장에서도 비교적 정체된 흐름을 보이고 있었다. 반면 비상급지 신축 아파트는 입지 대비 이미 오를 만큼 오른 상태였고, 추가 상승 여력은 제한적이라고 보았다. 그 결과 두 아파트 간 시세 차이는 지금이 가장 좁혀진 상태라고 생각했고, 오히려 비상급지 신축이 약 1억 원 더 높은 상황이었다. 이 흐름이 유지된다면 상급지 구축은 반등하고, 비상급지 신축은 횡보하며 시세가 반전될 가능성이 크다고 판단했다.

결국 나는 상급지 구축 아파트로 갈아탔다. 이 결정은 시장 분위기에 휩쓸린 선택이 아니라 내 자산 상황, 라이프스타일, 그리고 감내할 수 있는 리스크 수준을 종합적으로 고려한 전략적 판단이었다. 하지만 이후 시장은 내가 생각했던 가장 안 좋은 경우의 수대로 흘러갔다. 하락기는 예상보다 빠르게 찾아왔고, 내가 매수한 상급지 구축 아파트 역시 실거래 기준 약 2억 원 가까이 떨어졌다. 하지만 이 역시 예상했던 경우의 수 중 하나였다. 겉으로 보면 손해처럼 보일 수 있는 상황이었지만 내가 매도한 비상급지 신축 아파트는 3억 이상 하락했고, 급매 물건은 4~5억까지 떨어져 있었다. 결과적으로 나는 더 방어력이 강한 자산으로 갈아탐으로써 하락장에서도 상대적으로 1억 원 이상을 지켜낸 셈이었다.

물론 "비상급지 신축을 팔아 현금을 쥐고 있다가, 하락한 후 다시 사면 더 이득이었을 텐데?"라는 반론도 할 수 있다. 이론적으로는 맞는 말이다. 하지만 반대로 시세가 더 올라버렸다면, 나는 상급지로 진입할 기회를 영영 잃었을 수도 있었다. 시장의 방향은 누구도 확신할 수 없다. 실거주 목적이 있는 이상 선택의 기준은 '내가 감당할 수 있는 리스크가 어디까지인가'였다.

시간이 지나 다시 상승 사이클이 찾아오자 결과는 명확해졌다. 상급지 구축 아파트는 시공사 선정과 사업 진행이 가시화되며 시세를 빠르게 회복했고, 두 아파트의 시세는 반전되며 수억 원 이상 차이가 벌어졌다. 돌아보면 내가 매도와 매수를 결정했던 그 시점이 두 자산의 가격 차이가 가장 좁혀졌던 절묘한 타이밍이었고, 갈아타기를 할 수 있는 최적의 지점이었던 것이다.

정리하면, 비상급지 신축 아파트를 보유하고 있던 나는 상급지 구축 아파트로 갈아탄 직후 하락장을 맞았지만 결과적으로는 이익이었던 투자였다. 그 이유는 세 가지다. 첫째, 비상급지 신축을 계속 보유했다면 하락 폭이 훨씬 더 컸을 것이다. 둘째, 시간이 지나며 시장은 다시 반전되었고, 정비사업이 진행되며 상급지 구축 아파트의 가치가 본격적으로 드러났다. 실거주 투자의 장점을 활용해 시장의 반전을 기다릴 수 있었던 점이 결정적이었다. 셋째, 그 시점에 갈아타기를 하지 않았다면 상급지 진입은 사실상 불가능했을 것이다.

다만 이 전략이 모두에게 동일하게 적용되는 것은 아니다. 만약 무주택자가 같은 시점, 같은 가격에 상급지 구축 아파트를 매수했다면 하락 기간만큼의 기회비용을 온전히 감내해야 했을 것이다. 이 선택은 비상급지 신축 아파트를 이미 보유하고 있었고, 상대적으로 방어력이 높은 자산으로 갈아탈 수 있었던 나에게 적합한 전략이었다.

이 경험을 통해 분명해진 점은 두 가지다. 시장은 내가 통제할 수 없지만, 나의 상황은 내가 통제할 수 있다는 것. 그리고 실거주와 투자의 균형을 갖춘 1주택 전략은 그 자체로 매우 강력한 무기가 된다는 점이다.

내가 감내할 수 있는 리스크와 어떤 상황에서도 흔들리지 않을 판단의 기준은 나 자신의 라이프스타일과 재정 상태를 깊이 이해할 때 비로소 세워진다. 단기간의 수익은 눈에 띄지 않을 수 있지만, 부동산은 조급하게 사고파는 자산이 아니다. 시간이 흐른 뒤 돌아보면,

잦은 매매를 반복한 투자자보다 차분히 계획을 실행한 사람이 더 큰 결과를 만들어내는 경우가 많다. 부동산 투자에서 가장 강한 무기는 나 자신을 이해하는 힘이다.

3장

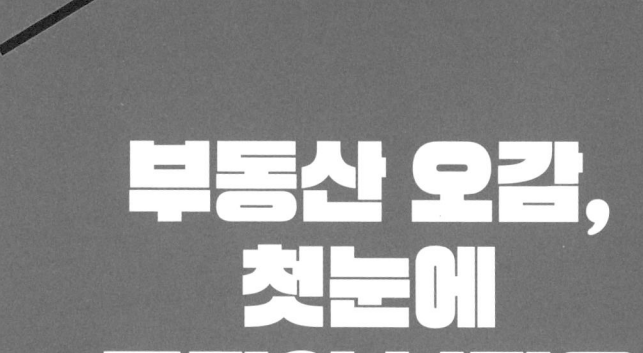

부동산 오감,
첫눈에
공간의 본질을
읽는 감각

01

집은 숫자보다
감각으로 먼저 읽힌다

　부동산은 결국 사람이 살아가는 공간이다. 그 공간의 진짜 가치
는 숫자보다 사람이 느끼는 감각을 통해 드러난다. 냄새, 빛, 소리,
바람, 거리의 분위기처럼 숫자로는 표현할 수 없는 요소들이 모여
사람들이 머물고 싶은 동네를 결정한다.

　'오감 임장'이라는 개념을 정리하게 된 이유도 여기에 있다. 보통
사람의 생각은 비슷하기 때문에 내가 살기 좋다고 느끼는 곳은 다른
사람도 살고 싶어 하는 공간으로 이어진다. 그래서 내가 편안하다고
느끼는 동네에는 자연스럽게 수요가 모이고, 수요가 모이면 그곳의
경제적 가치는 뒤따라 상승한다. 그렇기 때문에 현장을 볼 때는 투
자자의 시선보다 먼저 거주자의 감각으로 공간을 받아들여야 한다.

　사실 경험이 쌓인 부동산 투자자라면 본능적으로 오감을 사용해
임장한다. 길을 걷는 순간 공기의 흐름을 느끼고, 골목의 결을 읽으

며, 사람들의 이동 방향과 체류 시간을 자연스럽게 살핀다. 다만 이러한 판단 과정은 대부분 '감'이라는 말로만 설명될 뿐, 체계적으로 정리된 적은 없었다.

나는 현장에서 반복된 경험을 통해 이 감각이 단순한 직관이 아니라, 충분히 정리하고 축적할 수 있는 사고 체계라는 사실을 깨달았다. 그래서 이 감각을 '오감 임장'이라는 하나의 기준으로 정리하고, 실전 투자에 적용할 수 있는 판단 프레임으로 구조화했다.

감각은 즉흥이 아니라 축적이다

무언가 중대한 결정을 할 때, 보자마자 계산을 끝내고 단 몇 분 만에 결론을 내리는 사람들이 있다. 같은 문제를 두고도 누군가는 오래 고민하고, 누군가는 빠르게 판단한다. 이는 충동적인 선택이 아니라 오랜 경험과 축적된 감각이 만들어낸 빠르고 정확한 결단력이다.

내가 말하는 '부동산 오감' 역시 이런 감각에 가깝다. 대부분의 사람은 이미 집에 대한 경험이 있고, 살고 싶은 집과 살기 싫은 집을 본능적으로 구분할 수 있다. 중요한 건 그 경험을 어떻게 확장하여 투자와 연결하느냐다.

오감으로 공간을 느꼈을 때 몸이 먼저 반응할 때가 있다. 특별한 정보 없이 현장을 한번 둘러보고도 "답 나왔네"라는 느낌이 드는 곳이 있다. 나는 이러한 즉각적인 통찰이야말로 전문가가 갖춰야 할 중요한 능력이라고 생각한다.

빠른 판단이 기회를 만든다

판단이 빠르면 행동도 빨라진다. 신속한 판단은 실행력으로 이어지고, 좋은 기회를 남에게 빼앗기지 않게 만든다. 그래서 '부동산 오감'의 핵심은 현장에서 스스로 판단할 수 있는 기준을 세우는 것, 그리고 현장을 마주한 지 몇 초 만에 "이 동네는 이런 흐름이겠구나" 하고 큰 그림을 그릴 수 있는 힘이다.

각종 데이터와 정보는 시간을 들이면 언제든 확인할 수 있다. 하지만 그 정보들을 어떤 순서로, 어떤 비중으로 해석할지는 개인의 감각에 달려 있다. 마치 길을 외워 운전하는 사람과 내비게이션에만 의존하는 사람의 차이처럼, 감각으로 읽는 부동산은 속도와 정확도 모두에서 앞선다. 오감으로 쌓인 판단 기준이 단단히 자리 잡혀 있다면, 정보가 쌓일수록 오히려 방향은 더 선명해진다.

그래서 임장을 갔다면 오감을 총동원해 공간을 느껴야 한다. 현장을 판단할 때는 빠르고 단호해야 한다. 세부적인 검증은 마지막 단계에서 충분히 하면 된다. 빠르고 정확한 상황 판단 능력, 그것이 내가 말하는 '부동산 오감'의 본질이다.

02

투자자의 눈은 보이는 것 너머를 읽어야 한다

부동산을 가장 1차원적으로 파악할 수 있는 감각은 '시각'이다. 투자자가 현장에 서는 순간, 수많은 정보가 가장 직관적으로 들어오는 감각이기 때문이다. 다만 보이는 것을 그대로 받아들이는 데 그쳐선 안 되고, 그 안에 숨어 있는 흐름과 가치까지 읽어내는 시선이 필요하다. 그것이 부동산 임장에서 '시각'이 하는 일이다.

시각의 3단계

영어에서 '보다'에 해당하는 단어는 크게 세 가지가 있다. 'See', 'Look', 'Watch' 모두 '보다'라는 의미지만, 집중도와 해석 방식에는 차이가 있다. 부동산 투자자의 시선은 See에서 Look을 거쳐 Watch 까지 자연스럽게 이어져야 한다. 무심코 지나치는 장면 속에도 지역의 수요, 생활 리듬, 분위기를 드러내는 단서가 숨어 있기 때문이다.

첫째, See는 의식하지 않아도 자연스럽게 시야에 들어오는 정보다. 예컨대 임장 중 아이 손을 잡은 부모들이 많이 보였다면, 이곳은 아이를 키우는 가구가 많은 동네일 가능성이 있다. 그래서 치안, 교육, 생활환경이 일정 수준을 갖췄을 것이라는 가설을 세울 수 있다. See 단계에서는 이렇게 가설을 하나씩 만들어 나간다.

둘째, Look의 단계다. 의도적으로 특정 대상을 향해 시선을 고정하는 단계로, 앞선 단계에서 세운 가설을 검증하기 위해 의식적으로 주변을 살펴봐야 한다. 예를 들어 아이가 많은 동네라는 가설이 생겼다면, 소아과·약국·공원·초등학교·학원가·키즈 관련 상권이 실제로 밀집해 있는지 확인한다. 단지 내 놀이터 사용 흔적, 커뮤니티 시설, 게시판의 주제 같은 요소도 실거주 수요를 다각도로 보여준다.

셋째, Watch 단계는 움직임이 있는 대상이나 상황을 주의 깊게 관찰한다. 단지 예쁜 풍경이나 편의시설만 보는 것이 아니라 시세 흐름, 개발 계획, 인구 구조, 교통 변화를 종합하여 투자 가치를 판단한다. 임장 후에는 데이터를 통해 현장에서 느낀 가설을 수치로 연결하는 훈련이 필요하다. 단서들이 서로 맞물리기 시작하면, 풍경은 우연이 아니라 수요 기반이 구조적으로 형성된 지역이라는 확신으로 바뀐다.

정리하자면, 임장에서의 '시각'은 단순한 감각이 아니라 투자자의 관찰력을 뜻한다. 눈앞의 장면을 그냥 지나치지 않고 의미로 번역하는 능력, 그것이 시각 임장의 핵심이다.

무엇을 관찰해야 하나: 투자자의 시각 훈련법

① 지도는 투자자의 '보물지도'다

부동산에 관심이 깊어질 즈음, 나는 큼지막한 서울시 지도를 사서 방에 붙였다. 지도는 스마트폰으로도 볼 수 있지만, 작은 화면에서는 놓치는 게 많다. 한눈에 지리를 조망하는 경험은 생각보다 중요하다. 어느 지역이 어디와 맞닿아 있는지, 도로망이 어떻게 연결되는지, 대단지의 흐름이 어디에 형성되는지를 다각도로 익힐 수 있기 때문이다.

이렇게 지도를 자주 보다 보면 주요 지역과 대표 아파트, 상권이 자연스럽게 머릿속에 자리 잡는다. 그래서 "어디가 뜬다더라"라는 이야기를 들으면 흘려보내지 않고, 지도에서 그 지역을 찾아 주변과의 연결, 개발 흐름, 이동 동선을 함께 확인하는 습관이 생긴다.

도시기본계획, 국토종합계획 같은 공공 계획은 5년 단위로 재검토되며 장기 변화의 방향성을 담는다. 이러한 계획이 반영된 지도를 구해 자주 들여다보면, 처음엔 복잡해 보이던 것들이 어느 순간 하나의 흐름으로 보이기 시작한다. 그때 지도는 말 그대로 보물지도가 된다.

② 온라인 지도는 '과거와 현재'를 겹쳐 읽는 도구다

임장을 떠나기 전, 온라인 지도 분석만 잘해도 준비의 절반은 끝난다. 포털 지도, 토지이용계획서비스 같은 플랫폼을 활용하면 반경 거리 측정, 위성지도, 지적편집도, 로드뷰, 특정 위치에서부터 도보나 차량의 소요시간까지 다양한 정보를 종합적으로 파악할 수 있다.

관심이 가는 아파트가 있다면 초등학교, 학원가, 지하철역, 공원, 병원 같은 선호시설까지의 거리와 시간을 체크해야 한다. 반대로 고압선, 철도, 공장, 하수처리장 같은 기피시설과의 거리도 함께 확인해야 한다. 주거지는 이 두 요소의 균형이 시세와 수요를 좌우하는 경우가 많기 때문이다.

지도 플랫폼의 로드뷰 기능을 활용하면, 현장에 가기 전에도 많은 단서를 확인할 수 있다. 외벽 마감 상태나 샷시 교체 여부, 간판 흔적, 업종 변화 같은 시각적 정보만으로도 노후도와 상권 흐름을 일정 부분 추론할 수 있다. 특히 로드뷰의 과거 기록을 활용하면 지역이 어떤 변화를 거쳐왔는지 확인할 수 있다. 예컨대 저층 주거지였던 곳에 대단지 입주가 진행됐다면, 그 지역은 도시 밀도가 상승하는 구간일 수 있다. 고정 인구 유입은 생활 수요 증가와 상권 자생으로 이어지기 때문이다.

과거 로드뷰로 상가 업종 변화를 살펴보면 상권의 체력이 보인다. 브랜드 입점과 리뉴얼이 반복되는 곳은 수요가 유지되는 상권이고, 간판과 업종이 잦게 바뀌는 곳은 상권이 아직 불안정하다는 신호다. 또한 오래 유지되는 업종과 자주 교체되는 업종을 비교하면 지역의 핵심 소비층도 읽힌다. 키즈카페나 유아시설이 많다면 젊은 실거주 가구가 많은 지역이고, 병원과 약국이 두드러지면 중장년 중심의 생활권이다.

이처럼 과거와 현재를 함께 놓고 보면 단순한 현황 파악을 넘어 왜 이런 변화가 일어났는지 그리고 이 흐름이 앞으로도 이어질 수 있을지를 판단할 수 있다. 과거부터 이어진 변화의 축적은 상권과 주거 수요의 방향성을 보여주며, 이는 곧 미래의 고정 인구, 다시 말해 잠재 매수자를 예측하는 중요한 단서가 된다.

그래서 온라인 지도는 위치를 확인하기 위한 도구를 넘어 시간과 공간을 함께 읽는 분석 도구에 가깝다. 현장에 가기 전 지도 분석을 충분히 해두면, 실제 임장에서는 판단의 정확도가 눈에 띄게 높아진다. 이러한 이유로 손품은 임장의 절반이라 할 수 있다.

③ 현장에서는 '생활 밀도'를 본다

임장을 나갔다면 건물 외관만 보고 돌아오면 안 된다. 진짜 중요한 건 그 공간을 점유하고 있는 사람들의 생활 흔적을 읽는 일이다. 건물은 말이 없지만, 그 공간이 어떻게 쓰이고 있는지를 보면 '사는 사람들의 태도'는 자연스럽게 드러난다. 임장에 앞서 손품으로 가설을 세웠다면, 현장에서는 그 가설을 눈으로 확인하고 검증해야 한다.

예를 들어 단지에 들어섰을 때 마주치는 장면들이 있다. 저녁 시간대의 분위기, 공용 공간의 사용 흔적, 생활 편의시설의 활용도 같은 것들이다. 겉보기에는 사소해 보이지만, 이런 장면들은 실제 거주 밀도와 동네의 정서를 말없이 보여준다. 그리고 이 생활 밀도와 분위기는 실거주자와 투자자 모두에게 매수 확신을 주는 중요한 단서가 된다. 상가나 오피스 빌딩도 마찬가지다. 엘리베이터 앞에 대기 줄이 생기는지, 점심시간 유동 인구가 어디로 향하는지, 카페에 앉아 있는 사람들의 연령대와 복장을 관찰하자. 이를 통해 사무실 수요인지, 거주자 수요인지, 주 소비층이 누구인지를 가늠할 수 있다. 이런 디테일 하나하나가 투자자에게는 의미 있는 정보가 된다.

물론 임장에 나서기 전 손품은 기본이다. 자료를 찾아보고, 지도를 돌려보며 구조와 이력을 파악하는 과정은 필수적이다. 그러나 손품은 어디까지나 가설을 세우는 단계에 불과하다. 최종 판단은 현장에서 그 가설을 검증하는 과정에서 완성된다. 현장에 서서 흐름을 느끼고, 사람들의 표정과 태도까지 확인했을 때 비로소 그 부동산에 대한 확신이 생긴다. 가설에서 검증으로, 그리고 확신으로 이어지는 이 흐름이 바로 시각 임장의 본질이다.

시각으로 체크하는 임장 포인트

도시의 정비 수준, 행정의 움직임, 거주자의 구성은 현장에서 신호를 보낸다. 시각으로 읽는 임장은 이 미세한 단서들을 놓치지 않고 연결해 해석하는 일이다.

① 전봇대 상태가 개발 가능성을 보여준다

현장을 돌아다니다 보면 신도시나 정비가 완료된 지역과 구도심의 차이가 분명히 드러난다. 전봇대가 남아 있고 전선이 공중에 얽혀 있다면 기반시설 정비가 아직 이루어지지 않은 초기 단계일 가능성이 높다. 반면 전선이 지중화된 지역은 이미 정비가 완료되었거나 개발이 진행 중인 곳이 많다. 전봇대 하나만으로 개발 여부를 단정할 수는 없지만, 이런 요소들은 '정비 이전 상태'임을 알려주는 신호다. 임장에서 이러한 디테일을 놓치지 않는다면, 개발 여지가 남아 있는 초기 지역을 선제적으로 포착할 수 있다.

② 신문고는 항상 울리고 있다

버스 배차 간격, 소음, 악취 같은 생활 민원뿐 아니라 정비사업 찬반, 종상향 요구, 교통 인프라 확충 관련 민원은 지역이 안고 있는 구조적 문제와 개발 압력을 동시에 보여준다. 또한 구청이나 담당 부서의 답변을 통해 행정의 의지, 추진 속도, 실현 가능성을 간접적으로 엿볼 수 있다. 다만 전자민원은 특정 이슈에 민감한 소수 의견일 수 있으므로, 현장 체감 정보와 정량 지표를 함께 교차해 해석하는 것이 바람직하다. 민원 흐름은 단순한 불만의 기록이 아니라 리스크와 기회를 동시에 읽는 분석 도구가 된다.

③ 이곳은 누가 사는 동네인가

체크포인트
- 외국어로 쓰인 임대 전단지, 다국어 간판, 외국 식당은 해당 지역에 외국인 거주 수요가 일정 수준 이상 형성돼 있을 가능성을 보여준다.
- 외국인 비중이 높으면 실거주 선호도와 주거 이미지에 영향을 줄 수 있다.

지역을 걸으며 관찰하다 보면, 그 동네에 '누가' 살고 있는지가 자연스럽게 드러난다. 공실 상가 유리창의 '임대 문의' 전단지에 중국어나 베트남어가 함께 적혀 있다면, 해당 지역에 외국인 수요가 일정 수준 존재한다는 신호일 수 있다. 외국 식료품점이나 송금 서비스, 다국어 휴대폰 대리점 간판 역시 마찬가지다.

그중에서도 중국식 마트나 베트남·우즈베키스탄 음식점이 골목 깊숙한 곳까지 들어와 있다면, 상권을 넘어 특정 국적의 이주민 커뮤니티가 형성돼 있음을 의미한다. 어린이집이나 초등학교 담장에 외국이 표기가 병기돼 있다면, 단기 체류가 아닌 장기 거주 외국인 가구가 늘고 있다는 신호로 볼 수 있다. 이는 외국인 임대 수요가 형성돼 있다는 뜻으로, 월세 관점에서는 긍정적으로 작용할 수 있다.

다만 외국인 비중이 높아질수록 한국인 실거주 선호도가 낮아지며, 매매보다 전월세 중심 시장으로 재편되는 경우도 많다. 이는 단점이라기보다 시장 성격의 차이다. 투자 판단의 핵심은 어떤 사람이 어떤 방식으로 거주하는지를 읽어내는 것이다.

정비사업지에서 보는 것

재건축이든 재개발이든, 정비사업에서 가장 중요한 건 속도다. 아무리 입지가 좋아도 정비사업이 수년째 제자리걸음이라면, 투자 매력은 반감될 수밖에 없다. 따라서 정비사업 예정지를 임장할 때는 현장을 보는 데서 그치지 말고, 사업이 실제로 움직이고 있는지를 읽어내야 한다.

① 정비사업의 움직임을 확인하라

> 🏠 **체크포인트**
> - 현장에 남겨진 안내물과 현수막은 정비사업의 추진력을 가늠하는 실마리가 된다.
> - 로드뷰와 비교하면 사업 진행 속도를 판단할 수 있다.

현장에서는 조합 사무소 안내판, 추진위 현수막, 동의서 징구 공지, 시공사 관련 홍보물 같은 흔적들을 확인할 수 있다. 이런 요소들은 개별적으로 보면 사소해 보일 수 있지만, 함께 놓고 보면 사업의 분위기와 속도감을 보여준다. 예컨대 동의서 징구 현수막이 수년째 같은 자리에 걸려 있다면, 구호만 있고 진전은 없는 사업일 가능성이 크다. 이럴 땐 로드뷰의 과거 자료를 통해 해당 현수막이 언제부터 걸려 있었는지를 확인해 보는 것이 도움이 된다.

반대로 여러 시공사의 축하 현수막이 시차를 두고 새로 걸리거나 인허가 관련 안내물이 점차 늘어난다면 주민들의 기대감과 참여도가 높다는 신호로 해석할 수 있다. 정비사업은 다수 이해관계자의 합의를 전제로 하기에, 이렇게 합의의 분위기가 형성된 곳은 자연스럽게 사업에 속도가 붙는다. 바로 이 지점이 투자자가 가장 주의 깊게 봐야 할 핵심 포인트다.

② 리더십은 곧 속도다

 체크포인트
- 회의록 공개, 설명회 운영, 홈페이지 소통이 리더십 수준을 보여준다.
- 시공사 유치, 전문기관 선임, 반대 현수막 유무도 간접적인 판단 기준이 된다.

정비사업에서 속도를 좌우하는 가장 중요한 변수는 리더십이다. 추진위원장이나 조합장의 판단력과 실행력은 사실상 사업의 방향과 진행 속도를 결정한다. 실제로 진행이 빠르다고 평가받는 사업지들은 공통적으로 대표지의 추진력이 분명하게 드러난다.

리더십은 말이나 명성보다 운영 방식에서 드러난다. 주요 회의와 총회가 일정에 맞춰 공지되고, 회의록이 꾸준히 공개되며, 설명회를 통해 조합원 의견을 반영하려는 노력이 보인다면 조직은 정상적으로 작동하고 있다고 볼 수 있다. 여기에 CM사, 법무법인, 회계법인 등을 조기에 선임해 리스크를 관리하고 있다면, 사업 운영의 완성도는 더욱 높아진다. 공식 홈페이지나 소식지를 통해 정보가 지속적으로 업데이트되는지 여부도 중요한 체크 포인트다.

투자자 입장에서 중요한 것은 '왜 느린가'를 분석하는 일이 아니다. 다른 사업지와 비교했을 때 이곳이 실제로 어느 정도의 속도를 내고 있는지를 객관적으로 판단해야 한다. 막연한 호재를 기대하는 대상이 아니라, 지금 이 순간에도 얼마나 실제로 움직이고 있는지가 가치의 핵심이다. 현장에서 체감되는 에너지와 조직력이 탄탄한 곳이라면 사업 지연 가능성은 낮아지고, 투자 안정성이 높아지며 수익 실현 시점도 앞당겨질 수 있다.

빌라 투자에서 가장 먼저 확인할 것들

빌라는 아파트보다 환금성이 떨어지기 때문에 한 번의 판단 실수가 의도치 않은 장기 보유로 이어질 수 있다. 그래서 빌라 투자의 핵심은 '잘 사는 것'보다 리스크를 먼저 걸러내는 데 있다. 임장 단계에서 불법 여부, 노후도와 위치, 대지지분 구조만 제대로 점검해도 투자 성패의 절반은 이미 결정된다.

① 불법건축물은 외관에서 대부분 드러난다

탑층의 베란다 외벽이 튀어나와 있거나 건물 전체와 다른 색감의 자재가 덧붙여져 있다면 불법 증축을 의심할 필요가 있다. 이런 구조물이 현재는 문제없이 사용되고 있을지 몰라도, 단속 시 원상복구 명령이나 이행강제금이 부과될 수 있고, 그 비용은 고스란히 소유자가 부담한다.

더 중요한 문제는 금융이다. 불법건축물로 분류되면 금융기관 대출이 제한되는 경우가 많아 환금성과 투자 유연성이 크게 떨어진다. 그래서 외관에서 드러나는 비정형 구조는 대부분 리스크의 신호다.

다만 예외는 있다. 재개발 가능성이 충분히 높은 지역이라면, 불법 구조물을 이유로 가격이 낮게 형성된 매물을 매수한 뒤 원상복구를 전제로 접근하는 전략도 고려할 수 있다. 하지만 이는 입지와 사업성에 대한 확신이 전제돼야 가능한 선택이다.

② 노후도는 '지금 상태'보다 '흐름'을 본다

요즘은 온라인 플랫폼을 통해 지역별 노후도를 비교적 쉽게 확인할 수 있다. 재개발 정비사업 예정지의 빌라나 저층 주거지를 투자 대상으로 삼는다면, 해당 지역이 어떤 정비사업 요건을 충족하는지 파악하는 일은 기본이다.

가장 대표적인 방식은 '도시 및 주거환경정비법(이하 '도정법')'에 따른 재개발 정비사업이지만, 이해관계자가 많고 절차가 복잡해 속도가 더딘 경우가 많다. 이런 한계를 보완하기 위해 절차가 간소화된 방식들이 등장했고, 그중 하나가 모아타운이다. 모아타운은 도정법 재개발보다 낮은 노후도 기준으로도 추진이 가능해 진입 장벽이 낮다는 장점이 있다.

다만 투자자는 여기서 한 단계 더 생각해야 한다. 정비사업은 정치적·행정적 변수에 따라 언제든 지연되거나 무산될 수 있기 때문이다. 따라서 현재 추진 방식 하나에만 기대기보다는, 시간이 흐르며 다른 정비사업 요건까지 충족할 수 있는지를 함께 점검하는 전략이 필요하다.

예컨대 현재는 모아타운 기준만 만족하는 지역이라 하더라도, 보유 기간 동안 노후 주택 비율이 증가해 도정법 재개발 요건까지 충족한다면 선택지는 하나 더 늘어난다. 이처럼 시간이 지날수록 시나리오가 확장되는 지역을 고르는 것이 정비사업 투자에서 리스크를 낮추는 핵심이다.

③ 재개발 투자에서 대지지분을 해석하는 법

- 재개발 감정가는 대지지분만으로 결정되지 않지만, 사업이 장기화될수록 자산의 중심은 건물보다 토지 비중으로 이동한다.
- 지분 규모는 사업 단계와 감정 시점을 함께 고려해 해석해야 하는 핵심 요소다.

재개발을 전제로 투자 지역을 정했다면, 다음 단계는 그 안에서 어떤 매물을 선택할지 결정하는 일이다. 이때 무작정 모든 매물을 훑기보다 가장 먼저 '대지지분'을 살펴보자. 다만 재개발이 진행될 때 감정평가는 대지지분만으로 결정되지는 않는다. 전유면적, 활용도, 입지, 건물 상태 등 다양한 요소가 함께 반영되며, 대지지분은 그 중 하나의 중요한 축이다.

그럼에도 대지지분을 먼저 보는 이유는 토지가 구조적으로 감가되는 자산이 아니기 때문이다. 사업이 장기화될수록 자산의 본질은 건물보다 토지 비중으로 수렴하는 경향이 있다. 다만 대지지분은 무조건 클수록 좋다는 식으로 단순화해서는 안 된다. 그 가치는 해당 지역의 정비사업 단계와 함께 해석해야 한다. 이미 사업이 상당 부분 진행되어 프리미엄이 시세에 충분히 반영된 구간이라면, 이 시점에서 지분이 큰 매물을 매수하는 것은 자금이 과도하게 묶이는 결과로 이어질 수 있다. 이런 경우에는 지분이 다소 작더라도 입주권 확보가 명확하고 가격 구조가 합리적인 매물을 선택하는 것이 효율적이다.

반대로 입지는 우수하지만 아직 사업 초기 단계라 시세가 충분히 오르지 않은 구간이라면 이야기가 달라진다. 정비사업이 가시화될수록 시세는 단계적으로 상승하는 경향이 있고, 이 과정에서 넓은 대지지분은 수익률을 확대하는 요인으로 작용할 수 있다. 즉, 대지지분의 의미는 절대적 수치가 아니라 재개발의 '시간'과 '단계' 속에서 해석해야 한다.

그리고 간과해서는 안 될 비교 대상이 있다. 바로 신축 빌라다. 재개발 감정평가에서는 전유면적과 활용도 역시 중요한 기준이기 때문에, 대지지분이 작더라도 활용도 높은 신축 빌라가 감정가에서 더 높게 평가될 수 있다. 그래서 대지지분이 넓은 구축 빌라가 무조건 비싸다는 프레임도 존재한다. 하지만 투자자는 반대의 경우 역시 냉정하게 살펴야 한다.

신축 빌라는 분양 시점에 이미 건물 가치와 재개발을 기대하는 부가가치가 상당 부분 반영돼 가격으로 형성되는 경우가 많다. 그러나 재개발은 하루아침에 끝나는 사업이 아니고 언제 어떻게 바뀔지 모르는 리스크가 큰 사업이다. 게다가 빌라는 아파트에 비해 감가 속도가 빠른 자산이다. 재개발이라는 변동성이 큰 정비사업이 장기화될 경우 건물 프리미엄은 점차 희석될 수 있고, 인근에 신축 빌라 공급이 지속된다면 거래가는 추가 조정을 받을 가능성도 있다. 이때 매입가 대비 수익률은 예상과 다른 흐름을 보일 수 있다. 설령 감정 시기에 맞춰 공급된 신축 빌라라 하더라도, 공급자는 감정가 상승 기대를 반영해 분양가를 높게 책정할 가능성이 있다. 수익률은 그만큼 압박을 받게 된다.

반면 지분이 넓은 구축 빌라는 새로 지어지는 신축 빌라에 비해 전유면적이 상대적으로 넓은 경우가 많아 희소성이 유지될 수 있고, 토지 비중이 높다는 점에서 가격을 방어하는 역할을 하기도 한다. 그래서 사업 초기 시세가 낮을 때 대지지분이 넓은 빌라를 선점하는 것이 수익률 안정성 측면에서 유리하다.

더불어 빌라는 입지와 용도지역 같은 개별적 활용도에 따라서도 추후 감정가에 영향을 받을 수 있다. 하지만 빌라는 개별성이 강하다. 이는 곧 이 빌라가 좋은 입지인지 아닌지 판단하기 어렵다는 것을 의미한다. 그래서 많은 투자자가 빌라를 투자 대상으로 볼 때 대지지분에만 관심이 있고, 빌라가 높인 땅의 개별적 입지와 용도지역, 그리고 특정 호수의 층수 같은 요소에는 크게 관심을 두지 않는다. 하지만 실제 사업이 가시화되고 개발 구역이 선정되어 지도에 경계선이 그어지면, 그중에서 좋은 입지는 수면 위로 드러나고 그제야 사람들은 이를 인지해 그대로 시세에 반영한다.

결국 무언가 선정되기 전이나 정비사업 초반에는 그 지역 빌라들의 평당 시세 차이가 크지 않다는 것을 의미한다. 투자자는 바로 이 지점을 기회로 활용해야 한다. 그렇기 때문에 대지지분만 고려할 것이 아니라 관심 빌라가 개발구역 지정이 예상되는 면적에서 어디쯤 위치하는지, 역과 가까운지, 학교와 가까운지 등 입지를 살펴보아야 하고, 그 빌라가 가진 땅이 어느 용도지역에 속하는지 등을 고려해야 한다.

④ 빌라 임장의 결론은 '선별력'이다

재개발이나 모아타운과 같은 대규모 정비사업 투자는 사업 속도가 빠른 구역을 고르는 것만으로 끝나지 않는다. 실제로 아파트가 완공됐을 때 어느 위치에, 어떤 방향을 바라보는 단지가 들어설지를 미리 그려보는 것만으로도 장기적인 수익률에는 큰 차이가 발생한다.

비슷한 속도로 사업이 진행되는 구획이 여러 곳이라면, 그중에서도 입지적으로 더 유리한 위치를 선점하는 것이 중요하다. 하나의 정비구역 안에서도 여러 아파트 단지가 들어서면, 자연스럽게 입지 격차가 만들어지기 때문이다. 같은 구역이라 하더라도 개발 면적이 클 경우 어떤 구획은 대로변이나 지하철역과 인접한 반면, 어떤 구획은 상대적으로 외곽에 위치한다.

또한 정비구역의 가장자리이거나 대형 공원·산·하천 같은 자연 요소와 인접한 구획은 향후 아파트가 들어설 때 조망권을 확보하기 쉽다. 이러한 입지는 입주와 동시에 프리미엄으로 이어지는 경우가 많다.

종합하면 정비사업 투자에서 투자자가 해야 할 일은 현재의 모습 너머에 미래의 아파트를 직접 그려보는 시뮬레이션이다. 이 과정을 통해 향후 가치의 차이를 미리 읽어낼 수 있고, 시간이 지나며 프리미엄이 붙을 구역을 선점할 수 있다.

정비사업이 어려운 곳

빌라에 투자하는 이유는 아파트로 전환될 가능성을 기대하기 때문이다. 재개발이 이루어질 경우 빌라는 아파트라는 완성품의 '원재료'가 되며, 이 과정에서 큰 가치 상승이 발생한다. 그러나 노후되었다는 이유만으로 모든 지역이 아파트로 바뀌는 것은 아니다. 같은 노후 지역이라도 개발이 비교적 수월한 곳이 있는 반면, 현실적으로 추진이 어려운 지역도 분명히 존재한다. 투자자는 후자를 걸러내야 한다.

① 꼬마빌딩이 많은 지역

 체크포인트
- 꼬마빌딩이 많고 대형 필지 소유자가 존재하는 지역은 면적 기준 동의율 확보가 어려워 정비사업이 지연되기 쉽다.
- 안정적인 임대 수익 때문에 참여율이 낮아 투자 대상에서 제외하는 것이 안전하다.

재개발이 지연되거나 무산되기 쉬운 지역의 대표적 특징 중 하나는 꼬마빌딩이 많이 섞여 있는 경우다. 꼬마빌딩은 한 명이 넓은 토지를 소유한 구조가 많아, 재개발 추진 과정에서 이들이 반대하면 면적 기준 동의율을 충족하지 못할 가능성이 커진다. 재개발 동의는 소유자 수뿐 아니라 토지 면적 기준을 함께 충족해야 하기 때문이다.

더 큰 문제는 꼬마빌딩 소유주들이 재개발에 소극적인 경우가 많다는 점이다. 이미 안정적인 임대 수익을 얻고 있는 상황에서, 공사 기간의 수익 공백과 재투자 리스크를 감수할 유인이 크지 않기 때문이다.

따라서 재개발을 전제로 빌라 투자를 고려한다면, 해당 지역에 꼬마빌딩이나 대형 필지 소유자가 얼마나 섞여 있는지를 반드시 점검해야 한다. 협의가 어렵고 속도가 더딜 가능성이 높은 지역은 기회비용과 투자 효율도 떨어질 수 있다.

② 조합원이 과도하게 많은 지역

> 🏠 **체크포인트**
> • 조합원 수가 많고 신축 비중이 높은 지역은 정비사업이 지연되거나 구역에서 제외되기 쉽다.
> • 가격과 입지뿐 아니라 조합원 구조와 주민 성향까지 점검하며, 문제가 없을지를 먼저 따져야 한다.

입지 좋은 곳을 임장하다 보면, 창이 많은 빌라들이 빽빽하게 들어선 지역을 마주할 때가 있다. 얼핏 보면 개발 가능성이 있어 보이지만, 구분등기된 다세대주택이 밀집한 곳은 조합원 수가 과도하게 많아 정비사업이 지연되기 쉽다. 조합원이 많을수록 일반분양 물량은 줄고, 분담금 납부 여력이 부족한 이들이 늘어난다. 그중에서도 고령자, 임대사업자, 다주택자 일부는 동의서 제출이나 비용 납부를 미루는 경우가 많아 사업 속도가 늦어질 수 있다. 따라서 한 건물에 층당 4세대 이상이거나 복도식 구조처럼 세대수가 많은 지역은 신중히 접근해야 한다.

또한 주변에 신축 빌라가 많다면, 일부 소유자들이 이미 재개발 대신 임대 수익이나 리모델링을 선택했다고 볼 수 있다. 신축 비중이 크면 법적 노후도 요건을 충족하지 못해 정비구역 지정에서 제외될 수 있으며, 건물 상태가 양호한 소유자일수록 보상 협상이나 동의 절차에 비협조적인 태도를 보이기도 한다. 외벽 마감이나 창틀, 주차장 상태 등을 살펴보면 현장에서 신축 여부를 어느 정도 파악할 수 있다. 특히 입지가 좋은 지역일수록 분양 단계부터 세대수를 과도하게 늘려 '조합원 지위 확보'를 강조한 사례가 많아, 이로 인한 사업성 저하 가능성까지 함께 점검해야 한다.

결국 저렴하고 가능성이 있어 보여도, 내부에는 다양한 분쟁 요소와 리스크가 숨어 있을 수 있다. 재개발을 기대하며 임장을 나설 때는 "여기 될까?"보다 "여기 문제는 없을까?"를 먼저 묻는 태도가 필요하다.

③ 속도를 늦추는 리스크가 산재한 구획

정비사업 구역으로 지정되었다고 해서 무턱대고 매수 결정을 내

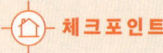
- 정비구역 안에서도 리스크가 적은 구획을 우선적으로 선별해야 한다.
- 종교시설이나 협의가 어려운 요소가 섞여 있으면 사업 속도는 늦어진다. 정비사업에서는 속도가 곧 수익이다.

려서는 안 된다. 재개발, 뉴타운, 모아타운 같은 대규모 정비사업은 한 번에 진행되지 않고, 구획별로 순차적으로 진행된다. 따라서 속도가 느린 구획을 매수하면 수년간 자금이 묶일 수 있기 때문에, 같은 구역 안에서도 어느 구획을 선택하느냐가 최종 수익을 가른다.

문제는 사업 초기에는 원주민들의 의지나 리더십이 겉으로 드러나지 않아 속도가 빠른 구역을 가려내기 어렵다는 점이다. 이럴 때는 '어디가 빨리 될까'를 맞히려 하기보다 리스크가 있는 곳을 먼저 걸러내는 전략이 훨씬 현실적이다. 실제로 정비사업에서는 주민들의 추진 의지보다 물리적·구조적 리스크가 사업 속도에 더 큰 영향을 미친다. 따라서 정비구역 안이라도 리스크가 명확한 구획은 초기에 배제하는 것이 합리적이다.

대표적인 사례가 종교시설이다. 교회나 절이 구역 중심부에 있으면 해당 부지가 개발에서 제외되거나 이전·보상 과정에서 협의가 길어져 사업 전체가 지연될 수 있다. 이는 단순한 입지 문제가 아니라 '조율 리스크'에 가깝다. 따라서 종교시설이 있다면 그 위치가 구역의 외곽인지, 이전할 여지가 있는지를 반드시 현장에서 체크해야 한다.

상가가 다수 섞인 지역도 유의해야 한다. 주거지 위주 지역이라도 상가 비중이 높으면 건물주와 임차인, 업종 간 이해관계가 복잡해져 조합 설립과 보상 협의에 시간이 오래 걸린다. 무엇보다 성업 중인 상권일수록 이해 충돌이 커지므로, 지도 정보에만 의존하지 말고 공실률과 실제 영업 상태를 현장에서 직접 점검해야 한다. 또 하나 살펴봐야 할 요소가 문화재 리스크다. 공사 중 문화재가 발견되면 사업 계획은 원점에서 재검토되며, 사업 지연이 수년 단위로 이어질 수 있다.

정비사업의 본질은 명확하다. 속도가 곧 수익이라는 점이다. 투자 성패는 사업이 빠르게 진행될 곳을 맞히는 것보다, 시간을 잡아먹는 리스크를 얼마나 잘 걸러냈는지에 달려 있다.

상가 임장, 공실을 해석하는 법

상가는 도시가 형성된 뒤 가장 마지막에 채워지는 부동산이다. 상주인구가 자리 잡고, 반복적인 방문 수요가 쌓여야 비로소 상권이 작동한다. 그래서 개발 초기 지역에서는 주거용 부동산보다 상가 수요 형성이 항상 늦다.

이미 성숙한 지역의 상가는 시세 차익보다 안정적인 임대 수익을 기대하는 수익형 자산에 가깝다. 반면 도시 조성 초기의 상가는 장기 공실이 발생하거나 투자금이 오랫동안 회수되지 않기 쉽다. 특히 신도시의 신축 상가는 공급 과잉이나 높은 분양가에 노출되기 쉽고,

온라인 중심으로 바뀐 소비 패턴까지 겹치며 전체적인 수요도 예전보다 약해졌다.

따라서 상가 임장에서 중요한 질문은 '비어 있느냐'가 아니라 '왜 비었는가, 그리고 얼마나 자주 비었는가'다. 또한 겉으로 유동 인구가 많아 보여도 특정 호실만 반복적으로 공실이라면, 문제는 상권이 아니라 구조나 동선에 있다고 봐야 한다. 상가는 주거용 부동산과 전혀 다른 기준으로 읽어야 하는 자산이다.

① 내·외부 흔적으로 읽는 공실의 이력

 체크포인트

- 유리창 전단지, 부동산 중개업소 광고 흔적으로 공실의 지속성과 반복 여부를 본다.
- 내부 마감 상태와 사용 흔적으로 실제 사용 이력을 가늠한다.

공실 리스크를 확인할 수 있는 가장 명확한 외부 단서는 상가 유리창에 붙은 전단지들이다. '임대 문의', '이전 오픈 예정', '임시 휴업' 등의 문구를 통해 최근의 상황을 어느 정도 짐작할 수 있다. 전단지가 여러 겹으로 붙어 있거나 여러 중개업소에서 중복으로 광고를 게시한 흔적, 오래된 종이 위에 새 광고가 덧붙여진 형태라면 공실이 꽤 오랫동안 지속되었다는 신호다. 주변 상가는 대부분 채워져 있는데 유독 한 곳만 이런 상태라면, 분명 그 이유가 있다. 그럴 때는 이 상가로 들어오는 동선과 양옆으로 인접한 상가의 업종, 공용 화장실과의 거리 등을 꼼꼼하게 체크해야 한다.

상가는 전면이 통유리인 경우가 많아, 내부 상태 확인이 수월하기 때문에 공실의 지속 여부를 어느 정도 진단할 수 있다. 임차인이 실제로 사용했던 공간이라면 퇴거 후 원상복구를 하더라도 바닥이나 벽면, 설비에 사용 흔적이 남기 마련이다. 반대로 바닥 마감이 전혀 없거나 에어컨, 콘센트, 배관 설치 흔적이 없다면 실제로 한 번도 사용되지 않았던 공간일 가능성이 크다.

다만 최근 신축 상가는 분양 단계에서 기본 마감이 제공되는 경우가 많아 단순히 마감 여부만으로 판단하기는 어렵다. 이럴 때는 바닥 긁힘, 벽면 오염, 간판·안내판 부착 흔적, 조명이나 천장 설비 위 먼지 상태 등 보다 구체적인 사용 흔적을 종합적으로 살펴봐야 한다. 이런 디테일은 장기 공실 여부를 판단하는 실질적인 단서가 된다.

한편 입지와 상권이 양호함에도 공실이 지속된다면, 임대료가 수요 대비 과도하게 책정되었을 가능성도 있다. 이 경우 현재 제시된 보증금과 월세를 상한선으로 삼아 주변에서 실제 임대가 이루어지는 수준으로 재산정했을 때, 매매가 대비 목표 수익률이 가능한지 점검해야 한다. 수익 구조가 맞지 않는다면 무리한 매수보다는 과감히 포기하는 편이 낫다.

임장에서 이러한 물리적 흔적을 빠르게 읽어낼 수 있다면, 해당 상가가 구조적인 공실을 안고 있는지를 단시간에 판단할 수 있다. 이는 상가 임장에서 가장 중요한 시간 절약이자 리스크 관리의 출발점이다.

② 층별 안내도를 확인하라

프라자나 건물 내부에 있는 상가 투자를 염두에 둘 때 건물 입구에 있는 층별 안내도는 반드시 확인해야 할 핵심 자료다. 층별 안내도를 통해 상가의 공실률, 업종 구성, 수요의 흐름을 읽을 수 있다.

예컨대 안내도에는 점포명이 표시돼 있지만 실제 호실 앞에 가보니 공실이라면, 관리상의 문제를 넘어 구조적인 원인이 있을 가능성을 점검해야 한다. 과거 임차인이 나간 뒤 장기간 새로운 임차인이 들어오지 않았다면, 임대 조건이 시장 수요와 맞지 않거나 눈에 보이지 않는 하자가 존재할 수 있다. 이 경우 투자자가 향후 임대인이 되었을 때 제시할 임대료와 조건이 시장 수요에 맞는지, 필요한 조정이 가능한지를 함께 검토해야 한다. 핵심은 그 공실의 원인을 스스로 감당하거나 해결할 수 있는지다.

업종 구성 역시 중요하다. 미용실, 피트니스, 스터디카페처럼 체류 시간이 길고 회전율이 낮은 업종이 한 층에 몰려 있다면 유동 수요를 끌어들이기 어렵고, 상가 전체의 탄력성도 떨어진다. 반대로 다양한 업종이 층별로 균형 있게 배치돼 있다면 수요 흐름이 자연스럽게 형성되고, 상권의 안정성도 높아진다. 이는 임차인의 장기 계약 가능성을 가늠하는 중요한 기준이 된다.

투자할 상가의 면적이 고민된다면, 해당 지역의 층별 안내도나 층별 도면을 확인하는 것이 유용하다. 보통 10평 내외의 소형 점포에는 테이크아웃 업종이나 소형 서비스업이 주로 들어선다. 반대로 100평 규모의 대형 상가에는 패밀리 레스토랑, 병원, 대형 카페처럼 넓은 면적이 필요하고 높은 임대료를 감당할 수 있는 업종이 자리 잡는다.

따라서 층별 안내도나 층별 도면을 통해 이 지역에서 이미 어떤 업종들이 어떤 수요를 확보하고 있는지 파악할 수 있다. 이를 통해 이 지역에 알맞은 점포 규모도 자연스럽게 가늠해 볼 수 있다. 즉, 해당 상권의 수요층을 통해 안정적으로 운영될 수 있는 업종을 파악한 후, 역으로 그 업종에 맞은 규모의 상가를 선택하는 것이다. 상권에 맞는 수요층과 업종 특성을 고려하지 않고 면적을 선택한다면 공실 리스크로 이어질 수 있다.

③ 상가 입지의 본질은 '사람의 흐름'이다

 체크포인트
- 상가는 유동 인구 자체보다 사람들이 반드시 지나가는 핵심 동선에 있는지가 수익성을 좌우한다.
- 같은 입지라도 동선의 방향성과 흐름에 따라 소비력과 공실 리스크는 크게 달라진다.

사람이 많이 오가는 거리라도 동선과 흐름에 따라 상권의 성패는 달라진다. 따라서 상가를 고를 때는 유동 인구 규모보다 사람들이 반드시 지나가는 핵심 동선에 있는지 그리고 그 동선이 어떤 방향성을 가지고 있는지 따져야 한다. 그래서 임장을 간다면 '이 거리에서 실제로 소비가 발생하는 흐름은 어디인가', '지나가는 사람 입장에서 꼭 통과해야 하는 위치인가', '체류 시간이 길어지는 구간은 어디인가'를 중심으로 위치의 우선순위를 정리해야 한다.

　예를 들어 주거 기능이 강한 베드타운에서는 외부와 연결되는 주요 도로의 방향이 중요하다. 일반적으로 퇴근 시간대에 동네로 들어오는 방향의 상권은 체류 시간이 길고 생활 수요가 집중되기 쉽다. 장보기, 테이크아웃, 미용실, 간단한 식사처럼 반복적인 소비가 이 구간에 모인다. 반면 출근 시간대의 나가는 방향은 이동 속도가 빠르고 체류가 짧아, 유동 인구 대비 실제 소비로 이어질 가능성이 낮다.

　길 하나 차이인 비슷한 입지라도, 동선의 방향성과 흐름의 성격에 따라 상가의 수익성과 공실 리스크는 크게 달라진다. 상권은 결국 수요가 모이는 자리에서 완성된다.

03

청각

소리는 지역의 리듬과 생활 밀도를 그대로 드러낸다

부동산에서 '청각'은 단순히 소리가 들리는지를 확인하는 감각이 아니다. 눈에 보이지 않는 지역의 리듬, 생활의 속도, 주민들의 감정을 가장 먼저 포착하는 통로다. 소리는 쉽게 숨길 수 없고 위장할 수도 없다. 그래서 지역의 실제 분위기를 알고 싶다면, 먼저 귀를 열어야 한다.

청각의 3단계

시각과 마찬가지로 청각도 세 단계로 나뉜다. 'Hear', 'Listen', 'Interpret'는 의미는 같을지 몰라도 소리를 받아들이는 깊이와 태도가 서로 다르다. 임장을 나선 투자자라면 이 세 단계를 의식적으로 구분해 활용할 필요가 있다. 현장을 해석하는 사고 체계를 만드는 과정이기 때문이다.

첫째, Hear 단계는 의식하지 않아도 들려오는 소리를 받아들이는 단계다. 단지 앞 도로에서 차량 주행 소리나 경적, 오토바이 배달 소음이 잦다면 도로변 소음 영향을 예상해 볼 수 있다. 인근 공사장의 타격음이나 중장비 소리가 장기간 지속된다면, 향후 입주 만족도나 매매·전세 수요에 부정적으로 작용할 수 있다. 밤늦게까지 이어지는 음악이나 고성방가는 해당 지역의 생활 패턴과 거주 선호도를 짐작하게 한다. 이처럼 자연스럽게 들리는 소리로 단지의 소음 환경과 생활 밀도를 파악할 수 있다.

둘째, Listen 단계는 의도적으로 귀를 기울여 정보를 얻는 과정이다. 이 단계에서는 목적을 갖고 소리를 듣는다. 인근 중개사에게 최근 거래 흐름이나 급매 여부, 호가 변동의 배경을 묻고, 주민들과의 대화를 통해 주 연령대와 생활 패턴, 체감 장단점을 확인할 수 있다. 관리사무소에서는 민원 유형과 관리비 체납률을 통해 단지의 관리 수준과 재정 상태를 가늠할 수 있고, 정비사업지의 조합사무실에서는 사업 진행 속도와 동의율 변화로 현실적인 추진 가능성을 판단할 수 있다. 이렇게 의도적으로 모은 정보는 투자 판단에 직접 연결된다.

셋째, Interpret는 들은 소리를 해석하는 단계다. 예를 들어 차량 소음이 지속적으로 들린다면 저층이나 도로변에 위치한 동의 선호도가 떨어질 가능성을 고려해야 한다. 중개사로부터 거래 정체나 호가 조정 이야기를 들었다면, 매수세 약화나 공급 압력의 신호일 수 있다. 상가 임차인에게서 "저녁 손님이 줄었다"라는 말을 들었다면,

직장인 수요 감소나 상권 경쟁 심화를 의심해 볼 수 있다. 관리사무소에서 체납률이 높다는 이야기를 들었다면, 일부 세대의 재정 부담 증가나 임대 비중 확대 가능성도 함께 검토해야 한다. 이렇게 원인과 결과의 흐름으로 해석할 때, 청각은 투자 판단의 도구가 된다.

물론 온라인 커뮤니티나 중개 채널을 통해서도 많은 정보를 접할 수 있다. 하지만 이들은 이해관계로부터 완전히 자유롭기 어렵다. 지역 거주자들의 성향과 생활 분위기를 파악하려면, 이해관계가 적은 사람들의 일상적인 대화 속에서 힌트를 찾거나 여러 출처의 이야기를 교차해 해석하는 과정이 필요하다. 이렇게 직접 듣고 정리한 정보는 나만의 판단 자산이 되며, 남들보다 빠른 결정으로 이어질 수 있다.

결국 부동산 오감에서 청각은 현장의 '살아 있는 온도'를 가장 생생하게 전달하는 감각이다. 보이지 않는 것을 소리로 감지하고, 그 속에서 위험과 기회를 동시에 읽어내는 것. 귀를 여는 순간, 눈으로는 결코 확인할 수 없는 부동산의 다른 모습이 드러난다.

무엇을 들어야 하나: 투자자의 청각 훈련법

① 지역의 소리를 듣는 일은 먼저 말을 거는 데서 시작된다

부동산의 본질은 삶이고, 삶은 사람들의 말 속에 드러난다. 청각은 사람들이 이 공간에서 어떻게 살아가는지를 확인하는 감각이다. 하지만 그 사실은 가만히 서서 귀만 열어서는 알기 어렵다. 무언가 들으려면 먼저 말을 걸어야 한다.

낯선 사람에게 말을 거는 일이 부담스러울 수 있다. 하지만 전 재산이 걸릴 수도 있는 투자 앞에서, 이 정도의 불편함은 반드시 감내해야 한다. 관심 있는 지역에 갔다면 오래 장사를 해온 상인, 단지의 경비원, 지역 원주민, 조합사무실 직원처럼 서로 다른 위치에 있는 사람들에게 말을 걸어보자.

각자의 시선에서 들려오는 정보는 모두 다르다. 그 안에는 생활 패턴, 지역 분위기, 사업의 체감 속도처럼 온라인에서는 얻기 힘든 '살아 있는 데이터'가 담겨 있다. "여기 오래 계셨으니 아실 것 같은데, 요즘 동네 분위기가 어떤가요?"처럼 가벼운 질문이면 충분하다. 대화의 창구를 넓혀갈수록 지역의 생생한 소리를 포착할 수 있다.

② 전문가의 말 속에 숨은 진짜 의미를 해석해야 한다

임장에서 가장 많이 대화하게 되는 대상은 공인중개사다. 이들은 거래 현장의 최전선에서 매물과 수요의 변화를 가장 먼저 체감한다. 그래서 이들이 전하는 정보는 가치가 크다.

다만 중개사 역시 거래로 수익을 내는 사업자다. 그래서 이들의 모든 말을 그대로 받아들이기보다는, 어떤 의도와 맥락에서 나온 이야기인지 함께 살펴봐야 한다. 무리하게 거래를 서두르는 중개사도 있고, 한 건의 거래를 위해 상황을 꼼꼼히 설명해 주는 중개사도 있다. 누구를 만나느냐에 따라 정보의 질은 크게 달라진다. 좋은 중개사를 만나는 것 역시 투자자의 실력이다.

예를 들어 "요즘 거래가 뜸해요"라는 말을 들었다면 단순한 시장 분위기인지, 매도자의 기대가 높아서인지, 급매 등장으로 관망세가 된 것인지를 구체적으로 물어봐야 한다. "신혼부부가 많이 들어와 요"라는 말 역시 왜 그런 현상이 나타났는지를 확인해야 한다. 학군 과 교통 때문인지, 가격 메리트 때문인지에 따라 해석은 완전히 달라진다. 중개사의 언어를 사실이 아니라 '신호'로 읽는 습관이 투자자의 청각을 한 단계 끌어올린다.

③ 들리는 모든 소리에는 원인과 패턴이 있다

청각 정보는 사람의 말에만 국한되지 않기 때문에 들리는 모든 소리를 하나의 힌트로 연결해 해석할 수 있어야 한다. 예를 들어 사이렌 소리가 반복적으로 들리는 곳이라면 위치상 구조적인 문제일 가능성이 크고, 이는 거주 만족도를 낮추는 요인이 된다. 또한 대형 도로변에서 신호 주기마다 차량의 가속과 감속 소리가 반복된다면, 해당 구간은 상시 교통량이 많은 주요 도로일 가능성이 높다.

이는 단순한 소음을 넘어 안전성, 매연, 미세먼지 등 다양한 문제가 지속적으로 발생할 수 있어 인근 주택의 거주 환경에 영향을 준다. 따라서 임장 중 특정 소리나 소음이 반복적으로 들린다면 이를 무심히 넘기지 말고, 그 원인과 패턴을 읽어낼 수 있어야 거주성과 가치를 명확히 판단할 수 있다. 들리는 모든 소리를 흘려보내지 않고 해석할 때 비로소 그 지역이 선명하게 보이기 시작한다.

청각으로 체크하는 임장 포인트

청각 임장은 누가, 언제, 어떤 이유로 소리를 만들어내는지를 통해 그 지역의 생활 밀도와 갈등, 장기 수요의 안정성까지 읽는 과정이다.

① 재건축·재개발 사업설명회 직후가 가장 뜨겁다

> 🏠 체크포인트
> • 설명회 직후에는 추진세와 반대세의 온도 차가 가장 생생하게 드러난다.
> • 동의율, 토지 확보 상황, 내부 갈등 여부를 현장에서 구체적으로 파악할 수 있다.

재건축·재개발 사업설명회가 끝난 직후는 현장의 공기가 가장 뜨거운 시점이다. 조합원과 토지등소유자, 일반 주민들이 방금 공유된 내용을 바탕으로 기대와 우려를 동시에 쏟아내기 때문이다. 설명회에 직접 참석할 수 있다면 가장 좋지만, 대부분 권리자만 참여할 수 있다. 그래서 이 시점에 단지 인근 중개사무소를 방문하면 공식 문서에는 드러나지 않는 현장의 분위기와 체감 온도를 빠르게 파악할 수 있다.

설명회에서 어떤 이야기가 오갔는지, 동의율과 토지 확보 상황은 어디까지 왔는지, 반대 의견의 강도는 어느 정도인지에 따라 향후 사업 속도는 크게 달라진다. 이런 현장의 온도를 경쟁자보다 먼저 읽고 매수·보류 판단을 신속히 내릴수록 투자에서 유리한 위치를 선점할 수 있다. 특히 사업 초기일수록 확신을 가진 투자자가 적어 경쟁이 덜한 만큼, 설명회 직후는 정보 가치가 가장 높은 구간이다. 이 기간에 시세 변화와 매물 움직임까지 함께 점검하는 것이 좋다.

② 주민설명회·공청회는 '공식 로드맵의 소리'다

 체크포인트
- 공청회에서 도시계획 변경, 기반시설 확충 등 장기 개발 로드맵을 직접 확인할 수 있다.
- 발표 자료와 질의응답을 통해 향후 교통·환경·상권 변화 가능성을 진단한다.

주민설명회나 공청회는 해당 지역의 개발·정비계획이 어떤 방향으로 흘러갈지 공식적으로 공유되는 자리로, 누구나 참석할 수 있다. 도시계획 변경, 기반시설 신설, 상권 구조 변화 같은 내용이 발표되고, 질의응답을 통해 계획의 실현 가능성과 예상 시기를 파악할수 있다. 도로·철도 등 교통망 확충, 지구단위계획 변경, 용도지역 종상향 같은 이슈는 시장에서 '호재'로 불리는 핵심 변수이므로 발표만 듣고 기대하기보다 예산 확보 여부, 추진 주체, 현실적인 기간을함께 확인해야 한다.

공청회에서 눈여겨 볼 것은 주민과 상인의 발언이다. 개발로 인한 생활 불편 우려, 기대 효과, 찬반 분위기가 여과 없이 드러난다. 현장의 목소리들은 보도자료보다 훨씬 현실적이며, 향후 수요와 시세 변동을 예측하는 데 직접적인 참고 자료가 된다.

③ 조합사무실 문을 두드려 보자

 체크포인트

- 조합사무실에 방문하여 사업 추진 속도와 내부 분위기를 직접 확인한다.
- 조합장 성향·추진력·조직 결속력은 현장에서 체감해야 가장 정확하다.

재건축·재개발 정비사업 예정지를 임장한다면 조합사무실은 반드시 들러야 할 장소다. 사업 추진 속도, 일정, 내부 갈등 여부처럼 외부에서는 파악하기 어려운 정보가 이곳에 모여 있기 때문이다. 비권리자에게 다소 방어적인 태도를 보일 수는 있지만, 접근 방식에 따라 충분히 유의미한 대화를 끌어낼 수 있다.

방문 시에는 신분과 목적을 분명히 밝히고, 매수 의향이 있다는 점을 자연스럽게 전달하는 것이 좋다. "이 지역 재개발이 추진력이 좋다고 들어서 현장 분위기를 좀 알고 싶습니다" 정도로 말을 건네면 대화의 물꼬를 트기에 충분하다. 가능하다면 조합장과 잠깐이라도 이야기를 나누며 추진력, 일정 지연 가능성, 내부 결속 수준을 직접 확인해 볼 수 있다.

이 과정에서 얻은 정보는 소문이나 전언이 아니라, 현장에서 직접 확인한 내용이기 때문에 가치가 크다. 축적한 정보는 판단의 신뢰도를 높이고, 투자 타이밍을 보다 주도적으로 조율할 수 있게 만든다.

④ 공공기관에서 공식 답을 확인하라

 체크포인트

- 분양사무소·조합사무실의 발언만으로 판단하지 않는다.
- 공공기관에서 토지 확보율·동의율·인허가 단계 같은 공식 수치를 확인한다.

재개발·재건축·정비사업의 공정률을 정확히 파악하려면 구청 주택과나 정비사업과 같은 담당 부서에 직접 문의하는 것이 가장 확실하다. 분양사무소나 조합에서 이야기하는 "이미 허가받고 추진 중"이라는 표현을 그대로 받아들여서는 안 된다.

동의율, 인허가 진행 상황 등 공식 수치를 공공기관에 직접 확인해야 사업의 실질적인 진행 속도를 파악할 수 있다. 지역주택조합은 리스크가 많아 성공 사례도 드물고 정보의 불균형이 심하기 때문에 추천하기 어려운 방식이지만, 관심을 갖고 있다면 공공기관에서 토지확보율을 꼭 체크해야 한다.

다만 공무원의 설명 역시 담당자에 따라 표현이 다를 수 있으므로, 애매한 답변이 나오면 수치와 단계명을 구체적으로 짚어 다시 묻는 것이 좋다. 최종 판단은 설명이 아니라 공식 절차와 숫자를 기준으로 내려야 한다.

제삼자에게 사람들의 생활 리듬을 듣다

누가 오래 머무는지, 어떤 불편이 반복되는지, 소비와 갈등이 어디서 생기는지는 객관적으로 이야기해 줄 수 있는 제삼자의 목소리에서 드러난다. 상인, 경비원, 중개사처럼 매일 같은 공간을 지켜보는 사람들의 말에는 그 지역의 생활 리듬과 공동체의 문화 수준이 그대로 담겨 있다. 이 목소리를 통해 거주 안정성과 수요의 질을 가늠할 수 있다.

① 인근 상가에서 상인과 대화를 나눠보자

 체크포인트
- 장기간 영업한 상인은 동네의 변화를 직접 경험한 '살아 있는 기록'이다.
- 주 고객층의 연령대, 생활 패턴, 상권의 장단점을 통해 생활 리듬과 소비 패턴을 파악할 수 있다.

임장을 나갔을 때, 주변에서 오래 장사한 상인과 대화를 시도해보면 생활에 밀착된 이야기를 들을 수 있다.

"요즘은 젊은 부부 손님이 늘었어요"라는 말은 인구 구조 변화를, "점심은 괜찮은데 저녁은 뜸해요"라는 말은 시간대별 유동과 소비 전환율을 보여준다. 억지스러운 질문보다는 "여기 오래 장사하셨죠?" 같은 가벼운 말로 대화를 시작하는 편이 좋다. 이런 대화는 생활의 결을 드러내며 투자 판단에 필요한 힌트를 제공한다.

② 정보의 허브인 중개사무소의 말을 비교해서 듣는다

 체크포인트

- 토박이 중개사와 외지 출신 중개사 정보의 차이를 비교한다.
- 중개사무소별로 시세와 전망 해석이 다를 수 있으므로, 최소 5곳 이상 방문하며 공통된 정보와 차이점을 정리한다.

중개사무소는 가장 쉽게 접근할 수 있는 지역의 정보원들이다. 다만 공인중개사는 중개를 통해 수익을 얻는 사업자이므로 간접적 이해관계자일 수 있다. 그래서 한두 곳의 이야기만으로는 정확한 흐름을 판단하기 어렵다. 토박이 중개사는 지역 내부 사정 위주로 브리핑하는 경우가 많고, 외지 출신 중개사는 외부 투자자 시각과 거시적인 시장 분위기를 빗대어 이야기하는 경우가 많다.

최소 5곳 이상을 방문해 같은 질문을 던지고 답변을 비교해 보자. 답변이 겹치는 부분은 신뢰도가 높은 정보일 것이며, 엇갈리는 지점은 협상 여지나 가격 조정 가능성을 시사한다. 같은 매물을 두고 '급매'와 '조정 여력 있음'이라는 말이 동시에 나온다면, 그 간극 자체가 하나의 신호다.

③ 경비원의 말에서 단지의 문화 수준을 읽다

아파트 단지에서 가장 많은 것을 보고 듣는 사람은 경비원이다. 주차 갈등, 분리수거 문제, 반복되는 불만은 단지의 생활 질서와 민도를 그대로 드러낸다. 오래된 아파트라면 주차 공간 부족으로 자리

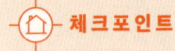
다툼이 잦거나, 차량 진출입 동선 문제로 불만이 누적되기도 한다. 분리수거 규칙 위반이나 대형 폐기물 처리 문제로 경비실에 항의가 들어오는 경우도 적지 않다. 이런 일련의 이야기들을 통해 주민 간 협조 수준과 아파트 질서를 짐작해 볼 수 있다.

"여기 사시는 분들은 어떤 점을 가장 불편해하시나요?"라고 묻는 다면, 표면적으로 드러나지 않는 생활 불편과 관리 실태를 들을 수 있다. 이러한 정보는 현재의 주거 편의뿐 아니라 매수 후 임대 운영 시 장기 거주 가능성과 세입자 만족도를 예측하는 판단 근거가 된다.

④ 건물 관리인의 말로 상권의 지속성을 파악하다

상업용 부동산 임장에서는 건물 관리인의 말이 결정적인 힌트가 된다. 관리인은 어떤 업종이 오래 버티는지, 어떤 점포가 자주 바뀌는지를 가장 잘 알고 있다.

"주로 어떤 사람들이 드나드나요?", "점포 교체는 잦은 편인가요?"

같은 질문으로 유동의 질과 상권의 내구성을 파악할 수 있다. 교체가 잦다면 임대료 과다, 입지와 업종의 불일치, 구조적 수요 부족을 의심해야 한다. 반대로 특정 업종이 장기간 유지된다면, 그 상권은 이미 검증된 수요를 갖고 있다고 볼 수 있다. 이는 향후 임차인 선정과 매수 전략을 세우는 기준으로 이어진다.

반복되는 소음으로 주거 리스크를 파악하다

소음은 단순한 불편이 아니라 생활의 지속성을 갉아먹는 구조적 변수다. 언제 어떤 소리가 얼마나 반복되는지는 거주 만족도뿐 아니라 임대 안정성과 시세 형성에도 영향을 미친다. 임장에서 소리를 듣는다는 것은 '지금의 소음'이 아니라 '앞으로도 반복될 환경'을 확인하는 일이다.

① 저녁 시간의 소음을 체크하라

 체크포인트
- 낮과 밤의 소음 수준이 다를 수 있다.
- 인근 업종 구성에 따라 야간 소음의 패턴이 결정된다.

저녁에 임장을 나가보면 낮에는 한적했던 골목이 전혀 다른 분위기로 변하는 모습을 종종 볼 수 있다. 낮에는 생활 소음에 묻히거나 영업 전이라 조용해 보이던 곳도 해가 지면 사람들의 이동과 대화가 늘며 각종 소음이 발생한다.

무엇보다 술집, 음식점, 편의점, PC방 등 상가가 즐비한 지역에는 배달 오토바이 소리, 취객의 고성방가, 음악 소리 등으로 야간 주거 만족도가 크게 떨어질 수 있다. 이러한 환경은 생활의 편안함을 해칠 뿐 아니라 장기 거주 의사에도 영향을 미친다. 반대로 조용한 주택가는 야간 안정성이 높아 장기 거주에 유리하다. 같은 입지라도 밤의 소음 환경에 따라 시세와 매물 회전 속도는 달라질 수 있다. 어린 자녀나 학생이 있는 가구가 주요 수요층인 지역이라면, 야간 소음 체크는 선택이 아니라 필수다.

② 지상철·철도·사이렌 소음은 구조적이다

 체크포인트
- 지상철이나 철도의 출발·가속 구간과 구급차나 소방차의 주요 출동 동선은 소음이 반복된다.
- 역 위치와 선로 구조로 소음 강도를 예측한다.

서울에는 아직 지상철이 지나가는 지역이 많은데, 이 경우 철도 소음이 시세에 직접적인 영향을 미친다. 실제로 한국연구재단(KCI) 등재 논문에서 헤도닉 가격모형으로 분석한 결과, 지상철역은 지하철역보다 인근 주택 가격에 더 부정적인 영향을 미치는 것으로 나타났다. 특히 역 반경 200m 이내에서 가격 하락 폭이 뚜렷하게 관찰되는데, 이는 소음, 경관 저해, 진동 등이 주거 선호도를 낮춘 결과로 해석할 수 있다. 주택 시장이 소음 환경에 얼마나 민감하게 반응하는지를 여실히 보여주는 지표다.

그래서 임장 중인 아파트 단지가 지상철 선로와 같은 라인으로 나란히 자리하고 있다면, 철도 소음을 반드시 체크해야 한다. 서울 용산구의 이촌역과 서빙고역 일대가 대표적인 사례다. 지도를 보면 철로와 아파트가 거의 평행하게 위치한 구조임을 쉽게 확인할 수 있다.

하지만 이촌역 인근은 지상철 여부뿐만 아니라 선로 구조까지 함께 살펴볼 필요가 있다. 일반적으로 열차는 도착보다 출발 시 소음이 더 크게 발생하는데, 한강대교 방향으로 이어지는 경의선 지상철 구간은 선로가 완만하게 꺾여 있어 급가속이 어렵다. 이러한 물리적 조건 때문에 해당 구간에서는 출발 소음이 비교적 작게 나타난다. 또한 일부 소음은 열차 상단부와 전면부에서 더 크게 발생하기 때문에 열차 진행 방향과 선로 형태만 살펴봐도 어느 쪽 주거지에서 체감 소음이 더 클지 예측할 수 있다. 이처럼 같은 지상철 인근이라도 구조에 따라 체감 영향이 달라지며, 이 차이는 지도 분석과 현장 확인이 결합될 때 비로소 드러난다.

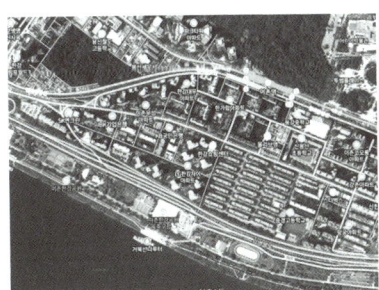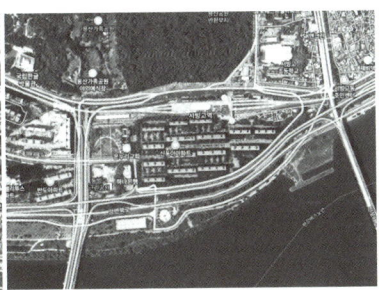

출처: 카카오맵

철도 소음은 일회성이 아니라 원주민들에게 생활소음으로 누적된다. 그래서 임장할 때는 매물의 정확한 위치를 기준으로 창호 성능과 방음시설, 운행 시간과 배차 간격, 향후 지하화 계획 여부까지 함께 점검해야 한다. 이런 요소들은 사소해 보이지만, 소음이 심한 동이나 라인은 같은 단지 안에서도 시세의 격차를 만든다.

여기에 구급차나 소방차 사이렌 소리도 함께 확인해야 한다. 임장 중 사이렌이 반복적으로 들린다면, 해당 단지가 주요 출동 동선 위에 있을 가능성이 크다. 소방서나 대형 병원이 관할 구역의 끝자락에 있는 경우, 출동 시 특정 도로를 반복적으로 이용하게 되는데, 그 길목에 있는 주거지는 소음이 일상적으로 누적된다. 이는 거주 만족도를 낮추고 임대 시 장기 계약 유지에도 불리하게 작용할 수 있다. 따라서 사이렌 소리가 잦다면 인근 소방서나 병원의 위치와 실제 출동 경로를 지도에서 먼저 확인하고 임장에 나서는 것이 장기적인 주거 안정성과 투자 수익성의 차이를 가른다.

③ 단지 앞에 대로변 여부를 확인하라

> ─🏠─ **체크포인트**
> • 방지턱이 없는 경우 차량이 속도를 줄이지 않아 주기적인 소음과 매연이 발생한다.
> • 횡단보도 전후 구간은 가속·감속으로 인한 진동을 동반한다.

임장을 갔는데 단지 앞에 대로변이 있다면, 가장 먼저 방지턱의 유무와 위치를 확인해야 한다. 방지턱이 없으면 차량은 속도를 줄이지 않고 통과해 지속적인 소음을 만든다. 특히 대로일수록 오토바이 통행이 잦아 굉음이 반복되기 마련이다.

횡단보도와 신호등 전후 구간도 살펴야 한다. 차량이 정차와 가속을 반복하면서 엔진음과 타이어 마찰음, 진동과 매연이 함께 발생하기 때문이다. 장기 거주를 고려한다면 대로변과 거리를 둔 동·라인을 선택하는 것이 거주 만족도를 높이는 방법이다.

④ 비행기 소음을 확인하라

 체크포인트

- 항공기 소음은 시간과 계절을 가리지 않고 반복된다.
- 창문을 닫아도 생기는 진동으로 생활 불편이 이어질 수 있다.

비행기 소리는 해당 지역 거주 환경에 지속적으로 영향을 주는 요인이다. 공항 인근이나 항로 아래에 자리한 단지는 하루에도 수차례 저공비행 소음이 반복되며, 거주자의 피로도를 높인다. 특히 대형 여객기나 화물기의 경우 창문을 닫아도 실내까지 진동이 전달된다.

수도권에서는 김포공항 인근과 서울공항 인근 지역이 대표적이다. 이 소음은 방음 공사로도 완전히 해소하기 어렵기 때문에, 임장에서 비행기 소리가 크게 들린다면 그 빈도를 확인해 보자. 비행기가 자주 지나다니는 곳이라면 거주성과 임대성이 떨어지기 때문에 신중한 투자 판단이 필요하다.

⑤ 상업용 부동산에서는 상하층 소음을 따로 체크해야 한다

체크포인트
- 위·아래층의 업종이 소음을 유발하면 장기 임차를 유지하기 어렵다.
- 설비 개선이 어렵다면 공실 리스크가 커진다.

상업용 건물에서는 상하층 업종 간 소음 간섭이 생각보다 빈번하다. 헬스장의 덤벨 소리, 노래연습장의 고음, PC방 환풍기 소음은 아래층이나 위층 영업에 직접적인 영향을 준다.

매물을 볼 때는 반드시 위층과 아래층에 어떤 업종이 입점해 있는지 확인하고, 실제로 소음이 얼마나 발생하는지도 체크해야 한다. 기존 임차인은 이해관계가 얽혀 불편을 축소해 말할 수 있으므로, 가능하다면 같은 층의 다른 점포나 인접 상가를 통해 객관적인 정보를 얻는 게 좋다. 방음·배기·진동 차단 설비가 미비하다면 세입자 이탈로 이어질 수 있고, 이는 곧 공실 리스크로 연결된다.

04

후각

보이지 않는 변화의
기류를 감지한다

길을 걷다 우연히 스친 향수 냄새가 오래전 알던 지인을 떠올리게 한 경험은 누구에게나 있을 것이다. 후각이 기억과 감정을 깊게 연결한다는 증거다. 후각 신경은 감정과 기억을 담당하는 편도체와 해마에 직접 연결되어 있어, 냄새는 단어나 사진보다 훨씬 강렬한 기억을 불러오곤 한다.

이를 '프루스트 효과'라 부른다. 홍차에 적신 마들렌의 향이 주인공의 어린 시절을 생생하게 되살려낸 마르셀 프루스트의 소설 《잃어버린 시간을 찾아서》 속 장면처럼, 후각은 우리의 기억을 시간의 깊은 곳까지 소환하는 힘을 지녔다.

부동산 임장에서 말하는 '후각'은 여기서 한 걸음 더 나아간다. 임장에서 코로 맡는 냄새뿐 아니라 눈에 보이지 않는 변화의 단서를 바탕으로 새로운 해석을 끌어내는 능력, 즉 어떤 장면을 보고 "돈 냄새가 난다"라고 감지하는 직감까지 포함한다. 이런 후각이야말로 변화의 방향을 남들보다 먼저 읽게 해준다. 냄새는 논리보다 빠르고, 감출 수 없으며, 그 지역의 위생과 관리 상태, 정서, 과거의 흔적까지 고스란히 드러낸다.

후각의 3단계

냄새를 맡는 행위는 'Smell', 'Sniff', 'Identify'의 세 단계로 구분할 수 있다.

첫째, Smell은 자연스럽게 스며드는 냄새를 감지하는 단계다. 아파트 복도의 곰팡내, 오래된 음식점 거리의 기름 냄새, 도심 하수구 악취, 시골 마을의 흙냄새는 그 지역의 생활 환경과 관리 체계를 증명한다. 잘 관리되지 않은 동네일수록 특유의 불쾌한 냄새를 품기 마련이다.

둘째, Sniff는 의도적으로 냄새를 확인하는 단계다. 관심 있는 지역에 가서 쓰레기 분리장, 오래된 빌라 주차장, 상가 뒷골목 등을 지나며 그 냄새를 맡아보는 것이다. 음식물 쓰레기 악취가 심하다면 관리 의지가 부족한 지역일 수 있고, 악취가 거의 나지 않는 쓰레기장은 그만큼 관리 체계가 작동하고 있음을 보여준다.

셋째, Identify는 냄새의 원인을 파악하고 해석하는 단계다. 냄새는 불쾌감을 주는 요소이기도 하지만, 동시에 부동산 가치를 해석하는 척도가 된다. 특정 지역의 악취가 하수관로 문제에서 비롯된다면 집값에 부정적 영향을 미칠 리스크 요인이다. 반대로 지금은 공장 부지여서 악취가 나지만 곧 철거되어 공원으로 바뀐다면, 이는 가치 상승 가능성으로 해석할 수 있다. 결국 그 변화 속에서 투자의 단서와 미래 가치의 향기를 맡아낼 수 있어야 한다.

냄새는 거짓말하지 않는다. 말없이 그 지역의 현재와 과거, 그리고 미래 가능성까지 드러낸다. 후각 임장을 통해 악취를 향기로 읽어내는 사람에게 기회는 찾아온다.

무엇을 포착해야 하나: 투자자의 후각 훈련법

① 부동산을 4D로 저장하면 전문가가 된다

공기 속에 스며 있는 냄새는 눈에 보이는 장면과 귀에 들리는 소리만큼 중요하다. 부동산 후각은 그 동네의 관리 상태, 생활 패턴, 주거 환경을 직관적으로 드러내는 신호를 감지하는 감각이다. 그렇기에 투자자라면 '냄새'를 자극이 아니라 '기억'으로 저장하는 훈련이 필요하다. 냄새와 장면을 하나의 이미지로 묶어두는 습관이 그 시작이다.

예컨대 임장을 간 아파트 입구 근처에서 하수구 냄새가 올라온다면, 지금 눈앞에 보이는 모습과 그 냄새를 하나의 4D 이미지로 기억해 두는 것이다. 어렵다면 처음에는 사진을 찍고 간단히 메모를 남겨보자. '○○아파트 정문 - 하수구 냄새 심함'처럼 기록하면 된다.

이런 기록을 반복하다 보면 굳이 적지 않아도 머릿속에 '부동산

4D 데이터베이스'가 쌓인다. 그리고 이 데이터는 향수 냄새로 특정 사람을 떠올리듯, 새로운 현장에서 익숙한 냄새가 날 때 그 원인을 빠르게 짚어내게 해준다. 따라서 전문가란 남에게 정보를 구걸하는 사람이 아니라, 스스로 신뢰할 수 있는 정보를 도출해 내고 그것을 말할 수 있는 사람이다. 후각 훈련을 통해 4D 이미지를 쌓아간다면 처음 방문하는 지역도 빠르게 파악할 수 있고, 남들보다 한발 앞서 정확한 투자 결정을 내릴 수 있다. 이것이야말로 투자자가 타이밍을 잡는 가장 확실한 무기가 된다.

② 상황에 따라 공기는 달라진다

같은 동네라도 언제, 어떤 상황에서 임장하느냐에 따라 후각으로 얻는 정보는 크게 달라진다. 낮에는 잘 느껴지지 않던 대로변의 매연이 퇴근 시간에는 짙어지고, 비 오는 날에는 평소에 드러나지 않던 습기와 곰팡내가 골목에 퍼진다. 인근 공장의 가동 여부나 쓰레기 처리 일정에 따라 특정 시간대에만 악취가 발생하기도 한다. 이처럼 냄새는 시간대, 계절, 날씨에 따라 양상이 달라지기 때문에 한 번의 방문만으로는 실체를 파악하기 어렵다.

따라서 중요한 것은 특정한 '순간의 냄새'에 속지 않는 것이다. 장마철 폭우 이후에만 나타나는 곰팡내, 공사 현장에서 일시적으로 풍기는 자재 냄새, 지역 축제나 아파트 단지 내 시장 행사 이후 남는 음식물 쓰레기 냄새는 모두 일시적 현상에 가깝다. 이런 냄새들은 시간이 지나면 자연스럽게 사라지며, 장기적인 가치 판단에 결정적인 영향을 주지 않는다.

반면 특정 시간마다 반복되는 하수구 악취, 인근 공장에서 꾸준히 배출되는 매연, 축사나 폐기물 처리장에서 지속적으로 풍겨오는 냄새는 구조적인 문제로 인식해야 한다. 이는 단기간에 해소되기 어려울 뿐 아니라, 장기간에 걸쳐 거주 만족도와 부동산 가치 전반에 부정적인 영향을 미칠 가능성이 높다.

후각 임장에서 중요한 것은 같은 지역을 반복해서 방문하며 일회성 현상과 반복적 신호를 구분하는 것이다. 이를 구분해야만 부동산이 장기적으로 긍정적인 영향을 받을지, 아니면 지속적인 리스크를 안게 될지를 판단할 수 있다.

③ 투자 가치의 냄새를 맡을 수 있는가

임장에서 후각은 그 지역의 '현재'를 드러내는 동시에 '미래'와도 연결되는 신호다. 악취가 사라지고 공원이 들어서며 달라진 공기, 저녁 무렵 골목마다 퍼지는 생활의 향기는 모두 투자 가치를 짐작하게 돕는 단서가 된다. 이는 변화의 과정에서 자연스럽게 풍겨 나오는 '낌새'를 포착하는 일에 가깝다.

예컨대 한때 금속 냄새가 진동하던 성수동은 시간이 흐르며 사람들로 붐비는 상권으로 변모했다. 과거 공장이 자리하던 공간에 카페와 상업시설, 공원이 들어서면서 공기와 분위기 자체가 달라진 것이다. 이러한 변화는 환경 개선과 함께 해당 지역의 회복력과 향후 개발 가능성을 보여주는 긍정적인 신호로 해석할 수 있다. 그리고 이 신호를 남들보다 먼저 읽어낸 투자자는 인근 부동산에서 높은 수익률을 선점할 기회를 얻는다.

이 때문에 후각적 임장은 실제 냄새를 맡는 행위에만 국한되지 않는다. 흔히 "돈 냄새가 난다"라고 표현하는 직감 역시 후각 임장의 범주에 포함된다. 특색 있는 1인 가게가 하나둘 늘어나고, 여러 점포가 동시에 간판을 교체하거나, 유명 브랜드가 잇달아 입점하고, 평일 저녁에도 줄이 늘어서는 가게가 많아지는 현상은 모두 자본 유입과 소비 확산을 암시하는 신호다. 이는 각종 시장 데이터가 수치로 나타나기 전에 현장에서 먼저 체감할 수 있는 살아 있는 정보다.

따라서 후각 임장에서는 공기와 냄새에서 생활력과 소비 패턴을 파악하고, 거리의 분위기와 동선의 변화에서 '돈 냄새'를 포착하는 훈련이 필요하다. 이 감각이 쌓일수록 아직 숫자로 드러나지 않은 변화의 방향을 한발 앞서 읽을 수 있다.

후각으로 체크하는 임장 포인트

투자자는 후각 임장을 통해 입체적인 기억을 만들고, 그 깊은 감각을 단서로 바꿔 투자 판단으로 이어가야 한다.

① 냄새는 지역을 이미지로 각인시킨다

후각은 다른 감각보다 머릿속에 오랫동안 남는다. 특정 지역에서 맡았던 냄새는 그 동네를 하나의 이미지로 각인시키고, 시간이 지나도 쉽게 사라지지 않는다. 예컨대 영등포 문래동 준공업 지대에 들어서면 특유의 금속 냄새가 먼저 떠오른다. 이 기억은 문래동을 제조업 중심 지역으로 인식하게 만든다.

중요한 점은 이를 공부하듯 암기하라는 뜻이 아니라는 것이다. 이렇게 축적된 후각의 기억은 어느 순간 행동의 이유로 변한다. 이후 '영등포 일대 대규모 재개발' 같은 뉴스를 접한다면, 머릿속에는 과거에 맡았던 금속 냄새와 공장지대의 이미지가 동시에 떠오른다. 그리고 "재개발이 진행된다면 이 냄새의 근원이 바뀌겠구나"라는 판단으로 이어진다. 그래서 그곳에 계속 관심을 두고 있었다면 다시한번 임장을 해야겠다는 생각이 저절로 들기 마련이다.

이 과정은 남의 추천이나 소문에 휩쓸려 움직이는 것과 다르다. 내가 직접 체감해 쌓아둔 감각이 스스로를 현장으로 밀어내는 구조다. 임장을 꾸준히 이어가는 사람과 그렇지 못한 사람의 차이는 이러한 감각의 축적에서 갈린다. 결국 후각은 기억, 당위성, 행동을 잇는 가장 단단한 고리다.

② 정책 변화는 시장의 방향을 먼저 바꾼다

⌂ 체크포인트

• 정책 변화 직후 자금이 먼저 움직이는 지역과 흐름을 즉시 포착해 기록한다.
• 규제·금리·DSR 변화에 따른 선행 반응을 데이터로 축적하면, 다음 사이클에서 먼저 움직일 지역을 앞서 특정할 수 있다.

부동산 시장에는 항상 실체보다 먼저 감지되는 신호가 있다. 그 출발점은 대개 정책이다. 정책 규제와 완화는 투자자의 행동 순서를 바꾸고, 그 결과 자금의 이동 경로도 달라진다. 다주택 규제가 강화되면 투자 여력이 있는 수요는 보유 주택을 정리하고 '똘똘한 한 채'로 이동한다. 이 과정에서 수도권 핵심지는 빠르게 달아오르고, 지방 시장은 상대적으로 식는다. 반대로 규제가 완화되면 투자자층이 먼저 움직이며, 지방 대도시의 미분양 구간부터 거래가 회복된다. 실수요는 늘 그다음이다.

정책의 핵심은 '누가 먼저 움직이느냐'다. 이 순서를 반복해서 경험한 사람은 정책 발표만으로도 다음에 어디에서 온기가 돌지 미리 짐작할 수 있다.

③ 금융의 변화에서 나만의 데이터를 쌓아라

금융 조건 역시 시장의 방향을 바꾸는 강력한 변수다. 대출이 완화되면 눌려 있던 수요가 빠르게 분출되고, 조이면 시장은 곧바로 매수자 우위 국면으로 전환된다. 다만 같은 금융 조건이라도 모든

- 금융 조건의 변화는 지역·주택별 반응 속도와 강도를 바꾸는 신호다.
- 선행 반응을 데이터로 축적해 다음 사이클의 기준점으로 삼는다.

지역이 동일하게 반응하지는 않는다. 어떤 곳은 잠잠한 반면, 어떤 곳은 오히려 신고가가 나온다.

이 차이는 지역의 체력에서 비롯된다. 정부는 금리, LTV, DSR, 특례대출 같은 금융 조건을 통해 시장에 간접적으로 개입하고, 그 변화는 지역별로 서로 다른 속도와 강도로 나타난다. 그래서 투자자는 금융 변화가 있을 때마다 선행 반응 지역과 거래량, 가격 움직임을 함께 관찰해야 한다.

중요한 것은 이를 반복적으로 기록해 나만의 데이터로 축적하는 일이다. 금융 규제나 완화가 발표될 때마다 어떤 지역이 먼저 움직였는지, 가격이 얼마나 빠르고 크게 반응했는지를 날짜와 함께 남겨두면, 다음 사이클에서는 조정이 진행될 무렵부터 흐름이 보이기 시작한다. 결국 부동산 투자에서 가장 신뢰할 수 있는 기준은 타인의 해석이 아니라 내가 직접 쌓아온 검증된 데이터다.

④ 돈 냄새의 근본은 공공시설에 있다

한 지역의 경제력은 공공시설에서 가장 직관적으로 드러난다. 동네 공원이 흙길과 벤치만 있는지, 아니면 야간 조명, 운동기구, 놀이터까지 세심하게 관리되는지만 봐도 차이가 드러난다. 도서관, 주

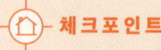
민센터, 체육관 같은 생활 공공시설이 얼마나 촘촘히 배치되고 최신 상태로 유지되는지도 중요한 신호다.

공공시설의 질은 편의성의 문제에 그치지 않는다. 생활 인프라가 잘 갖춰진 지역일수록 정주 의지가 높아지고, 이는 곧 안정적인 수요로 이어진다. 소득 수준이 높은 주민들이 점차 모이기에 공공시설은 더 개선되고, 개선된 환경이 다시 사람을 끌어들이는 선순환이 만들어진다. 따라서 임장에서 공공시설을 살펴보는 일은 현재의 편의를 확인하는 수준을 넘어, 이 지역이 앞으로 어떤 성장 여력을 지니고 있는지를 미리 평가하는 과정이다.

⑤ 국회의원 현수막은 지역의 힘을 드러낸다

임장을 다니다 보면 특정 지역의 길목마다 국회의원의 얼굴이 걸린 현수막을 쉽게 볼 수 있다. 특히 수천 세대 이상 대단지 아파트 입구나 재개발 예정지처럼 이해관계자가 많은 곳일수록 현수막이 집중된다. 정치인은 선거 과정에서 공약을 내걸고, 이후 그 공약의 진행 상황을 알리기 위해 현수막을 내건다. 따라서 이 현수막은 단순한 홍보물이 아니라 해당 지역에 얼마나 많은 인구와 정치적 영향력이 모여 있는지를 보여주는 신호다.

실제로 서울의 특정 재개발 예정지에서는 '○○역 GTX 조기 추진' 같은 현수막이 집중적으로 걸리곤 했다. 이는 수천 세대가 얽힌 지역이라는 점에서 정치적으로도 무시할 수 없는 표심이 존재한다는 뜻이었고, 이후 공약은 실제 정책 추진으로 이어졌다. 결과적으로 현수막은 변화의 전조였던 셈이다.

분당이나 일산 같은 1기 신도시에서도 마찬가지다. '1기 신도시 특별법 조속 처리'라는 현수막이 수년간 계속 등장했는데, 결국 정부 차원의 특별법 제정이 본격화되었다. 주민 수가 많고 표의 규모가 큰 지역일수록 정치적 힘을 가지며, 국회위원의 현수막은 그 힘을 가장 직관적으로 드러내는 힌트가 된다.

그래서 임장에서 현수막이 보인다면, 그곳에서 투자의 냄새가 불어온다는 것을 간파해야 한다. 지역이 가진 힘이 크다는 것은 곧 주거환경 개선과 정비사업이 원활히 진행될 확률이 높다는 의미이며, 이는 결과적으로 부동산 가치 상승으로 이어질 수 있는 중요한 징후다.

⑥ 기피시설은 피하기 나름이다

기술이 발달해 악취가 외부로 거의 퍼지지 않는다고 하지만, 하수처리장이나 쓰레기 소각장은 여전히 대표적인 기피시설로 인식되며 주변 부동산 시세에 영향을 준다. 기피시설이 있는 곳이라면 임장을 갔을 때 실제로 악취가 나는지 반드시 체크해야 한다.

그러나 반대로 예상치 못한 이점이 존재하기도 한다. 실제로 자원회수시설 인근 아파트의 경우 주민지원기금으로 관리비 전액을 지원받는 사례도 있다. 또한 입지가 우수해 시세 부담이 큰 지역에서는 기피시설 인근 단지가 상대적으로 저렴한 가격대로 형성되기 때문에 합리적인 대안이 되기도 한다. 따라서 무조건 배제하기보다 단점을 상쇄할 장점이 있는지를 함께 따져보는 접근이 필요하다.

아파트 임장에서 시장의 기류를 맑는 법

아파트 시장에서도 숫자가 움직이기 전에 분위기부터 달라진다. 경매 시장과의 미묘한 상관 관계, 실거래 공개 속도의 변화, 매물이 쌓이거나 사라지는 흐름, 단지 곳곳에 걸리는 현수막까지. 이런 신호들은 개별로 보면 사소해 보이지만, 함께 놓고 보면 시장의 방향을 미리 알려주는 기류가 된다. 아파트 임장에서 중요한 것은 더 많은 정보를 보는 것이 아니라, 이미 공개된 정보들 사이에서 먼저 달라지는 호흡을 감지하는 일이다. 같은 데이터를 보고도 어떤 이는 기다리고, 어떤 이는 움직인다.

① 경매 시장은 부동산 시장의 선행 신호다

 체크포인트

- 낙찰가율·유찰률·응찰자 수로 시장 온도를 읽는다.
- 특수물건은 제외하고, 경매 지표를 매물·호가·실거래·전세가율과 교차 확인한다.

부동산 시장을 미리 예견하기 위해서는 경매 시장을 주시할 필요가 있다. 경매를 하라는 권유가 아니다. 미리 냄새를 맡는 창구로 보라는 이야기다. 만약 같은 지역에서 경매 사건이 쏟아지며 입지 좋은 아파트가 연속 유찰된다면 당분간 시장이 얼어붙는다는 뜻으로 해석할 수 있다. 반대로 유찰 없이 최초 감정가 근처에서 혹은 그보다 더 높은 금액으로 낙찰되고, 응찰자 수가 꾸준히 늘면 분위기가 살아나고 있다는 뜻이다. 과열 구간에서는 변두리에 있는 하자 물건까지 소진되기도 한다.

경매 물건은 누구나 확인할 수 있는 공식 정보다. 진행 과정과 결과가 모두 공개되기 때문에 관심 있는 사람이라면 얼마든지 살펴볼 수 있다. 그래서 최종 낙찰가와 응찰자 수에는 그 물건을 바라보는 사람들의 현재 심리가 그대로 반영된다. 더불어 경매 결과는 지체 없이 공개되고, 입찰자는 보증금과 자금을 이미 마련한 투자자이기 때문에 이들이 써낸 낙찰가는 시세 기준을 만들어내며, 곧 일반 매매가격에도 영향을 미친다. 결국 경매 시장의 분위기는 일반 부동산 시장으로 자연스럽게 흘러가며, 경매 시장은 일반 시장의 선행 신호로 작동한다.

예전보다는 나아졌지만 부동산 시장은 여전히 다른 자산 시장보다는 폐쇄적인 편이다. 이런 환경에서 누구에게나 정보가 오픈된 경매 시장은 부동산 심리가 가장 먼저 드러나는 전광판이라고 볼 수 있다. 따라서 부동산 투자자라면 꼭 경매에 참여하지 않더라도, 관심 지역의 경매 결과를 꾸준히 예의주시하며 시장의 기류를 읽을 필요가 있다.

② 실거래가와 매물 흐름으로 시장의 온도를 읽다

🏠 **체크포인트**
- 실거래 신고가 빠르게 이어지면 상승 국면, 지연이 반복되면 거래 탄력이 약하다는 신호로 읽어야 한다.
- 급변기에는 유효 매물 수와 호가-실거래 격차, 전세가율을 함께 보며 시장의 실제 온도와 협상 여지를 판단한다.

아파트 시장의 분위기를 빠르게 파악하려면, 실거래가 업로드 주기와 실제 매물 흐름을 함께 살펴야 한다. 공인중개사는 계약일로부터 30일 이내에 실거래를 신고해야 하는데, 이 시차에는 숫자로 드러나기 전 시장의 심리가 담긴다. 시장 상황이 좋아져 아파트가 '부르는 게 값'인 국면이면, 중개사는 거래가 성사된 가격을 즉시 공개해 유사 매물의 기준점으로 삼으려는 경향이 있다. 실거래가가 연달아 빠르게 공개된다는 것은 높은 가격에도 매수자가 따라붙고 있다는 자신감의 표현이다.

반대로 시장이 좋아 보이는데도 실거래 신고가 마감 기한에 가까워질수록 늦어진다면, 표면적 분위기와 달리 거래 탄력이 약하거나 시세를 방어하려는 심리가 깔려 있을 가능성이 크다. 물론 파기·정정이나 서류 지연 같은 실무 변수도 존재하지만, 이런 지연이 반복된다면 시장의 실제 온도를 다시 점검해 볼 필요가 있다.

이때 매물 흐름은 시장을 가장 즉각적으로 보여주는 지표다. 시장 분위기는 좋은데 유효 매물이 거의 없다면 매도자들은 추가 상승을 기대하며 매물을 거둬들이는 국면이다. 반대로 분위기가 나쁘지 않은데도 매물이 풍부하다면, 갈아타기나 정리 물량이 시장에 본격적으로 나오고 있다는 뜻이다.

후자의 경우 겉으로는 매도자 우위 시장처럼 보일 수 있지만, 실제로는 매도사가 더 급한 상황일 가능성도 크다. 매도사는 매도자이면서 동시에 갈아타기를 해야 하는 다음 집의 매수자이기 때문이다. 특히 갈아타기 대상이 상급지라면, 현재 매도하려는 집보다 다음 집의 시세가 더 빠르게 오를 수 있어 시간 압박은 커진다. 이 국면에서는 조건 조정이나 가격 협상이 의외로 통하는 경우도 적지 않다.

다음으로 호가와 실거래의 차이를 확인해 보자. 최근 체결가와 호가가 빠르게 좁혀지면 매수 체력이 붙고 있다는 신호다. 반대로 격차가 벌어지거나 동·층 조건이 비슷함에도 호가 편차가 크다면 소유주별 기대 가격이 엇갈리고 있다는 뜻이다. 이는 시장이 빠르게 변동 중이지만 아직 시세의 기준점이 잡히지 않은 초기 국면일 가능성을 시사한다. 이 시기에는 오히려 매수자가 아파트의 가치를 더 냉정하게 판단할 수 있는 위치에 있다.

마지막으로 전세가율을 반드시 함께 점검해야 한다. 전세가율이 높은 아파트일수록 실거주 수요가 받쳐 주기 때문에 하락기에도 하방 경직성이 상대적으로 강하다. 반면 전세가율이 낮고 공실이 보이는 단지는 충격 흡수력이 약하다. 실거주 목적의 매수라 하더라도, 전세가율은 아파트의 기초 체력을 보여주는 핵심 지표라는 점을 잊어서는 안 된다.

③ 방치되는 단지에서 개발의 냄새를 찾아라

 체크포인트
- 관리가 의도적으로 미뤄지는 분위기와 함께 '곧 바뀐다'라는 공감대가 형성되면 재건축 기대감이 올라간다.
- 이런 신호는 정비사업 현실화와 부동산 가치 상승으로 이어질 수 있다.

노후 아파트의 재건축 정비사업을 염두에 두고 임장을 나섰다면, 겉으로 드러난 조건보다 미세한 요소 속에 숨어 있는 주민들의 의지와 정비사업 추진 가능성의 냄새를 읽어내야 한다. 노후 단지라면 일반적으로 외벽 도색이나 누수 보수, 공용부 개선 등 유지 관리를 위해 꾸준히 비용을 투입한다.

그런데 현장에서 실리콘 덧대기나 균열 위 덧칠 같은 임시방편 수리와 부분 보수만 반복되고 있다면, 단지 내부에 '어차피 곧 재건축될 것'이라는 암묵적 합의가 자리 잡았다고 볼 수 있다. 관리사무소 게시판 역시 중요한 단서다. 장기 유지보수 계획보다는 '구조 안전 점검 결과 안내', '설명회·간담회 예정'과 같은 공지가 주를 이룬다면, 해당 단지가 변화를 준비하고 있다는 신호로 읽을 수 있다.

반대로 노후 단지임에도 엘리베이터 전면 교체, 난방 시스템 대공사, 놀이터 리모델링처럼 장기 거주를 전제로 한 시설 투자가 활발하다면, 당장은 정비사업 추진 동력이 약하다는 정황으로 볼 수 있다.

④ 초기 건설사 현수막은 정비사업의 척도다

 체크포인트

- 단지에 걸린 건설사 현수막의 업체 수와 등장 빈도, 문구 시점을 종합해 사업성에 대한 판단을 내린다.
- 현수막은 절차의 속도보다 건설사가 해당 단지의 사업성을 어떻게 보고 있는지를 보여주는 신호다.

정비사업을 추진 중인 아파트를 임장하다 보면, 건설사들이 입찰을 앞두거나 주요 절차를 거친 뒤 현수막을 거는 모습을 자주 보게 된다. 현수막이 늘어날수록 주민들의 관심과 기대가 자연스럽게 흔들리는 것도 사실이다. 입지, 용적, 세대수 등 기본 조건이 좋아 사업성이 높다고 판단되는 단지는 재건축·리모델링 연한이 다가오는 극초기 단계부터 건설사 현수막이 하나둘 걸리기 시작한다. "○○아파트 정비사업을 응원합니다", "추진위 설립을 축하합니다", "조합 설립을 축하합니다", "○○건설이 함께하겠습니다" 같은 문구가 연달아 등장하는 것이다.

따라서 정비사업까지는 아직 시간이 많이 남았다고 생각하며 임장을 갔는데, 여러 건설사의 현수막이 동시에 눈에 띈다면 그 안에서 특별한 신호를 읽어낼 필요가 있다. 현수막이 걸려 있다고 해서 곧바로 정비사업이 빠르게 진행될 것이라 기대하라는 의미는 아니다. 실제로는 아직 시작 단계에 불과해, 사업이 본궤도에 오르기까지는 상당한 시간이 걸릴 수 있다.

그럼에도 초기 단계부터 현수막이 걸린다는 사실은 건설사들이 해당 단지의 사업성을 높게 평가하고, 일반분양 소화력에도 자신감을 가지고 있음을 간접적으로 보여주는 신호다. 이러한 현수막은 주민과 예비 매수자의 심리를 자극하며, 단지에 일종의 홍보 효과를 만들어낸다. 그래서 사업성이 좋은 아파트일수록 비교적 이른 단계부터 긍정적인 소문이 퍼지기 쉽다.

부동산 투자자라면 왜 이 단지에는 초기부터 건설사의 현수막이 몰리는지, 그렇지 않은 단지와 무엇이 다른지를 비교해 보며 해당 단지를 더 입체적으로 이해해야 한다.

빌라 임장에서 시장의 기류를 맡는 법

빌라는 아파트처럼 규격이 일정하지 않아 시세를 판단하기가 쉽지 않다. 그래서 중개사가 제시한 가격이 적정한지 의문이 생길 때가 있다. 빌라를 알아볼 때는 겉으로 드러나지 않는 신호를 통해 나만의 기준금액을 만든 후 그 가격과 부동산에서 제시한 금액을 비교해 보는 절차를 거쳐야 한다. 빌라 투자는 눈으로 보이지 않는 요소들을 활용하여 가치를 확인하고, 그 안에서 투자 수익의 냄새를 맡아야 한다.

① 가장 중요한 건 유연한 엑시트다

체크포인트

- 소문만으로도 가격이 반응하는 지역은 이미 기대감이 형성된 곳으로, 투자의 냄새가 가장 진하게 난다.
- 재개발 투자는 장기전이므로 준공까지 보유한다는 전제보다는 공정 단계별로 유연한 회수 전략을 마련해야 한다.

보통 노후 빌라에 투자한다는 것은, 훗날 아파트로 재개발될 가능성을 염두에 둔 선택일 것이다. 그래서 많은 사람이 개발 계획과 노후도를 먼저 확인하지만, 정비사업은 변수도 많고 속도도 쉽게 늘어진다. 그 사이 자금이 묶이면 기회비용은 커진다. 결국 빌라 매수에서 가장 중요한 기준은 '얼마나 빨리 오르느냐'가 아니라, 수익을 언제든 실현할 수 있는 유연성이다.

같은 서울이라도 지역별 반응은 극명하게 갈린다. 어떤 곳은 "여기 재개발이 된다더라"라는 말 한마디만으로도 시세가 꿈틀거리지만, 어떤 곳은 정비구역 지정이나 모아타운 선정 같은 공식 이슈가 나오고 정비 공정이 몇 단계나 진행돼도 시장이 조용하다. 이 차이를 만드는 것은 사람들의 기대감이다. "아파트가 되면 크게 오른다"라는 공감대가 형성된 지역은 뜬소문에도 가격이 움직이지만, 기대감이 약한 곳은 신축 아파트가 눈앞에 와서야 반응하는 경우도 적지 않다.

따라서 두 후보지의 조건과 가격이 비슷하다면, 당장 사업 속도가 더 빠른 곳보다 아직 본격화되지는 않았지만 기대감이 더 강한 곳이 유리할 수 있다. 이는 곧 엑시트가 유연한 곳을 택한다는 의미다. 재개발은 장기전이기 때문에, 공정이 한 단계만 진척돼도 수익 실현이 가능한 지역이 기회비용 측면에서 훨씬 안전하다.

또한 기대감이 높은 지역일수록 사업이 실제로 시작되었을 때 조합원 간 협력이 빠르게 이뤄지고, 그만큼 사업 속도도 붙는다. 그러면 정비 공정이 진행될 때마다 시세가 계단식으로 반응하고, 그때마다 회수의 출구가 생긴다.

결국 기대감이 높은 지역이란 대개 상급지의 빌라다. 인근 신축 아파트와의 가격 차이가 크지만, 빌라라는 이유로만 저평가된 곳이라면 투자의 냄새는 더욱 진해진다. 아직 정비가 본격화되지 않은 상급지 빌라와 이미 정비가 한창인 비상급지 빌라 사이에서 고민하고 있다면, '반드시 준공 때까지 보유해야 한다'라는 전제를 내려놓자. 그다음 어떤 선택이 기회비용 대비 수익률이 높은지 보다 냉정하게 비교해 보는 것이 바람직하다.

② 빌라 가격을 판단할 때 가장 먼저 확인할 것은 대지지분 평단가다

 체크포인트

- 노후 빌라는 토지 가치의 비중이 크기 때문에 대지지분 평단가가 기준이 된다.
- 평균값과 격차가 있다면 그 이유를 확인하고, 금액이 과하다면 보류나 협상을 검토한다.

빌라를 볼 때는 가장 먼저 대지지분 평단가를 확인해야 한다. 아파트는 대단지, 편의시설, 커뮤니티 등 부가 가치가 크지만, 빌라는 그렇지 않다. 특히 노후 빌라는 감가상각이 빠르게 진행되면서 건물의 잔존 가치는 줄고, 토지 가치의 비중이 점점 커진다. 그래서 같은 생활권 안에서 연식과 조건이 비슷한 빌라들이 대지지분 평당 시세가 어느 수준인지를 확인하고, 그 평균값을 기준선으로 삼아야 한다.

물론 아무리 오래된 빌라라 해도 엘리베이터 유무, 주차 환경처럼 실거주 체감이 큰 요소는 가격에 영향을 미친다. 따라서 공인중개사가 제시한 가격이 지역 평균 대지지분 평단가보다 유독 높거나 낮다면 합당한 이유가 있는지 점검한 후 보류나 협상 여부를 진행하는 것이 바람직하다.

③ 경매 낙찰가는 시장 심리를 가장 빠르게 보여주는 기준선이다

체크포인트

- 최근 낙찰가는 즉시 공개되는 공식 데이터로, 실거래보다 한발 앞서 현재 시장 심리를 보여주는 기준선이다.
- 법정지상권·유치권·대항력 임차인 등 특수물건은 제외하고, 흐름 자체만 비교해야 왜곡을 줄일 수 있다.

경매는 과정과 결과가 공식적으로 공개되기 때문에 시장 심리가 잘 드러난다. 관심 있는 지역의 경매 사건 중 조건이 비슷한 빌라들의 낙찰 평균값을 산정해 보고, 그 값을 기준으로 현재의 매물 금액과 비교해 본다면 중개사가 제시한 금액이 적절한지 평가할 수 있다. 이때도 노후 빌라라면 대지지분 기준으로 계산하는 것이 정확하다.

경매의 최초 감정가는 감정평가사가 산정한 금액이기에 참고 가치가 있지만, 평가 시점의 금액이므로 평가일이 오래됐을수록 시차가 생길 수 있다. 또한 낙찰가는 응찰자들이 당시 시세를 확인한 뒤 써낸 시장가이기 때문에 응찰자가 많을수록 낙찰 금액과 2~3순위 금액까지 기준점으로 삼기 좋다.

일반적으로 경매 낙찰가는 평균 시세보다 낮게 형성된다. 따라서 낙찰 시기와 매수 시기가 비슷할 경우, 내가 매수한 가격이 낙찰가와 비슷한 수준이라면 충분히 유리한 조건일 수 있다. 다만 법적으로 하자가 있는 특수물건은 낙찰 시세를 왜곡할 수 있으니 지표에서 제외해야 한다.

④ 전세가율로 역산하면 보이지 않던 빌라의 가격대가 드러난다

체크포인트

- 제시가가 역산가를 뚜렷이 웃돌면 거품 가능성을 의심하고, 협상하거나 보류하는 게 합리적이다.
- 반대로 역산가 근처거나 그 이하라면 추가 점검을 전제로 긍정적으로 검토할 수 있다.

전세는 매매가를 받치는 중요한 기준선이다. 따라서 전세가율을 활용하면 시세를 파악하기 어려운 빌라의 매매가를 간접적으로 추정할 수 있다.

방법은 단순하다. 같은 생활권에서 연식과 평형이 비슷한 빌라들의 전세 시세를 모아 전세가율 평균을 구한 뒤, 그 비율을 관심 빌라에 적용해 추정 매매가를 역산하는 것이다. 이렇게 산출한 금액을 부동산이 제시한 가격과 나란히 놓고 비교하면 된다.

예를 들어 동일 생활권의 조건이 유사한 빌라 5곳 전세가율이 각각 80%, 77%, 75%, 76%, 74%라면 평균은 약 76.4%다. 이때 관심 빌라의 전세 시세가 1억 6,000만 원이라면, 1억 6,000만 원을 0.764로 나누어 약 2억 900만 원이라는 추정 매매가를 얻을 수 있다. 이 수치가 해당 빌라의 적정 가격을 판단하는 하나의 기준선이 된다.

공인중개사가 제시한 가격이 이 역산 평균가를 크게 웃돈다면 시세 대비 높게 형성됐을 가능성이 크다. 이 경우에는 가격 협상을 시도하되, 조정이 어렵다면 보류하는 편이 안전하다. 반대로 제시가가 역산 평균가에 가깝거나 그 이하라면, 안정 구간으로 판단해 긍정적으로 검토할 여지가 있다.

앞서 살펴본 대지지분 평단가와 평균 경매 낙찰가까지 함께 비교하면, 시세를 추정하기 어려운 빌라라도 최소한의 가격 기준선은 대략적으로 만들 수 있다. 다만 이 세 가지 지표는 어디까지나 판단을 돕는 도구일 뿐, 실제 가치를 단정 짓는 잣대는 아니다. 시장 상황이나 개별 물건의 특성, 법적 리스크에 따라 체감 가치는 얼마든지 달라질 수 있다.

예컨대 전세가율로 계산한 추정 매매가가 1억 8,000만 원인데 제시가가 2억 원이라면, 곧바로 고평가로 단정하기보다는 내부 리모델링 상태나 일조권, 조망, 코너 위치 같은 프리미엄 요소가 있는지 함께 살펴봐야 한다. 반대로 조건이 비슷해 보여도 저층 세대거나 주차가 불편하고, 누수 이력처럼 눈에 드러나지 않는 하자가 있다면 시세는 평균보다 낮아지는 것이 합리적이다. 여기에 불법 증축 여부나 재건축 추진 가능성 같은 요소까지 더해지면 가격 판단은 더 달라진다. 결국 숫자만으로 결론을 내리기보다는 현장 확인과 법적 검토를 병행하며 종합적으로 접근하는 태도가 필요하다.

05

촉각

몸이 먼저 반응하는 공간에는 이유가 있다

　여러 지역을 다니다 보면 말로 설명하기 어려운 기시감을 느낄 때가 있다. 어떤 동네는 걷기만 해도 산뜻해지고, 어떤 곳은 이유를 정확히 설명하지 못해도 어딘가 불편한 기운이 맴돈다. 흥미로운 점은 이러한 감각이 막연한 착각이 아니라는 사실이다.

　사람은 어두운 공간이나 습한 환경을 본능적으로 불편하게 느낀다. 어두움은 폐쇄적이고 우울한 인상을 주며, 높은 습도는 곰팡이·결로·악취 같은 위생 문제로 이어질 가능성을 높인다. 이러한 물리적 환경 요소는 수거의 쾌적성과 직결되기 때문에, 일부러 의식하지 않아도 그 공간을 회피하려는 경향이 생긴다. 그리하여 '밝고 관리가 잘된 동네'를 선호하는 기준은 개인 취향이 아니라 주거 환경에 대한 집단적 인식에 가깝다.

　그래서 사람들이 생각하는 '살고 싶은 곳'과 '살기 싫은 곳'은 비슷한 방향으로 수렴된다. 내가 어느 공간에서 느낀 인상이 다른 사람들에게도 비슷하게 작용한다는 뜻이다. 쉽게 말해 내가 살기 좋으면 남들도 살기 좋다. 다수가 안정감을 느끼는 곳에는 자연스레 수요가 모이고, 반대로 미묘한 불편함이 반복되는 곳은 시간이 흐를수록 이탈이 발생한다. 그리고 이러한 흐름은 철저하게 시세에 반영된다.

부동산 오감에서 말하는 '촉각'은 손끝으로 느껴지는 감각만을 의미하지 않는다. 투자자의 몸 전체로 공간의 분위기와 에너지를 받아들이는 것을 뜻한다. 골목을 걸으며 건물 벽에서 전해지는 습기와 온도를 감지하고, 넓은 광장에서 바람의 흐름과 사람들의 동선을 느끼는 것. 바로 이런 경험이 촉각 임장의 출발점이며, 그 지역의 구조를 해석하는 단서가 된다.

그래서 사람의 촉각은 신호를 먼저 잡아내는 레이더의 역할을 할 수 있다. 만약 새롭게 조성되는 신도시에 임장을 갔는데 몸이 먼저 편안하게 반응한다면 각종 통계 수치도 긍정적일 확률이 높고, 몸에 거슬리는 부분이 많았다면 사람들이 그 도시를 떠나갈 확률이 높다. 그래서 오감 임장에서 촉각을 세운다는 것은 공간의 미래 가치를 통계보다 먼저 피부로 확인하는 방법이다.

촉각의 3단계

'촉각을 세운다'라는 행위를 단계적으로 나누면 'Feel', 'Touch', 'Sense'로 구분할 수 있다. 모두 공간을 피부로 인지하는 과정이지만, 그 안에는 수동적 체감에서 능동적 해석까지의 차이가 있다. 다시 말해 보이지 않는 구조를 촉감으로 읽어내는 과정이다.

첫째, Feel은 자연스럽게 스며드는 감각이다. 아침 공기의 차갑고 건조한 질감, 길 위로 떨어지는 햇살의 각도, 바닥의 탄력과 미끄러움, 도로의 미묘한 경사, 집 내부의 난간과 벽체에서 느껴지는 습기와 온도. 이런 감각은 말없이 보행 환경, 관리 수준, 생활 리듬을 증명한다. 관리가 부족한 동네는 특유의 불편한 경사, 거친 바닥, 축축한 촉감으로 드러난다. 이 감각을 자연스럽게 받아들이는 것이 중요하다.

둘째, Touch는 의도적으로 공간에 접촉하는 단계다. 낮과 밤, 평일과 주말에 같은 코스를 걸어보며 차이를 체감한다. 도로를 직접 밟아보며 크고 작은 경사와 턱을 확인하고, 야간에는 가로등 조도를 확인하며 걸어본다. 비 온 뒤엔 도로에 물 고임이 있는 곳을 확인하고, 인근 공원이나 지하철역으로 가는 길에 신호가 몇 번 끊기는지와 대기하는 시간을 재본다. 아파트 지하주차장이 물에 젖어 미끄러운지, 환기가 잘되는지도 확인해 본다. 이때 느끼는 촉감은 접근성·안전·관리 체계가 작동하는지 확인하는 척도다.

셋째, Sense는 촉감의 원인을 파악하고 해석하는 단계다. 공원까지 물리적 거리가 500m라도 신호가 세 번 걸리면 심리적 거리는 1km처럼 느껴진다. 비가 올 때 항상 같은 자리에 물이 고이면 배수나 경사 설계의 결함이고, 지하주차장이 눅눅하고 매캐하다면 환기나 누수 리스크를 의심해야 한다. 차도와 인도의 경계가 불분명해

아이들의 보행이 차도 쪽으로 밀리거나 배달 오토바이가 인도와 차도를 반복해 오가는 구조라면 보행 안전에 취약하다는 신호다. 반대로 도로에 경사와 굴곡이 적어 유모차나 휠체어가 끊김 없이 이동하고 길가에 벤치가 많은 도로는 체류를 허용하는 구조다. 야간에 가로등 간격이 넓고, CCTV의 가시성이 낮으면 여성과 청소년 보행 안전에 부정적이다. 이렇게 원인과 결과를 연결 지으면 단순한 호불호를 넘어 투자 판단의 근거가 된다.

피부는 거짓말하지 않는다. 촉각 임장은 그 동네에서 '사는 사람'이 무엇을 체감할지 가장 먼저 판정한다. 몸으로 수집한 Feel-Touch-Sense의 기록이 통계보다 앞서는 선행 신호가 되는 것이다. 이 신호가 편안함으로 해석되면 수요와 가격은 뒤따르고, 거슬림으로 해석되면 이탈과 그에 맞는 시세가 형성된다. 그래서 부동산에 투자하는 사람이라면 '이곳에 살고 싶은가'를 먼저 고민해야 한다. 그 질문에 고개가 먼저 끄덕여지는 곳, 그곳이 바로 촉각이 안내하는 투자처다.

어떻게 느껴야 하나: 투자자의 촉각 훈련법

① 하루를 직접 살아 보며 공간을 확인한다

첫 번째 촉각 훈련은 체험이다. "내가 하루 동안 이 동네의 주민이 된다"라는 마음으로 공간에 들어가면, 그 지역을 온몸으로 느껴볼 수 있다. 그래서 나는 관심 지역이 생기면 인근에 숙소를 잡아 적어도 하루는 묵어본다. 근처 상권에서 식사를 하고 가볍게 동네를 둘러본다. 그 길에서 도로의 잔떨림, 횡단보도 앞에서 멈춰 서는 산책의 리듬, 도로의 경사도가 어느 정도인지, 골목으로 접어들 때 위험도와 속도를 자연스레 늦출 수 있는지 등 발끝에서 바로 판정해 보는 것이다.

저녁에는 퇴근 시간대에 맞춰 귀가 동선을 그대로 밟아본다. 가로등의 조도가 고르게 이어지는지, 모퉁이를 돌 때 시야가 막히지 않는지, CCTV와 상가 조명이 만들어내는 잔광이 불안함을 얼마나 덜어 주는지 등을 피부로 받아들인다. 아파트 단지에 들어서면 저녁 시간 단지 내 주차장의 모습부터 아파트의 엘리베이터 속도까지 하나의 흐름으로 연결해 원주민의 생활을 체감한다.

다음 날 아침에는 등·하교와 출근길에 섞여 같은 길을 다시 걷는다. 신호에 얼마나 자주 걸리는지, 유동 인구 대비 대중교통의 배차 간격은 어떠한지 살펴본다. 이렇게 하루를 원주민처럼 살아 보면, 결론은 빠르게 나온다. "살 수 있겠다"가 아니라 "정말 살고 싶다" 혹은 "살기 어렵다"라는 판단이 몸으로 먼저 결정된다. 이 감각은 아주 특별한 원본 데이터가 된다.

만약 누군가가 이렇게까지 해야 하느냐고 묻는다면, 단연코 "그렇다"라고 대답할 것이다. 자동차를 살 때도 시승부터 하고 이것저것 따져본 후 결정하는데, 수억 원이 오가는 부동산이라면 하루를 살아 보는 게 결코 과하지 않다.

② 시간과 조건을 바꿔 같은 공간을 반복 검증한다

두 번째 촉각 훈련은 검증이다. 한 번의 방문은 단편적인 기억만 남긴다. 같은 길을 시간, 요일, 날씨를 바꿔 다시 걸을 때 비로소 단편적인 장면들이 연결되어 생동감 넘치는 영상으로 바뀐다. 낮과 밤, 평일과 주말, 맑은 날과 비 오는 날을 직접 경험하면 동네가 보여 주는 상시적인 결이 드러난다.

방법은 단순하다. 이전에 걸었던 동선을 그대로 반복하는 것이다. 유동량이 많은 시간대 단지 앞 도로에 보행자·차량·이륜차의 동선이 충돌하는지, 주말 오후에는 도로 폭이 유모차와 자전거의 공존을 허용하는지 살핀다. 폭염에는 그늘과 바람길이 체류 시간을 어떻게 바꾸는지도 중요한 관찰 포인트다.

공사 소음이나 행사 인파는 일시적 현상일 가능성이 크다. 반면 비가 올 때마다 고이는 물, 밤마다 어두워지는 사각지대, 반복적으로 혼잡해지는 교차부는 구조적 문제다. 반복 임장은 이런 차이를 구분해 낸다. 이를 통해 불편이 우연인지 구조적인 문제인지를 명확히 가려낼 수 있고, 1일 체류로 세운 기준선의 신뢰도 역시 크게 높아진다.

③ 경계를 따라 걸으며 관심의 범위를 정밀하게 설정한다

세 번째 훈련의 초점은 경계다. 하루를 살아 보고 반복 검증까지 마쳤다면, 이제 동네의 가장자리를 걸어보자. 도시는 중심보다 경계에서 먼저 변한다. 그래서 경계의 촉감은 언제나 선명하게 드러난다.

인접한 동네라고 해서 분위기가 같을 것이라 단정해서는 안 된다. 바닥 재질이 바뀌는 순간 발에 실리는 힘이 달라지고, 보행자의 안전 수준도 즉각적으로 체감된다. 보행로와 차도가 맞닿는 지점을 따라 걸으며 안전성이 어디서 달라지는지 확인하고, 주거와 상업 기능이 충돌하는 경계도 직접 밟아본다. 신축과 노후 주택이 맞닿은 블록을 걸으며 어디까지가 관리되고, 어디서부터 방치가 시작되는지도 몸으로 느껴야 한다. 철도, 고가도로, 하천처럼 도시를 가르는 큰 경계가 있다면 반드시 따라 걸어보며 분위기의 단절과 연결 가능성을 동시에 확인한다.

이 훈련의 목적은 경계에서 느낀 촉감을 투자 판단으로 전환하는 데 있다. 현재의 경계가 장기적으로도 고착될 것으로 보인다면, 그 중 한쪽은 시세 할인 요인을 안고 있거나 앞으로 떠안기 쉽다. 반대로 지금은 분리되어 있어도 향후 연결이 뚜렷한 경계라면, 생활권 확장과 함께 저평가 구간이 빠르게 재평가될 수 있다. 따라서 임장에서는 크고 작은 경계선을 의식적으로 스캔해야 한다. 경계 스캔은 단순한 관찰이 아니라, 관심 범위를 어디까지 넓히고 어디서 멈춰야 하는지를 결정하는 투자자의 나침반이다.

촉각으로 체크하는 임장 포인트

지도 앱의 거리는 물리적 숫자일 뿐이다. 실제 거리는 신호의 개수, 길의 연속성, 야간의 밝기 같은 체감 품질에 따라 달라진다. 결국 부동산은 사람들이 실제로 거주하며 생활하는 공간이기에, 투자자는 물리적 거리와 심리적 거리를 함께 확인해야 한다.

① 거리를 숫자가 아니라 몸으로 느껴야 한다

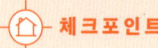 **체크포인트**
- 물리적 거리 50m라도 어두운 골목과 공장지대를 거치면 더 멀게 느껴진다.
- 반대로 500m라도 공원 동선과 밝은 길이라면 오히려 가깝게 느껴진다.

임장을 나가면 보통 지도 앱으로 역, 공원, 마트까지의 거리를 잰다. 지도상으로는 역까지 50m라도 신호를 여러 번 건너고, 공장지대나 어두운 골목을 지나야 한다면 심리적 거리는 급격히 늘어난다. 반대로 500m라도 공원과 밝은 보행로가 이어지고 신호 끊김이 없다면 체감 거리는 훨씬 짧아진다.

부동산은 사람이 실제로 생활하는 공간이기에, 물리적 거리보다 심리적 거리가 수요를 결정한다. 투자자는 반드시 두 거리를 함께 확인해야 한다.

② 보이지 않는 경계가 생활권과 시세를 갈라놓는다

 체크포인트
- 선형시설은 동네의 공기를 바꾸고, 체감 우위를 갈라놓는다.
- 경계가 해소되는 순간, 수요와 에너지는 집중된다.

다리, 지상철, 철도, 고속도로 같은 선형시설은 강한 경계를 만든다. 불과 수십 미터 차이여도, 선을 넘는 순간 공기가 달라지고 다른 동네에 들어온 듯한 인상을 받는다. 이런 심리적 단절은 그대로 생활권 분리로 이어지고, 장기적으로는 시세 격차를 만든다.

투자자가 주목해야 할 것은 이 경계가 고착되는지, 아니면 해소되는지다. 지상시설의 지하화처럼 경계가 허물어지는 순간, 심리적 거리는 급격히 줄고 도시의 에너지는 재편된다. 현재 서울 곳곳에서는 오래된 지상시설을 지하화하는 계획과 작업이 진행 중이다. 오랫동안 나뉘었던 두 지역을 하나로 묶는 일이기에, 그 가치는 배가될 가능성이 커서 눈여겨봐야 한다.

③ 부정적인 느낌을 감지하라

 체크포인트

- 임장에서 느껴지는 불안은 착각이 아니라 다수가 느끼는 본능적 신호다.
- 그 불안이 일시적 현상인지, 개선이 어려운 구조적 결함인지를 끝까지 확인해야 한다.

사람은 누구나 태어나면서부터 '생활 공간'을 경험해 왔다. 그래서 부동산 공간에서 전해지는 위험 신호 역시 많은 사람이 놀랄 만큼 비슷하게 받아들인다. 안전한 공간을 찾으려는 욕구는 본능에 가깝기 때문이다. 특히 집은 휴식과 회복의 공간이기에, 그 주변에서 감지되는 작은 불안에도 사람들은 민감하게 반응한다.

어떤 지역에 들어섰을 때 이유는 명확하지 않지만 싸한 느낌이 든다면, 이는 본능적으로 위해 가능성을 감지하고 있다는 신호다. 관리되지 않은 거리, 비좁은 골목, 방치된 놀이터, 멈춘 공사 현장, 유흥가와 숙박업소가 밀집된 지역은 대체로 주거지로 기피된다. 이 외에도 언어로 설명하기 어려운 불편한 기운이 감도는 공간들이 있다. 중요한 점은 그 감각을 나만 느끼는 것이 아니라는 사실이다.

이 감각은 다수가 공유하는 본능에 가깝다. 화목한 가족들이 산책하는 풍경이 일상인 동네와 불안한 시선이 오가고 노숙인이 잦은 동네 중 어느 쪽이 주거지로 선택받을지는 분명하다. 그래서 부정적인 느낌이 축적되는 지역은 수요가 줄고, 안심이 되는 지역은 자연스럽게 수요가 몰린다.

투자자는 이러한 본능적 신호를 가볍게 넘겨서는 안 된다. 임장에서는 그 불안이 어디에서 비롯되는지, 일시적인 현상인지 아니면 개선이 어려운 결함인지, 그리고 해소될 가능성은 있는지까지 끝까지 확인해야 한다.

이렇게 공통으로 체감되는 감정은 부동산 가치로 환산된다. 이는 막연한 인상의 문제가 아니다. 강력 범죄가 반복되는 지역의 시세를 살펴보면 그 결과는 명확하다. 그래서 '싸하다'라는 감각은 수요를 끌어당기거나 밀어내는 강력한 요인이다. 만약 해소 가능성이 존재한다면, 그 불안은 오히려 투자적으로 주목할 만한 신호가 될 수도 있다.

④ 일조량이 만드는 동네의 분위기를 파악하라

임장을 다니다 보면 같은 골목이라도 전혀 다른 기운을 풍기는 곳이 있다. 어떤 골목은 따뜻하고 정겨운 분위기를 풍기는 반면, 어떤 곳은 습하고 어둡게 가라앉아 기운이 좋지 않게 느껴진다. 처음에는 단순히 '느낌'이라고 치부할 수도 있지만, 실제로는 물리적 요인에서 비롯되는 경우가 많다.

햇빛이 잘 든다는 것은 곧 도로가 넓고 건물이 다닥다닥 붙어 있지 않아 시야가 트여 있다는 의미다. 자연스레 사각지대가 줄어들고, 보행자는 안정감을 느낀다. 반대로 햇빛이 잘 들지 않는 곳은 좁은 도로에 높은 구조물이 많아 시야를 차단한다. 그늘이 상시로 드리우면서 무단 흡연이나 쓰레기 방치 같은 생활 문제가 반복되기 쉽다. 이런 환경은 시간이 지날수록 동네의 체감 이미지를 떨어뜨린다.

결국 동네에 해가 잘 드는지는 채광 문제에 그치지 않고, 안전과 쾌적성을 가르는 핵심 변수가 된다. 그래서 임장에서는 관심 부동산과 그 시설만 확인할 것이 아니라, 관심 부동산 인근으로 도로와 골목 블록 단위로 햇빛의 흐름을 직접 느껴보는 것이 좋다. 특정 시간대에 걸어보며 그림자가 어디에 드리우는지, 아이들과 통행하기 좋을 만큼 밝고 개방적인 공간이 있는지, 저층 주거지의 채광 상태는 어떤지를 점검하는 것이다. 겨울철 낮에 그늘이 길게 드리워지는 곳은 체감 온도와 분위기 모두 더 차갑게 다가온다.

반대로 햇빛이 환하게 드는 도로는 사람들이 자연스럽게 머물고, 카페나 소규모 상점이 자리 잡으며 생활 밀도가 높아진다. 이는 곧 수요의 신호로 이어진다. 지역의 채광과 분위기는 수치화하기 어려운 체감 데이터지만, 거주자와 투자자 모두 민감하게 반응하는 요소다. 이 차이를 몸으로 감지하는 것이 바로 촉각 임장의 본질이다.

사람의 체류가 만드는 가치와 상권의 내구성을 본다

불편한 공간에 사람들은 오래 머물지 않는다. 반대로 머무는 공간에는 반드시 소비와 가치가 따라온다. 촉각 임장은 사람들이 어디에서 시간을 쓰고, 어디를 피하는지를 몸으로 확인하는 과정이다.

① 동네 운동시설의 퀄리티로 생활 수준을 가늠하라

 체크포인트

- 운동시설·산책로의 관리 수준과 실제 이용 빈도는 주민의 체류 의지와 생활 만족도를 그대로 드러낸다.
- 잘 관리된 시설은 생활권 선호도를 끌어올리고, 방치된 시설은 지역 이미지와 수요를 동시에 약화시킨다.

임장을 다니다 보면 동네 사람들의 발걸음이 많이 향하는 곳 중 하나가 바로 운동시설이라는 사실을 확인할 수 있다. 지방 도시에서도 체육관, 공원, 산책로, 풋살장 주변에 사람들이 몰리고, 그로 인해 상권까지 자리 잡는 경우가 흔하다. 서울 도심에서도 잘 관리된 산책로나 정비된 동네 뒷산의 나무 데크길을 가보면 지역 주민들이 모여든다.

부동산 시세는 사람들이 얼마나 모이고 머무는가에 반응할 수밖에 없다. 체류가 발생하는 공간은 가시성을 갖게 되고, 이는 곧 가치로 전환된다. 그래서 규모가 크고 관리가 잘된 운동시설일수록 그 길목의 주택과 상가의 가치 역시 함께 상승하는 경향이 있다. 다시 말해 공동 운동시설의 퀄리티는 해당 지역 부동산 가치와 비례한다고 볼 수 있다. 반대로 새로운 산책로나 운동시설이 조성되거나 관리 수준이 눈에 띄게 개선되는 모습이 보인다면, 그 지역이 '살기 좋은 곳'으로 변화하고 있다는 신호로 해석할 수 있다.

임장을 갈 때는 시설이 있는지만 볼 것이 아니라, 직접 그 공간을 이용해 보기를 권한다. 산책로를 걸어보고, 운동기구를 만져보며, 그곳이 실제로 원주민들의 삶의 질을 높이는 공간인지 체감하는 것이다. 이 과정에서 해당 시설까지의 물리적 거리뿐 아니라 걷는 동안 느껴지는 심리적 거리 역시 함께 판단해야 한다.

운동시설을 임장해야 하는 또 다른 이유는, 그곳을 활용하는 지역 주민들의 모습을 가장 생생하게 볼 수 있기 때문이다. 사람들의 여유는 얼굴과 행동에서 묻어난다. 퇴근 후 저녁 무렵에 산책로나 운동시설을 찾아가면, 그 지역이 가진 에너지와 생활 리듬이 고스란히 드러난다. 세대를 불문하고 자기 관리를 위해 꾸준히 운동하는 사람들, 자전거와 조깅 등 취미를 즐기는 사람들, 반려견과 함께 산책을 나오는 화기애애한 가족들이 많은 동네일수록 그 지역은 삶의 여유를 품은 도시이자 누구나 살고 싶어 하는 생활권일 가능성이 높다.

② 주거와 상업의 경계는 명확할수록 가치가 완성된다

🔔 **체크포인트**

- 상가 확장은 단기적 활력을 주지만, 주택 가치와 정비사업에는 걸림돌이 될 수 있다.
- 주택 투자를 고려한다면, 주거와 상업의 경계가 분명한 지역이 더 유리하다.

최근 인기 있는 상권을 가보면 주거와 상업이 뒤섞인 구조를 쉽게 발견할 수 있다. 과거에는 두 영역이 뚜렷하게 분리된 경우가 많았지만, 지금은 주택을 개조해 카페나 상점으로 활용하는 사례가 흔하다. 이른바 '○리단길'로 불리는 지역들이 대표적이다.

이런 지역은 상권의 활력 덕분에 단기적으로는 관심을 끌지만, 주택 투자의 관점에서는 판단이 달라질 수 있다. 상가 밀도가 높아질수록 생활 소음과 유동 인구가 증가해 주거 쾌적성이 떨어지고, 그 결과 주택 가치는 상대적으로 약화되기 쉽다. 나아가 상업시설이 무분별하게 침투한 지역은 재개발·정비사업 추진 과정에서도 이해관계가 복잡해져 걸림돌이 되기 쉽다.

따라서 주택 투자를 고려한다면 임장 시 주거지와 상업지가 어디에서 경계를 이루는지를 반드시 체크해야 한다. 지하철역이나 주요 정류장에서 주거지로 이동하는 동선에 소음이 큰 상업시설이 몰려 있지는 않은지, 모텔이나 유흥시설이 섞여 있지는 않은지, 정비사업을 염두에 둔 지역이라면 구역 내부에 상가가 얼마나 있는지를 우선 확인해야 한다.

그래서 상업과 주거가 완전히 섞여 혼란스러운 구조보다는 두 영역이 명확히 구분되어 공존하는 지역이 오히려 안정적이다. 상권의 에너지를 누릴 만큼 가깝지만, 주택의 가치가 희석되지 않는 지점을 찾는 것이 핵심이다.

③ 프리미엄 상가로 지역의 소비력을 확인한다

🏠 체크포인트
- 프리미엄 상가가 등장한다는 건, 그 지역의 소비력이 한 단계 올라왔다는 의미다.
- 상권 신호는 곧 부동산 가치 상승을 예고하는 강력한 단서가 된다.

해외여행을 갔을 때 낯선 도시의 안전도를 파악하는 방법으로 그 지역의 상가를 먼저 본다는 말이 있다. 치안이 불안한 곳에 명품 거리가 들어서기 어렵고, 맥도날드 같은 글로벌 체인이 안정적으로 운영되는 곳이라면 기본 수요와 안전이 확보됐다는 신호로 읽힌다. 임장도 마찬가지다. 지역의 수준을 가장 직관적으로 보여주는 것은 주거시설이 아니라 상권이다.

이와 함께 상가의 구성은 그 지역에 사는 사람들의 성향을 보여준다. 주택은 사람들이 거주하는 사적인 공간이라면, 상가는 그들의 소비 방식과 라이프스타일이 공개적으로 드러나는 부동산인 것이다. 그래서 임장을 갔을 때 인근 상가를 살핀다는 것은 그 지역의 에너지와 소비력, 그리고 유입되는 사람들의 흐름을 읽는 일이다.

특히 와인바, 갤러리 카페, 수입 맥주 가게, 프리미엄 세탁·클리닝 같은 업종이 생기기 시작한다면, 구매력이 높은 수요층이 새롭게 유입되고 있다는 신호다. 여기에 고급 라인의 프랜차이즈 카페, 고급 식자재 마켓, 프리미엄 베이커리가 장기간 유지된다면 이는 우연이 아니다. 소비력이 안정적으로 유지되고 있으며, 상권의 격이 한 단계 높아지고 있다는 증거다.

프리미엄 상가는 결과가 아니라 증거다. 부촌을 걸어보면 이런 상가들이 오랜 시간 자리를 지켜왔음을 쉽게 확인할 수 있다. 핵심은 경제적으로 여유 있는 수요층이 뒷받침되고 있다는 사실이다. 프리미엄 상가가 자리 잡으면 동네의 분위기가 달라지고, 안정적인 수요 유입이 촉진된다. 이는 자연스럽게 부동산 가치 상승으로 이어지고, 지역 전체에 선순환 구조를 만든다. 따라서 임장에서 프리미엄 상가의 분포와 지속 여부, 그리고 새롭게 형성되는 흐름을 꼼꼼히 살피는 일은 지역 가치의 방향을 한발 앞서 읽어내는 핵심 과정이라 할 수 있다.

④ 임대 수요를 떠받치는 앵커시설이 있는지 확인하라

- 아파트 세대수나 오피스 숫자보다 중요한 것은 사람들이 실제로 머물고 소비하는 동선이다.
- 실제 체류 수준과 소비 흐름을 현장에서 체크해야 공실 리스크를 줄일 수 있다.

상가 매물을 보러 가면 중개사에게 흔히 듣는 말이 있다. "앞에 아파트 1만 세대라 유동성이 좋아요", "근처에 회사가 많아서 손님이 많아요"와 같은 배후 수요에 대한 설명이다. 하지만 그 숫자가 곧 내 점포의 고객을 의미하지는 않는다. 핵심은 사람들이 실제로 이 길로 나와 머물며 소비하느냐다.

아파트 세대수가 아무리 많아도 단지 내 상가와 커뮤니티 시설이 충분하거나 지하철이나 주차장이 단지 지하와 바로 연결돼 있다면 입주민은 굳이 외부 상가를 찾지 않는다. 직장가와 산업단지 인근에 있는 상가도 마찬가지다. 출퇴근 동선이 겹치지 않거나 사내식당과 건물 내 편의시설이 잘 갖춰져 있다면 점심·저녁 수요는 대부분 내부에서 소진된다.

하지만 조건이 달라지면 상황이 달라진다. 생활 동선이 상권을 통과하는 구조라면 사람들은 어차피 그 길을 지나야 하므로 자연스레 상가로 발길이 닿고, 상권은 생활 루프 속에 깊게 스며든다. 더불어 아파트 단지가 상권을 둘러싸고 있는 구조라면, 해당 상권은 안정적인 수요를 흡수하는 '항아리 상권'으로 작동할 가능성이 높다.

이 경우 아파트의 세대수는 온전히 앵커 역할을 한다.

직장 밀집 지역 역시 마찬가지다. 출퇴근길에 이용하는 지하철역, 버스 정류장, 셔틀버스 동선에 상권이 형성되어 있거나 건물 내부에 사내식당이나 편의시설이 부족하다면 출퇴근과 점심시간마다 자연스럽게 상가에 줄이 생긴다. 즉, 그 직장가나 산업단지는 비로소 '검증된 진짜 앵커'로 기능한다고 볼 수 있다.

결국 눈에 보이는 배후 수요 숫자에만 의존해 섣불리 판단해서는 안 된다. 반드시 현장에서 직접 걸어보고, 머무는 사람들의 흐름을 관찰하며, 이 수요가 상가의 앵커로 작동하는지를 몸으로 체감해야 한다. 이것이 공실 리스크를 줄이는 첫걸음이다.

교통과 자본은 실제로 움직일 때 의미를 갖는다

교통과 자본은 계획이나 명분이 아니라 사람의 이동과 선택을 통해 검증된다. 역이 생겼다는 사실, 호재가 발표됐다는 말보다 중요한 것은 실제로 사람들이 어디로 움직이고, 자본이 어디에 먼저 자리를 잡는지다.

① 역세권이라는 이유만으로 판단해서는 안 된다

1박 체류형 임장을 한다면 지역의 장점과 한계를 빠르게 체감할 수 있다. 그중에서도 반드시 짚고 넘어가야 할 핵심은 대중교통이다. 역세권 아파트는 그 자체로 가치가 높다 보니, 역이 있다는 이유만으로 다른 요소들을 간과하기 쉽다. 하지만 개인의 편리한 동선만 고려하고, 투자 관점에서 중요한 동선을 놓친다면 더 큰 기회를 놓칠 수 있다. 예를 들어 관심 있는 아파트가 버스 정류장과 가깝고 초역세권에 속한다고 하더라도 그 노선이 어디와 연결되는지, 본선인지 지선인지, 배차 간격은 어떤지까지 확인해야 한다. 대중교통의 가치는 출퇴근의 효율성에서 나오기 때문이다.

먼저 지하철 노선이 향하는 방향을 따져보자. 서울의 경우 3대 업무지구인 광화문·강남·여의도와의 연결성, 그리고 잠실·판교·마곡·상암·공덕 등 대형 업무·상업지구와의 접근성이 핵심이다. 또한 지역 입지적 특성상 특정 업무단지로의 출퇴근 수요가 뚜렷하다면, 그 업무지와의 직접 연결 여부가 시세에 큰 영향을 미친다.

본선과 지선의 차이도 무시할 수 없다. 일반적으로 지선은 배차 간격이 본선보다 길어 출퇴근 시간의 체감 차이가 크다. 만약 시세가 비슷한 본선 인접 아파트와 지선 인접 아파트가 있다고 가정해보자. 이때 인근에 새로운 업무지구가 들어서면서 출퇴근 수요가 집중되면, 배차가 촘촘한 본선 노선에 붙은 아파트의 가치가 더 빠르게 올라갈 것이다. 구심점이 없을 때는 작은 차이처럼 보일 수 있으나 시간이 지나 필요성이 생긴다면 시세 격차가 벌어질 수 있다.

새로운 노선 개통도 중요한 변수다. 지하철이 새로 생기는 지역을 가정해 보자. 기존 노선이 있어서 환승역이 되는 곳과 지하철이 전혀 없던 곳에 새롭게 역이 들어서는 곳을 비교하면, 입지의 절대적 가치는 환승역이 더 크다. 하지만 장기간 교통 불편을 겪던 비역세권에서 역세권으로 바뀌는 순간 체감되는 변화폭이 훨씬 크다. 그래서 투자 수익률 관점에서는 오히려 후자가 더 유리할 때도 있다.

대중교통은 부동산 가치에 가장 직접적이고 강력한 영향을 주는 요소지만, 그 교통을 이용하는 것은 사람이다. 따라서 역세권이라고 무조건 좋다는 판단보다 그 교통이 사람의 생활과 이동, 그리고 수요에 어떤 영향을 미치는지를 함께 읽어낼 수 있어야 한다. 이런 맥락을 이해하며 여러 곳을 임장 다닌다면 보다 넓은 시야로 지역의 미래 가치를 비교할 수 있을 것이다.

② 중개업소 밀집지에서 돈의 신호를 읽는다

🏠 체크포인트
- 단기간 특정 위치에 집중된 중개사무소를 통해 호재의 성격과 수요 원천을 확인한다.
- 현장 대화는 참고 신호로만 활용하고, 최종 판단은 자신의 기준으로 교차검증한다.

신도시 예정지나 대도시가 아닌 지방 도시에 임장을 가게 되면, 면적이 넓은 만큼 어느 지점이 더 투자성이 높은지 가려내는 일이 중요해진다. 사업이 초기 단계라 공개된 정보가 많지 않을 때, 중개사무소나 부동산 컨설팅 업체가 몰려 있는 구간부터 범위를 좁혀 살펴보는 것이 효율적이다. 새롭게 도시가 만들어지는 지역에서는 이제 막 간판을 단 중개업소들이 한 구간에 줄지어 들어서는 장면을 쉽게 볼 수 있는데, 이는 대형 호재를 기회로 삼으려는 공인중개사들이 대거 유입된 결과다.

이들의 특징은 개발 흐름을 따라 이동하며 개업과 폐업을 반복한다는 점이다. 그만큼 시장 변화에 민감하게 반응하고, 호재의 방향을 빠르게 포착한다. 따라서 이들이 사무실을 선점한 위치는 메인 호재와 가깝고, 중개업소가 밀집된 구간일수록 투자의 냄새가 짙게 나는 지점이라 볼 수 있다. 임장에서는 이런 구간을 중심으로 주변을 유심히 살펴볼 필요가 있다.

가능하다면 직접 사무실에 들어가 대화를 나눠보자. 중개사무소든 컨설팅 업체든 가리지 말고, 투자자에게 어떤 방식으로 지역을 설명하는지 들어보는 것만으로도 의미 있는 단서를 얻을 수 있다. 교통, 산업단지, 분양, 학군, 행정계획 등 어떤 호재를 중심으로 이야기하는지, 수요와 공급의 원천을 어떻게 바라보는지를 물어보며 개발 자금이 어디서 들어와 어디로 향하는지, 토지와 주택 중 어떤 자산이 주로 거래되는지도 가늠해 볼 수 있다.

물론 이들의 말을 그대로 믿으라는 뜻은 아니다. 개발현장만 쫓아다니며 개업과 폐업을 반복하는 철새 중개사일 경우 수익을 목적으로 한 과장이나 낙관적 해석이 섞일 수 있다. 다만 정보가 빠르게 공유되는 현시대에는 설득을 위해서라도 일정 수준의 사실에 기반한 설명을 하는 경우가 많다. 따라서 핵심은 말을 걸러 듣고, 필요한 단서만 취한 뒤 스스로 교차 검증하는 데 있다.

이런 맥락에서 '시장 흐름에 민감한 철새 중개사'들의 움직임은 하나의 참고 지표가 된다. 그들이 어디에 자리를 잡았는지, 무엇을 강조하는지 관찰한 뒤, 그 지점을 출발점 삼아 스터디를 확장하면 된다. 다만 실제 투자 단계로 넘어갈수록 접근은 더욱 보수적이어야 한다. 정보가 상대적으로 부족한 지방이나 신도시 예정지일수록 해당 지역을 오래 다뤄온 토박이 중개사나 신뢰할 수 있는 전문가의 자문을 병행하는 편이 안전하다.

한 곳에서 오래 버틴 중개사는 지역 흐름을 다소 보수적으로 해석할 수는 있지만 규제 경계, 하자 이력, 지역의 거래 관행을 몸으로 알고 있다는 점에서 중요한 기준점이 된다. 반대로 철새처럼 떠나버리는 중개사는 책임 소재가 불분명한 경우가 많다. 결국 최종 판단은 투자자의 몫이지만, 누구의 말을 참고할지에 대한 선택 역시 투자 판단의 일부라는 점을 잊지 말아야 한다.

06

미각

삶을 살아보듯
그 지역에 감정 이입하라

식당에서 음식을 맛보는 순간, 우리는 배만 채우는 것이 아니라 그 공간의 태도까지 함께 경험한다. 재료를 고르는 기준과 요리사의 태도가 고스란히 한 접시에 담기기 때문이다. 부동산 오감에서 말하는 '미각' 역시 음식을 맛보며 식당의 분위기와 주방장의 의도를 파악하듯, 원주민의 삶을 맛보고 공감하며 그 지역에 감정 이입하는 것을 의미한다.

미각이 부동산 오감의 마지막에 놓이는 이유는, 앞서 경험한 모든 감각을 종합해 비로소 맛을 보는 단계이기 때문이다. 이 단계에 도달해야 우리는 그 지역을 데이터가 아닌 감정으로 이해하며 오감 임장의 여정을 완결할 수 있다.

미각의 3단계

'맛을 본다'라는 행위는 음식을 씹는 데서 끝나지 않는다. 우리는 맛을 통해 분위기를 읽고, 더 나아가 그 공간의 맥락을 해석한다. 부동산의 미각 역시 같은 맥락에서 이해할 수 있다. 이 감각은 'Taste-Chew-Savor' 세 단계로 설명된다. 이는 단순한 경험에서 시작해 그 지역의 삶을 곱씹고, 끝내 깊이 음미하는 과정으로 이어진다.

첫째, Taste는 '첫맛을 본다'라는 뜻으로, 이 동네의 주역이 누구인지를 확인하는 단계다. 학군이 중심인 지역이라면 학생과 학부모가, 업무지구 인접 지역이라면 직장인이, 시니어 커뮤니티가 견고한 곳이라면 어르신들의 생활 루프가 중심을 이룬다. 주역을 파악했다면 그들의 동선에 조용히 체류하며 마치 내가 그 주역이 된 것처럼 행동해 본다. 어디에서 시간을 보내고, 무엇을 당연하게 여기며, 무엇에 예민한지를 느끼는 것이 이 단계의 전부다. 여기서는 해석을 서두르지 않는다. 그저 이들이 이곳에서 어떻게 살아왔는지, 이 공간이 그들에게 살기 좋은 곳인지 느끼는 데 집중한다.

둘째, Chew는 '곱씹는다'라는 뜻으로, 주역을 둘러싼 가구 구성원들의 생활 연결성과 빈틈을 살피는 단계다. 주역을 중심에 두고 가구 단위로 감정 이입을 확장하는 것이다. 학생이 많은 동네라면 등하교와 학원 이동 사이에 보호자가 자연스럽게 머물 수 있는 공간과 소비 동선이 이어지는지 살펴본다. 업무지구 인접 지역이라면 직장인들의 직주근접성은 좋지만, 가족이 함께 지낼 때 불편함은 없는지 확인해 수요의 지속성을 확인한다. 시니어 비중이 높은 지역이라면 시니어들을 모시고 갈 대형병원 등 인프라는 충분한지, 같이 거주하는 가족 구성원들이 즐길 콘텐츠들도 함께 갖춰져 있는지를 확인해야 한다. 이 단계에서는 모든 세대가 조화롭게 살기 좋은 구조인지를 확인하는 데 목적을 둔다.

셋째, Savor는 '음미한다'라는 뜻으로, 감정 이입을 투자의 언어로 정리하는 단계다. 앞선 경험을 되짚으며 이 지역의 강점과 아쉬운 점을 추려 투자 가설과 우선순위를 세우는 과정이라고 볼 수 있다.

가구의 모든 구성원을 고려해 그 지역의 강점을 정리해 보자. 엄마와 아빠, 할아버지와 할머니, 자녀, 1인 가구, 부부 등 여러 세대가 큰 불편 없이 살기 좋을수록 그 지역은 '육각형'에 가까운 구조를 갖는다. 이런 곳은 정주와 소비를 동시에 붙잡는데, 바로 여기서 투자 가설이 나온다. "이곳에서 누가 오래 머물고, 앞으로 누가 더 들어오며, 무엇이 시세의 바닥을 받쳐 주는가?", 그리고 "얼마나 많은 세대가 이곳에 살기를 원하는가?"를 고려해 보는 것이다. 그렇게 수요를 예측하여 투자성과 연결 짓는다.

더 나아가 학군이 좋아 아이가 살기 좋은 지역 인근에 업무단지가 주가로 조성된다면, 그곳은 직장인에게도 매력적인 지역으로 확장될 수 있다. 좋은 곳이 더 좋아지는 구조로 바뀔 때 파급력은 배가 된다. 이런 변화를 읽어내는 감각이 쌓이면, 새로운 지역을 임장해도 "원래도 아이 키우기 좋은데 업무 기능까지 보완된다고 하니 가치가 더 높아지겠구나" 같은 예측을 할 수 있는 투자자가 된다.

어떻게 느껴야 하나: 투자자의 미각 훈련법

① 내 경험을 꺼내 현재에 대입한다

사람은 누구나 인생을 살아가며 여러 역할을 경험한다. 어린이에서 학생이 되고, 직장인이 되며, 부모가 되기도 한다. 감정 이입을 제대로 하려면 수험생이던 나, 사회초년생이던 나, 갓난아이를 데리고 유모차를 밀던 나, 부모님을 모시던 나와 같이 다양한 역할을 하나씩 떠올려 봐야 한다. 그리고 그때의 내가 이곳에 살고 있다고 상상해 보는 것이다.

고등학생이었던 내가 이 아파트에 산다면 몇 시에 일어나 등교하고, 하교 후에는 어떤 동선으로 학원을 다닐까? 직장인이었던 나는 어떻게 출퇴근하게 될까? 아이가 갑자기 아플 때 유모차에 태우고 소아과를 가기 편할까?

이처럼 일상의 사소한 습관까지 구체적으로 떠올리면, 공간의 디테일이 눈에 들어온다. 이 관찰들이 쌓이면, 내가 이곳에 살고 싶은지 판단할 수 있다. 사람들의 생활 패턴은 대부분 비슷하기 때문에, 내가 느낀 부분은 대체로 다른 사람들의 생각과 크게 다르지 않다. 과거의 나를 투영했을 때 장점이 많은 동네와 단점이 반복되는 동네를 의미 있게 체크하는 습관이 곧 미각 훈련의 시작이다.

② 간접경험으로 경험치를 쌓는다

갓난아이가 우는 상황은 부모가 되어보지 않으면 체감하기 어렵고, 시니어의 걱정과 우선순위 역시 그 나이에 이르기 전까지는 짐작에 그친다. 그래서 내가 통과하지 않은 역할은 간접경험으로 보완해야 한다.

부동산 투자가 중장년층의 영역으로 불린 이유도 여기에 있다. 다양한 생애주기를 살아본 경험이 축적됐기 때문에, 이곳이 살기 좋은지 아닌지 단번에 구분할 수 있다. 하지만 젊다고 해서 불리한 것은 아니다. 의도적으로 타인의 삶을 빌려본다면, 시간이 지나 경험이 쌓였을 때 남들보다 더 깊은 통찰을 갖게 된다. 가장 가까운 가족이나 지인의 관점에서 이곳에 산다면 어떨지 고민해 보자. 평소에 의식하지 못했던 거리의 경사, 계단, 손잡이, 쉬어갈 의자, 아파트 단지 내 동선, 공용 화장실의 위치를 떠올려 보는 것이다. 이처럼 가족이나 지인을 대입해 고민해 보고 그래도 모르는 부분이 있다면 사진이나 영상을 찍어 직접 보여주며 "여기에 산다면 어떨 것 같아?"라고 물어보자. 그렇게 질문을 던지면 내가 놓치던 부분들이 선명해진다.

③ 부동산 투자자는 트렌드에 민감해야 한다

과거의 나는 훌륭한 기준점이지만, 그 경험 역시 과거에 머물러 있다. 현재는 과거와 다른 리듬으로 움직인다. 그래서 과거의 경험과 생활 방식만으로 감정 이입을 하면 오차가 생길 수밖에 없다. 그 오차를 줄이기 위해 기준을 항상 최신 버전으로 업데이트해야 한다.

예전엔 지하철역에서 1~2km 떨어지면 마을버스를 타거나 걸어야 했지만, 지금은 공유킥보드나 공유자전거로 집 앞까지 이동할 수 있어서 심리적 거리가 크게 줄었다. 업무 환경도 달라졌다. 공유 오피스와 거점오피스, 재택·하이브리드 근무가 늘면서 유동 인구가 특정 시간과 구간에만 몰리지 않고 분산된다. 과거 기준으로 점심·저녁 상권만 읽다가는 놓치는 수요가 생기기 마련이다.

가구 구조 역시 변화했다. 1인 가구와 반려동물 가구가 늘면서 1인 식당, 반려동물 동반 상가가 적지 않은 수요를 만든다. 소비 방식도 새벽배송·당일배송, 무인택배함, 무인점포의 보급으로 크게 바뀌었다. 학원가 역시 예약 시스템과 셔틀, 야간 자습 공간이 늘어나면서 접근성과 주변의 대기 동선이 학군지 선호와 직결된다.

주택 선호의 기준도 달라졌다. 과거보다 소득이 늘고 취미가 확장되면서 자전거, 캠핑, 낚시 장비를 수납할 공간을 원하기 때문에 1인 가구라고 할지라도 넓은 면적의 집을 선호하는 추세다. 또한 단지 내 개인 창고나 전기차 충전 인프라는 선택이 아닌 기준이 되고 있다.

거듭 강조하지만 부동산은 사람이 사는 곳이기에 일상의 편리함은 곧 가치로 환산되고, 그 편리함의 기준은 기술과 문화의 변화에 따라 지속적으로 진화한다. 과거와 현재 사이의 크고 작은 오차를 방치하면, 경험에서 도출한 부동산 예상 가치는 어긋날 수밖에 없다. 결국 투자자는 언제나 트렌드에 민감해야 하며, 그 오차의 영점을 지속적으로 맞춰야 한다.

미각으로 체크하는 아파트 임장 포인트

주택의 전용공간은 거주자의 입맛대로 바꿀 수 있는 취향의 영역이지만, 입지와 집합건물 공용공간은 거주자가 바꾸기 어렵기 때문에 부동산 가치에 더 직접적으로 작동한다. 그래서 주택 임장은 크게 두 가지로 나뉜다. 하나는 입지를 확인하는 임장, 다른 하나는 공용공간을 통해 원주민의 생활 루틴을 점검하는 임장이다.

입지는 애초에 명확하기 때문에 현재 좋은 입지를 경쟁력 있는 가격으로 접근하거나 미래에 좋아질 입지를 선점하는 것이 핵심이다. 그러나 생활 루틴은 지도나 데이터에 명확히 드러나지 않는다. 그래서 임장을 통해 직접 확인해야 한다. 공용현관-엘리베이터-주차장, 놀이터-커뮤니티-단지 상가까지 이어지는 집 밖 5분의 품질을 몸으로 점검하는 것이다. "내가 이 아파트에 산다면 혹은 내 가족과 함께 산다면 뭐가 편하고 불편할까? 어디에서 흐뭇해지며 어느 포인트에서 눈살이 찌푸려질까? 평일과 주말에는 어떻게 이 아파트에서 살아갈까?" 같은 질문을 던져야 아파트 곳곳의 장단점을 파악할 수 있고, 이것이 실제 거주 만족과 가격 방어력으로 이어진다.

① 단지 관리의 온도를 먼저 읽어라

아파트 내부 관리가 잘되는 단지와 그렇지 않은 단지의 시세 차이는 확연하다. 오래 거주한 원주민들에게는 당연한 것들이 매수희망자의 눈에는 결함으로 보이고, 이는 매수 결정에 영향을 준다. 돈을

- 단지 입구, 쓰레기장, 화단의 관리 상태를 훑어본다.
- 무단주차, 분리배출, 흡연 흔적 같은 디테일은 공동체 분위기와 자치력을 보여준다.

쓰려는 매수자들의 눈에는 당연히 장점보다 단점이 먼저 들어올 확률이 높다. 아울러 관리가 잘되는 단지일수록 관계자들이 아파트에 애정을 가지고 있다고 볼 수 있고, 문제가 생기더라도 단합력을 보이는 경우가 많다. 그래서 임장을 갔을 때 아파트의 관리 상태를 체크해야 한다.

단지의 첫인상은 입구에서 갈린다. 무단주차가 널브러져 있거나 간판이 지저분한 상가가 있다면, 입주민들의 생활 관리에 대한 관심이 낮을 수 있다. 반면 출입 통제가 잘되고 상가 분위기가 깔끔하다면, 관리 상태에 대한 기대치를 높여도 된다. 관리 상태가 높다는 건 주거 환경이 안정적이라는 뜻이며, 이는 주거 만족도로 이어져 임대와 매매 시세에 영향을 준다.

단지 안으로 들어가면, 더 세밀한 신호들이 보인다. 음식물 쓰레기통의 위생 상태, 재활용 쓰레기의 정돈 정도, 분리배출 방식 등을 보면 입주민들이 공간을 대하는 태도가 고스란히 드러난다. 여기에 담긴 건 공동체 의식과 관리사무소의 실무 역량이다.

흡연 흔적도 마찬가지다. 엘리베이터 앞, 주차장, 쓰레기장에 담배꽁초가 널려 있다면, 관리가 느슨하거나 입주민 간 갈등 가능성이 크다는 신호일 수 있다. 한편 아파트와 내부 상가건물의 경계가 모호하다면 상가를 찾는 사람들의 흡연이 주거 환경에 영향을 줄 수 있다. 이런 환경은 실거주자도, 임차인도 꺼릴 수밖에 없다.

화단도 놓치면 안 된다. 잡초가 무성하거나 화분이 깨져 있다면 자치 분위기가 약한 단지일 수 있다. 반면 꽃이 잘 심겨 있고 관리된 흔적이 있다면, 입주민 간 교류가 있고 공동체가 살아 있다는 의미일 수 있다.

이러한 아파트 단지의 디테일은 단기간에 바꾸기 어려운 만큼, 단지의 관리상태를 가장 적나라하게 보여준다. 청소 상태뿐 아니라 입주민, 입주자대표회의, 관리단이 관리에 얼마만큼 진심인지 판단하는 단서가 된다.

② 공용공간은 아파트 건강도의 척도다

🔔 **체크포인트**
- 자전거 거치대, 우편함, 커뮤니티 시설의 사용 흔적과 방치 흔적을 비교한다.
- 질서 있게 관리된 공간은 실거주 비율, 거주 안정성, 수요 연속성이 높다는 신호다.

단지 안에서 특히 눈여겨봐야 할 지점들이 있다. 커뮤니티 시설, 자전거 거치대, 우편함 등과 같은 공용공간이다. 이런 요소들은 단지의 실거주 비율과 커뮤니티의 건강도를 판별하는 단서들이다.

임차인은 공간에 대한 애착이나 관리 책임이 상대적으로 낮아 자전거를 방치하거나 공용공간을 거칠게 쓰고, 분리배출을 느슨하게 할 수 있다. 입주민 교체 주기가 짧고 공동체 의식이 약한 단지일수록 이런 현상은 더 자주 나타난다.

예를 들어 자전거 거치대에 방치된 자전거가 많고 먼지가 쌓여 있다면 임대 수요가 많고 실거주 비중이 작을 수 있다. 반대로 가지런히 정리되어 있고 사용 흔적이 많다면 실거주 비율이 높고 커뮤니티가 잘 작동하고 있다는 의미일 수 있다. 우편함도 마찬가지다. 우편물이 쌓여 있거나 이름표 없는 칸이 많다면 공실과 이탈률이 높은 단지일 가능성이 있다.

커뮤니티 시설도 체크해야 한다. 헬스장, 도서관, 회의실 등이 지나치게 비어 있다면 주민 활동성이 낮은 곳일 수 있다. 출입자 수, 조도, 게시물의 업데이트 같은 요소에서 커뮤니티 온도를 읽어보자.

아파트 단지는 이제 단순 주거를 넘어 생활이 이뤄지는 작은 마을이다. 그 마을의 문화 수준은 공용시설에서 드러난다. 결국 좋은 단지는 고급 자재나 외관보다 사람들이 얼마나 애정을 갖고 살아가느냐에서 결정된다. 오래된 단지여도 정비와 관리가 되어 있다면 수요는 유지된다. 투자자는 원주민이 된다는 마음으로 단지 안의 작은 디테일을 읽어내야 한다.

③ 게시판에서 소통 수준과 생활 밀도를 확인하라

공용현관 주민 게시판과 엘리베이터 내부의 게시판도 단지의 민낯을 보여준다. 안내문이 깔끔하게 정리되어 있고, 불필요한 민원이 반복되지 않는다면 입주민 간 갈등 수준이 낮고 관리 품질이 높다는 의미다.

게시판에 부착된 광고물도 눈여겨보자. 대부분 아파트 관리단은 외부 업체로부터 광고비를 받고 게시물을 부착한다. 광고주는 노출 효과나 수요를 기대해야 광고비를 지불하기 때문에, 광고가 많다는 건 그만큼 생활 밀도와 수요가 존재한다는 힌트가 될 수 있다. 반대로 광고가 거의 없고 게시판이 비어 있다면, 수요가 약하거나 정주 인구가 부족하다는 뜻일 수 있다.

④ 노후 단지일수록 소유주의 실거주율을 파악하라

아파트를 분석할 때 중요한 요소 중 하나는 소유주의 실거주 비율이다. 실거주 비율이 높은 단지는 조급한 기운이 적어서 급매물이 적고, 매도 타이밍도 여유가 있다. 아파트는 한두 세대의 실거래가가 전체 시세에 영향을 주는 구조다 보니, 실거주 비율이 높다면 시장 하락기에도 가격 방어력이 높아 장기 보유 안정성과 직결된다.

하지만 오래된 아파트일수록 거주환경이 좋지 않아 소유자의 실거주 비율이 낮을 수 있다. 그래서 투자자는 "지금 이곳에 누가 어떤 삶을 살고 있는가?"를 읽어야 한다. 관리 상태, 생활 인프라 등을 종합적으로 고려하여 소유주의 실거주 비율을 추정하는 것이다.

먼저 외부에서 확인할 수 있는 단서 중 하나가 베란다 샷시다. 노후 단지임에도 새 샷시로 교체된 세대가 많다면, 비교적 최근에 실거주 목적의 매수인으로 손바뀜되었다고 볼 수 있다. 주차 공간도 체크해야 한다. 오래된 단지는 지하주차장이 없거나 주차대수가 부족한 경우가 많다. 주차 관리는 세입자 비율이 높고 소유주 실거주 세대가 적을수록 소홀해지기 마련이다. 실거주 비율이 낮은 단지는 관리비 사용에 대한 관심과 참여가 떨어져 주요 의사결정이 늦어지기도 한다. 따라서 아파트 게시판에 게시된 의사결정의 처리 과정과 속도, 관리비 사용 내역을 확인하면 실거주 비율을 가늠할 수 있다.

관광지 인근 노후 단지라면 야간 임장이 중요하다. 평일 저녁 8~10시쯤 불이 얼마나 켜져 있는지 확인해 보자. 불 꺼진 세대가 많다면 관광지 특성상 세컨드하우스나 단기 임대 비중이 높을 수 있다. 이런 곳은 수익형 부동산으로는 장점이 될 수 있으나 실거주 목적이라면 소음, 관리 미흡, 공동체 약화 등의 문제가 생길 수 있다. 반대로 불이 켜진 세대가 많고 활기가 느껴지는 단지는 실거주 중심으로 생활 안정성과 커뮤니티 만족도 측면에서 유리하다.

흙 속의 진주를 찾는 빌라 임장

빌라는 아파트와 달리 단지 규모가 작고 관리 체계가 분산돼 있어, 인터넷 자료나 통계만으로는 생활 여건이나 시세를 정확히 가늠하기 어렵다. 같은 동네 안에서도 골목 하나, 블록 하나 차이만으로 주거 환경이 크게 달라지는데 투자자로서는 그것을 정확히 알기 쉽지 않다. 정보의 불투명성이 크다는 것은 투자자에게 굉장히 불리한 조건이다. 빌라는 감가 속도가 빠르기 때문에 제대로 된 가치를 가진 매물을 고르지 못한다면 오랜 기간 보유 부담을 떠안으며 기회비용을 놓칠 수 있다.

하지만 빈 땅이 없는 서울에서 빌라는 아파트로 전환될 수 있는 가장 좋은 '재료'다. 그래서 빌라 투자를 잘만 한다면 충분히 매력 있는 투자처지만, 좋은 매물을 찾기 어려운 만큼 흙 속의 진주다. 정비사업을 염두에 두고 빌라 투자를 한다면 사업 추진 가능성, 속도, 주변 개발 계획까지 다각도로 면밀히 살펴야 한다.

그래서 빌라 임장은 더더욱 겉으로는 드러나지 않는 생활의 결을 읽어내는 과정이 필요하다. 현장에서 실제 거주자의 입장이 되어 직접 걸어보고, 중개사·집주인·지역 주민들의 무심한 한마디 속에서 중요한 힌트를 포착해야 한다. 생활요건이 좋으면 정주요건이 좋다는 의미고, 정주요건이 좋다면 직접 거주와 임대 모두 유리하여 매매까지 활발할 가능성이 높다. 이는 정비사업이 진행되며 시세가 계단식으로 오를 때 중간 엑시트가 수월하다는 뜻이기도 하다. 반대로 끝까지 보유하더라도 거주와 임대 모두 가능한 힘을 가진 곳으로 해석할 수 있다.

① "아이들이 살기 좋다"는 각종 생활 요건을 포괄한다

> 🏠 **체크포인트**
> - "아이들이 살기 좋다"라는 말에는 치안·보행 안전·교육 접근성 같은 핵심 생활 조건이 함께 담겨 있다.
> - 아이들이 많은 지역일수록 장기 거주 수요와 커뮤니티 결속도가 높다.

단지가 없는 빌라의 특성상 집과 바로 이어지는 도로변과 치안이 신경 쓰일 수밖에 없다. 만약 그럼에도 불구하고 '아이들이 살기 좋은 곳'이라는 이야기를 들었다면 그 말에는 단순한 칭찬 이상의 의미가 숨어 있다. 치안이 안정적이고, 자동차 도로와 인도가 분리돼 보행 안전이 보장되며, 어린이집·학교·학원 등 교육 인프라가 가까이 있다는 뜻일 수 있다. 더불어 차량 통행량이 적어 소음과 매연 부담이 적고, 골목길이 넓어 자전거나 킥보드를 타는 아이들이 많은 환경일 가능성도 높다. 실제 현장에서 이 말을 들었다면 주변에 CCTV 설치 여부, 횡단보도 위치, 통학로 안전성 등을 함께 점검해 보자.

② "여긴 겨울에 눈 잘 안 쌓여요"라는 말로 관리 수준을 진단하라

겉보기에는 사소한 말 같지만, "겨울에 눈이 잘 안 쌓인다"라는 표현에는 관리가 잘되는 동네라는 정보가 담겨 있다. 겨울철 제설이

- 겨울철 제설 상태는 해당 지역의 관리 수준과 생활 편의성을 압축적으로 보여준다.
- 관리 체계가 잘 잡힌 동네는 거주 만족도가 높고 장기 거주로 이어지기 마련이다.

빠르게 이뤄지고, 골목이나 언덕길이 상시 관리된다는 뜻이다. 특히 경사가 심하거나 주차 공간이 노출된 빌라라면 겨울철 제설 상태가 생활 편의와 안전을 좌우한다. 이런 지역은 결과적으로 주거 만족도가 높아지고, 세입자 유지율과 재계약 비율도 함께 올라간다.

③ "집이 금방 나간다"라는 말로 임대 수요의 강도를 평가하라

- 실거래 내역으로 거래 빈도·계약 기간·소진 속도를 반드시 검증한다.
- 거래 회전율이 높은 빌라는 임대·매매 모두에서 리스크가 낮다.

집주인이나 중개사에게 "이 지역은 집이 금방 나간다"라는 말을 들으면 반드시 추가 확인이 필요하다. 빌라는 아파트보다 거래 속도가 느린 경우가 많기 때문에, 이 말이 사실이라면 해당 빌라의 임대 수요층이 견고하거나 가격 대비 살기 좋은 곳이라는 의미일 수 있다. 그렇기 때문에 왜 빨리 소진되는지 거주자의 입장에서 원인을 분석해야 하며, 그 원인이 일시적인 것인지 장기적으로 유지될 조건인지까지 판단해야 한다.

또한 국토교통부 실거래가공개시스템 등을 통해 매매 및 임대차 거래를 확인하고, 이를 바탕으로 임대차 거래 빈도와 계약 기간, 전월세 소진 속도를 추론해 보자. 거래 회전율이 높다는 것은 가격 방어력과 임대 안정성이 모두 높다는 뜻이기에 장기 투자 시 유리하다.

④ "원래 조용했는데 요즘 시끄러워졌어요"는 환경 변화의 신호다

> 🏠 **체크포인트**
> - 소음과 혼잡의 증가는 장기 거주 만족도에 직접적인 영향을 주기 때문에, 변화가 일시적인지 구조적인지 판단해야 한다.
> - 상권 변화나 인프라 확장은 장점이 될 수도, 단점이 될 수도 있다.

"원래 조용했는데 요즘 시끄러워졌어요"는 주변에 상권의 등장, 대규모 공사 등 생활 소음을 유발하는 변화가 생겼다는 신호일 수 있다. 불편 호소로만 여기기보다는 소음의 원인이 무엇인지부터 확인해야 한다. 공사라면 종료 예정일을, 상권 확장이라면 업종과 운영 시간 및 인근 교통량 변화를 살펴본 후 결정해야 한다. 이러한 변화가 주거 환경에 부정적인 영향을 미친다면 매수에 신중해야 하고, 반대로 개발 호재로 인한 일시적 혼란이라면 장기적으로 시세에 긍정적으로 작용할 여지가 있으니 종합적으로 판단해야 한다.

⑤ "집이 오래 비어 있었어요"는 수요 구조를 의심해야 할 신호다

집이 오래 비어 있었다는 말이 반드시 매도 시기를 놓쳤다는 뜻은 아니다. 특히 빌라는 가격을 낮춰도 거래가 지연되는 경우가 많기 때문에, 수요 자체가 약할 가능성을 염두에 둬야 한다. 내부 상태 점검도 필수다. 채광, 습기, 악취, 구조적인 결함이 있는지 살펴보고, 발견된 문제가 개선 가능한지도 평가해야 한다. 내부에 큰 문제가 없는데도 공실이 길었다면, 주변 환경이나 입지 자체가 선호되지 않는 곳일 수 있다. 다만 노후 지역이라도 교통 개선, 재개발, 정비사업 같은 변화 가능성이 있다면 투자 가치가 반전될 여지는 있다.

새로운 시대의 상가 투자법

상가 투자를 고려할 때, 더 이상 신도시나 신축 아파트 단지 안에 조성된 고분양가 구분상가에만 기대서는 안 된다. 겉보기에는 입지가 좋아 보이지만, 실제로는 수년째 미분양이거나 임차인을 구하지 못한 채 공실로 남아 있는 상가도 적지 않다.

요즘 상가의 가치는 입지가 좋다는 이유만으로 결정되지 않는다. 배달과 온라인 소비가 일상화되면서, 상가는 이제 '편리한 구매 공간'을 넘어 그 공간을 굳이 찾아가야 할 이유를 갖춰야 살아남는다.

다시 말해, 상가는 상품에서 공간과 경험을 파는 시대로 옮겨가고 있다. 이 변화는 일시적인 유행이 아니라, 시간이 갈수록 더욱 분명해질 시대적 흐름에 가깝다. 그 결과 과거처럼 획일적인 프랜차이즈가 상권을 이끄는 방식은 힘을 잃고, 각자의 개성과 콘텐츠를 가진 크고 작은 상가들이 상권을 만들어가는 주역으로 떠오르고 있다.

상가 투자자에게 중요한 것은 바로 이 변화의 징후를 얼마나 빠르게 감지하느냐다. 어느 거리에서 개성 있는 가게들이 하나둘 들어서며 밀도가 쌓이는지, 어떤 장소가 사람들 사이에서 빠르게 회자되는지, 그리고 그 공간이 새로운 소비문화를 만들어낼 힘을 갖추고 있는지를 상가 주인이자 고객이 된 것처럼 감정 이입해 체감할 수 있을 때, 비로소 상가 투자의 기회가 보이기 시작한다.

① SNS의 해시태그를 보면 상권이 보인다

🏠 체크포인트
- SNS 해시태그는 상권의 성격과 성장 속도를 보여주는 데이터다.
- 해시태그의 온라인 반응을 모은 후 실제 현장에서 겹치는 구간을 확인하여 우선순위로 삼는다.

상가 마케팅의 중심은 더 이상 팸플릿이나 간판이 아니다. 사람들은 SNS 피드에서 본 가게를 저장해 두었다가 방문한다. 골목 깊숙이 숨어 있는 가게임에도 불구하고 사람들이 그곳을 찾아가는 이유가 바로 여기에 있다.

이제 개인사업자에게 SNS 마케팅은 필수다. 그래서 SNS는 부동산 상가 투자자에게도 유의미한 정보를 제공한다. 상가 투자자는 상권을 볼 때 투자자의 시선뿐 아니라 직접 가게를 운영하는 사람의 입장에서 SNS를 들여다볼 필요가 있다. 어떤 콘텐츠가 노출되고, 어떤 반응이 쌓이는지를 관찰하는 과정 자체가 투자의 힌트가 된다.

SNS 게시물에는 노출을 위해 해시태그를 붙이는데, 이 해시태그를 검색하면 수요가 모이는 양상을 확인할 수 있다. 사업자들이 피드를 올릴 때는 많은 사람에게 노출되길 바라며 해시태그를 붙인다. 그러면 그 키워드에 관심 있는 사람들에게 노출되고, 그들은 그 게시물을 보고 해당 가게의 정보를 얻는다. 내가 관심 있는 상권이 있다면 '#○○동맛집, #○○동카페, #○○○길, #○○시장 #○○동 삼겹살'처럼 지역명과 업종을 붙여 검색해 보자. 게시물의 누적량, 반복 등장하는 업종, 댓글·저장 수 같은 반응 지표를 보면 이 상권의 수요층이 얼마나 되는지 가늠할 수 있다.

다만 SNS 해시태그만으로 상권의 경쟁력이나 매출 가능성을 단정해서는 안 된다. 일부 인기 매장 하나에 해시태그가 집중되었을 수 있고, 인위적인 마케팅 계정이 만든 수치일 수도 있다. 인증샷 목적의 방문은 많지만 실제 소비는 적은 '저객단가 체류' 상권일 가능성도 염두에 둬야 한다. 따라서 해시태그의 양과 반복성뿐만 아니라 콘텐츠의 다양성, 실사용자의 반응, 방문 동선과의 일치 여부까지 다각도로 살펴야 왜곡을 줄일 수 있다.

거기에 더해 게시 날짜를 시간순으로 넘기며 최근 한두 달 사이

콘텐츠가 얼마나 빠르게 쌓였는지 확인하는 것도 중요하다. 이는 상권의 탄생과 성장 속도를 보여주는 선행 신호가 될 수 있다. 반대로 광고 계정의 반복 게시나 체인 본사 캠페인이 대부분이라면 실제 수요와는 거리가 있을 수 있다.

이렇게 모은 정보들을 바탕으로 지역의 이미지를 그려본 후 임장에 나가 같은 코스를 걸어보자. 보행 흐름, 대기 동선, 회전율을 확인했을 때 내가 그려본 이미지가 현장에서도 같은 그림으로 그려진다면 그곳이 바로 우선순위로 검토할 만한 상권이다. 결국 SNS에서 쌓인 데이터와 현장에서 느끼는 체류감이 긍정적으로 겹치는 지역이 성공적인 상가 투자의 핵심이다.

② 공간을 파는 1인 상가가 상권을 연다

> 🏠 체크포인트
> - 지도 앱으로 검색해서 일부러 찾아가는 1인 오너샵이 모일수록 '공간 경험'의 밀도가 높아진다.
> - 초기 밀도 구간에 선제 진입하고, 임대 급등기엔 상생 설계로 콘텐츠 이탈을 막아야 한다.

최근 유행하는 상권의 동력은 더 이상 대형 프랜차이즈가 아니다. 오프라인 공간만이 줄 수 있는 경험이 중요해지면서, 오감을 자극하며 체류 시간을 늘릴 수 있는 공간이 주목받고 있다. 의자 높이와 조도, 소리와 냄새까지 고려해 공간 자체를 경험으로 설계한 상가가 선택받는 시대다.

사람들이 열광하는 소비의 본질은 '쉽게 대체할 수 없는 경험'에 있다. 대형 프랜차이즈 상품은 온라인을 통해 어디서든 이용할 수 있지만, 개인 상가는 직접 찾아가야만 그 콘텐츠들을 경험할 수 있다. 입소문을 타고 알려진 매장, 온라인으로는 대체 불가능한 공간이 사람들의 발길을 끌고 있는 것이다.

그래서 새롭게 떠오르는 상권을 가보면, 사람들은 지도 앱을 켜고 특정 목적지를 향해 이동한다. 그 목적지는 대개 오너 셰프의 소규모 레스토랑이거나 개인 운영 매장이다. 창의적인 소상공인이 자기 색이 분명한 공간을 열고, 그 상가들이 모여 골목 단위의 상권이 만들어진다. 이후 대형 프랜차이즈는 후발 주자로 들어와 서브 역할을 한다. 이러한 생태계는 한 곳의 성공이 또 다른 창업을 부르면서, 서서히 밀도가 쌓인다. 아무래도 대형 자본이 아니라 입소문으로 모여드는 구조다 보니 속도가 느릴 수밖에 없는데, 상가 투자자에겐 이 느린 형성 속도가 곧 기회다.

그래서 상가 투자에 관심이 있다면 맛집을 찾아다니는 것도 전략이다. 두세 곳의 인기 매장이 모여 있는 곳에서는 식사만 하고 나오지 말고 체류 시간, 회전율, 대기 동선, 주변 보행 흐름을 고객의 시선으로 체크하자. 이 매장이 또 다른 맛집을 불러 상권으로 확장될 여지가 있는지 가늠해 보는 것이다.

또 하나 중요한 점은, 이러한 소규모 상가들이 반드시 전형적인 '상가용' 건물만 찾지 않는다는 사실이다. 오래된 다세대·다가구주택 1층을 근린생활시설로 전환해 사용하는 사례도 흔하다. 이 과정에서 주거와 상업의 경계는 자연스럽게 흐려진다. 또한 이 상권에서는 대로변 가시성보다 공간의 매력이 더 중요하게 작동한다. 사람들은 일부러 찾아오기 때문에, 이면도로라도 콘텐츠가 분명하다면 충분히 경쟁력을 가질 수 있다. 수익률 관점에서 보면, 시세가 과도하게 높은 입지에만 집착할 필요가 없는 것이다.

하지만 상권이 유명해질수록 위험 요소도 커진다. 점포가 빠르게 늘어나면 임대료 역시 상승한다. 이 과정에서 임대료를 감당하기 어려운 초기 창업자들이 밀려나면, 상권의 핵심 매력이 약해질 수 있다. 이것이 바로 '젠트리피케이션' 현상이다. 상가는 흥망이 분명하고, 사이클이 짧을 수 있다는 사실을 항상 기억해야 한다. 그래서 가능하다면 초기 밀도 구간에 진입하고, 진입 후에는 기존 임대인들과 타 지역 상권의 성공 사례와 실패 사례를 공유하며 임대료 급등을 완화하는 상생 구조를 만들어야 한다. 그래야 상권의 본질인 콘텐츠 밀도가 오랫동안 유지되고, 임대 공실의 리스크를 줄일 수 있다.

그래서 1인 가게 창업자를 주요 수요층으로 삼아 새롭게 부상할 상권에 투자하려면, SNS와 입소문 등을 통해 개성 있는 가게가 하나둘 생겨나는 지역을 빠르게 포착하는 안목이 중요하다. 그 후에는 해당 지역의 매물을 검토하되, 비싸기만 한 대로변의 평범한 상가보다 다소 이면도로에 있더라도 구조가 개성 있는 상가 혹은 상가가 아니더라도 용도변경·구조변경을 통해 매력적인 공간으로 재탄생할 수 있는 곳이 오히려 유망한 선택지가 될 수 있다.

③ 팝업·쇼룸형 수요는 '유연한 임대 포트폴리오'를 만든다

 체크포인트

- 팝업스토어와 쇼룸 수요는 층고·전면 개방성·출입 동선·단기 임대 허용 여부가 핵심 조건이다.
- 장기·단기 임대 수요를 함께 고려한 유연한 임대 설계가 필요하다.

대형 상권에서도 오프라인 상가의 역할이 달라지고 있다. 레스토랑이 음식 판매에 공간 경험을 더한 곳으로 진화했듯, 상품을 팔던 대형 상가도 이제는 경험을 제공하는 쇼룸형 팝업스토어로 기능하고 있다. 오프라인 매장은 단순한 구매 공간을 넘어 상품 체험과 브랜딩의 역할을 맡는다. 팝업스토어는 시즌과 유행에 따라 라인업이 빠르게 바뀌므로 상권의 집객력이 약하다면 공실 리스크가 커질 수 있다. 하지만 팝업 수요가 반복적으로 유입되는 지역이라면 장기 고정 임대보다 단기 대관을 병행하는 방식이 오히려 안정적이다.

이러한 팝업스토어를 염두에 둔 상가 투자는 대규모 상가만을 전제로 하지 않는다. 대형 팝업스토어가 들어올 수 있는 환경은 곧 사람들이 모여드는 곳이라는 의미이고, 그 주변에는 소형 상가의 역할도 자연스럽게 생긴다. 자본 규모에 따라 대형 팝업 유치든 골목 안쪽 소형 상가를 활용한 미니 팝업·로컬 브랜드 임대든, 전략은 달라질 수 있다. 인기 있는 팝업 밀집 지역을 가보면 보통 대형 팝업이 주목도를 만들고, 소형 점포가 다양성을 채우며 상권의 밀도를 완성하고 있다. 중요한 것은 면적이 아니라 공간을 얼마나 매력적으로 해석할 수 있느냐다.

성수동이 이를 잘 보여주는 대표적인 사례다. 공장지대였던 지역이 힙한 골목으로 바뀌면서 방문객이 늘었고, 다양한 팝업스토어가 연이어 열렸다. 그로 인해 임대인들은 장기 고정 임대만 고집하기보다 단기 대관을 병행하기 시작했다. 공실 리스크를 유연하게 관리할 수 있게 된 것이다. 이렇듯 장기와 단기 수요가 공존하는 입지는 임대 포트폴리오를 유연하게 구성할 수 있고, 이 유연성이 곧 임대료 하방을 지지하는 힘이 된다.

성수동이 팝업스토어의 성지로 자리 잡은 배경에는 서울에서 드물게 1~300평대 중소형 공장 건물이 다수 남아 있었다는 점이 크다. 오랜 준공업 지역이었던 이곳은 부동산 가격 상승과 산업 구조 변화로 공장들이 외곽으로 이전하며 넓고 투박한 공간들이 유휴화되었고, 그 공간들이 이질적 매력으로 재해석되었다. 높은 층고와 개방감은 쇼룸과 팝업스토어에 적합했고, 이 흐름 속에서 성수동은 '서울의 브루클린'이라 불리며 젊은 세대가 찾는 미래형 상업지로 변모했다.

현재 팝업스토어의 흐름은 성수동을 시작으로 대학가, 문화지구, 관광 집객지로 확산되고 있다. 만약 상가 투자를 한 지역에 팝업스토어 문화가 자리 잡는다면, 임대 수익을 넘어 추후 매도 시 차익형 수익과 권리금까지 고려할 수 있기에 제2의 성수동을 찾는 것은 훌륭한 투자 전략이 될 수 있다.

그래서 미래형 상가 투자자는 이러한 변화를 초기 단계에서 포착하고 선점할 필요가 있다. 관심 지역의 기존 건물들이 쇼룸이나 팝업으로 전환되기 쉬운 구조인지 살펴보고, 층고와 전면 개방성, 출입 동선, 기본 설비, 단기 임대 관행, 소음과 집객에 대한 민원 민감도까지 함께 점검해야 한다. 직접 대형 상가나 공장에 투자하지 않더라도, 지역이 팝업 수요를 수용할 수 있는 구조인지 확인한 뒤 인근 소형 상가에 투자한다면 소액으로도 팝업 수요가 살아 있는 지역의 수익 흐름을 함께 가져갈 수 있다.

따라서 성수동을 '힙한 동네'로만 소비해서는 안 된다. 준공업지에서 공장이 빠져나가고, 유휴 공간이 문화적으로 재해석되며 상권이 형성된 구조로 이어진 구조를 이해할 때, 다음 기회가 열릴 지역도 분명히 알아볼 수 있다. 새로운 시대의 상가 투자는 결국 팝업과 쇼룸이 들어올 수 있는 입지를 미리 선별해 포지셔닝하는 데서 완성된다.

4장

100년 뒤에도
살아남을
입지의 조건

01

인구 감소의 시대에
살아남을 도시의 기준

한국은 이미 인구 데드크로스를 지나 구조적 인구 감소 국면에 접어들었다. 지방 곳곳은 실제로 소멸 위기에 놓여 있고, 수많은 도시가 기능을 잃어가고 있다. 미디어는 위기감을 반복해서 전하고, 부동산 시장은 미래 수요의 불확실성 속에 흔들리고 있다. 그러나 본질적으로 중요한 것은 '얼마나 많은 사람이 있는가'가 아니라 '어디에 사람이 몰리는가'다.

실제로 서울과 수도권 일부는 오히려 더 견고한 중심지로 부상하고 있으며, 지방의 특정 도시들 역시 인구와 자본을 끌어들이는 생존력을 유지하고 있다. 인구가 줄어드는 국면에서도 가치가 집중되는 도시, 기능이 모이는 도시는 오히려 더 강해지는 경향이 있다. 그래서 우리는 이 인구 감소를 공포가 아니라 기회의 재편, 가치의 재배치로 읽어야 한다.

그렇다면 부동산 투자자가 던져야 할 질문은 명확하다. "어떤 도시가 살아남는가?" 그래서 이번 챕터에서는 살아남는 도시의 세 가지 핵심 조건을 살펴본다. 이 조건 중 하나라도 충족된다면 주목할 가치가 있고, 세 가지 모두를 갖췄다면 100년도 지속 가능한 입지일 가능성이 높다.

첫 번째 조건: 대체 불가능한 콘텐츠가 있는가

서울은 세계적으로 인구밀집도가 높은 도시지만 실제 거주 인구는 수년째 감소하고 있다. 높은 주거 비용이 주요 원인으로 지목되지만, 그와 동시에 서울의 인구를 일부 흡수할 만큼 독자적언 수요를 만들어내는 도시들도 나타나고 있다. 이런 도시들은 단순한 개성이나 분위기가 아니라 도시를 지탱하는 고유한 기능과 구조적 콘텐츠를 갖추고 있다는 공통점을 갖고 있다.

세종시는 그 대표적인 사례다. 행정수도로서 국가 주요 기능의 일부를 이전받으며, 중앙행정기관과 국책연구기관이 집중된 도시로 자리 잡았다. 덕분에 세종시는 '대한민국 행정수도'라는 대체 불가능한 역할을 확보했다.

인천 송도국제도시 역시 첨단 연구시설, 글로벌 기업의 아시아 R&D 거점, 국제학교, 국제기구 유치 등 국내에서 유일하게 구현된 글로벌 비즈니스 도시 구조를 갖추고 있다. 인천국제공항과의 접근성, 국제업무지구 중심의 외국인·기업 수요는 다른 도시가 대체할 수 없는 독자적인 콘텐츠다.

이처럼 대체 불가능한 기능을 갖춘 도시는 스스로 수요를 만든다. 자원과 기능, 브랜드 가치를 갖춘 도시는 인구 감소 시대에도 견고한 가치를 유지하며 성장할 수 있다.

두 번째 조건: 양질의 일자리를 만드는 도시인가

도시의 활력은 사람에서 나온다. 그리고 사람을 끌어들이는 가장 강력한 요소는 일자리다. 단순한 인구 유지 정책이나 지원금만으로는 사람이 머무르지 않으며, 고부가가치 산업과 전문 인력이 정착할 수 있는 기반이 있을 때 비로소 도시의 생존력이 유지된다. 사람은 기회가 있는 곳으로 이동하기 때문이다. 특히 젊은 인구의 유입은 양질의 일자리 없이 지속되기 어렵다.

과거에는 고급 일자리가 서울에 집중되어 있었다. 구직자들이 정착을 고려하는 기준선, 이른바 '취업 남방한계선' 역시 사실상 서울까지였다. 이 때문에 많은 지방 도시는 정주지로 선택받기 어려웠다.

그러나 산업의 축이 확장되면서 수도권 남부에 새로운 일자리 거점이 지리 잡았다. 대표적인 사례가 판교다. IT·바이오·게임·벤처 산업이 밀집하면서 판교는 서울을 대체하는 고급 일자리 중심지로 부상했다. 이는 곧 주거지 선택의 확장으로 이어져 판교와 분당의 부동산 가치 상승을 이끌었다. 일자리가 도시의 경계를 확장시킨 사례다.

반면 지방 도시에서는 대기업 공장 유치만으로 같은 효과가 나타나지 않는 경우가 많다. 자동화율이 높은 스마트공장은 실제 상주 인력이 제한적이고, 연구·기획·마케팅 같은 핵심 기능은 여전히 수도권 본사에 남아 있기 때문이다. 지자체와 언론이 강조하는 산업 연관 효과 역시 현실의 생활경제에서는 체감되지 않는 경우가 적지 않다.

결국 사람이 모이는 구조를 만든 도시만이 생존한다. 부동산 투자자는 대기업 유치 여부만 볼 것이 아니라, 그 지역이 대체하기 어려운 양질의 일자리를 만들고, 취업 남방한계선을 실질적으로 확장할 만큼의 기능을 갖추었는지, 그리고 고급 인력이 정착할 환경을 갖추었는지를 먼저 살펴야 한다.

세 번째 조건: 연결성이 확보된 도시인가

도시는 외부와의 연결을 통해 성장한다. 중요한 것은 도로나 철도의 유무가 아니라, 핵심지와 얼마나 빠르고 효과적으로 연결되는가다. 이 연결성이 제대로 갖춰지지 않으면 생활 인프라는 제때 따라오지 못하고, 정주 여건도 악화된다.

시화 MTV의 거북섬 사례는 이 중요성을 단적으로 보여준다. 시흥시 정왕동 거북섬 일대는 대규모 개발이 진행됐음에도 불구하고, 인근 주요 도시와의 접근성이 떨어져 외부 인구 유입이 제한되었다. 그 결과 미분양과 상가 공실이 장기간 이어졌다. 교통 SOC는 단순한 이동 수단이 아닌, 인구·자본·소비 흐름을 유입시키는 관문 역할을 한다.

경부고속도로축을 따라 성장한 판교·수원·천안 역시 이와 같은 구조를 보여준다. 이 도시들은 서울 핵심지와 곧바로 연결되며 일자리와 주거 수요를 동시에 흡수했다. 서울과의 거리가 크게 다르지 않더라도, '서울과 어떤 성장 축으로 연결되어 있는가'가 성패를 갈랐다.

반면 서울 경부축과 직접 연결되지 않은 여주·양주 등은 성장 속도가 상대적으로 완만했다. 이는 교통망의 유무보다 핵심 축과의 직접적인 연결 여부가 더 중요하다는 것을 보여준다. 핵심지와 직결되지 않은 교통망은 인구와 산업 흐름을 분산시키고, 도시 성장에도 차이를 만든다. 결국 핵심지인 서울과 성장 축으로 연결되어 있는가가 성패를 가른다.

동탄 역시 연결성의 중요성을 잘 보여주는 대표적 사례다. 삼성전자 등 양질의 일자리와 신도시라는 콘텐츠를 갖추고 있었지만, 초기에는 서울과의 접근성이 부족한 교통 인프라 문제로 '미분양의 무덤'으로 불렸다. 이후 광역버스 확대, SRT 개통, GTX 도입으로 서울과의 연결성이 강화되자 외부 수요가 본격적으로 유입되며 수도권 대표 신도시로 자리 잡았다.

이처럼 도시의 성장에 있어서 연결성은 매우 중요한 요소다. 앞서 이야기한 도시만의 콘텐츠와 양질의 일자리가 아무리 갖춰져 있어도, 실제 생활권 및 핵심지에 연결되어 있지 않으면 도시는 성장하기 어렵다. 따라서 부동산 투자자는 교통망 신설 여부 자체보다 그 연결이 자원과 인력을 끌어올 수 있는 축인지부터 점검해야 한다.

끝이 아니라 재편의 시작

인구 감소 시대에 핵심지의 힘은 약해지기보다 오히려 강화될 가능성이 크다. 서울과 수도권 핵심지의 수요는 여전히 견고할 것이고, 지방 도시도 생존 조건을 갖춘다면 새로운 중심축으로 떠오를 수 있다. 부동산 가치는 인구수보다 사람이 머무르고 싶어 하는 조건이 얼마나 갖춰져 있는가에 의해 결정되기 때문이다.

그래서 앞으로의 투자는 단순한 기대감이나 개발 계획이 아니라 도시의 차별적인 콘텐츠, 양질의 일자리, 핵심지와의 연결성이 높은 도시를 선별하는 전략적 안목이 요구된다. 이 세 가지 기준을 종합적으로 판단할 수 있다면, 인구 감소 시대의 부동산 시장에서도 충분히 기회를 잡을 수 있다.

지금은 끝이 아니라 판이 다시 짜이는 새로운 전환의 시기다. 부의 재편은 이미 시작되었고, 준비된 사람과 준비된 도시만이 살아남을 것이다.

부동산 투자자가 부동산을 고르는 기준

부동산을 바라볼 때 가장 먼저 해야 할 일은, 현재 내 조건 안에서 선택할 수 있는 최고의 입지를 찾는 것이다. 대부분은 30대에 결혼해서 30~40대에 첫 내 집 마련을 시도한다. 그러나 지금의 3040은 '역대 가장 집 사기 힘든 세대'로 불린다.

그 근거는 소득 대비 집값 비율을 뜻하는 PIR(Price to Income Ratio)에서 추론할 수 있다. PIR은 주택 가격을 가구당 연 소득으로 나눈 지표로, 이 비율이 높을수록 소득 대비 주택 구매 부담이 크다는 의미다. 최근 통계에 따르면 과거보다 주택 가격이 연 소득 대비 훨씬 높아졌으며, 서울의 PIR은 이미 10을 훌쩍 넘어선 지 오래다. PIR이 10이라는 것은 연간 소득을 10년 동안 전혀 쓰지 않고 모아야 집값에 도달한다는 의미다. 이처럼 숫자만 보면 비교적 사회생활을 시작한 지 오래되지 않은 3040에게 내 집 마련은 이미 끝난 게임처럼 보이기도 한다.

그러나 조금만 시선을 넓혀보면, 어느 시대에나 집을 산 사람들의 이야기는 크게 다르지 않았다.

"집값은 언제나 비쌌어. 나도 대출을 최대한 끌어와 겨우 한 채 산 거야."

집을 사는 일은 어느 시대에나 버거웠다. 다만 누군가는 그 부담을 감수하며 한발 먼저 움직였을 뿐이다.

강남의 대표적인 대단지 재건축 아파트들을 떠올려 보자. 지금은 서울 부동산 시장의 상징처럼 회자되지만 분양 당시에도 결코 여유로운 선택지가 아니었다. 당시 기준으로도 여러 해의 연봉을 모아야 들어갈 수 있는 주택이었고, 그럼에도 누군가는 위험을 감수하고 매수했다. 중요한 것은 그들이 집값이 싸서 들어간 것이 아니라, 당시 자신의 조건 안에서 미래 가치가 가장 높다고 판단한 곳을 선택했다는 점이다.

지금의 투자자들이 빠지기 쉬운 함정은, 이미 시간이 만들어 놓은 결과물들을 기준으로 시장 전체를 바라보는 것이다. 강남의 상징적인 아파트 단지들을 보며 "이 정도면 평생 못 산다"라고 느끼는 순간, 자연스럽게 "나에게 살 집은 없다"라는 결론에 이른다. 그러나 강남 역시 과거 어느 시점에는 수많은 선택지 중 하나였다는 사실을 잊어서는 안 된다.

부동산 투자의 본질은 여기에서 갈린다. 과거 투자자들이 이미 만들어 놓은 결과를 부러워하며 쫓을 것인가 아니면 지금의 시장에서 앞으로 10년, 20년 뒤 재평가될 곳을 찾을 것인가. 부동산 투자자라면 당연히 후자를 선택해야 한다. 그래야 투자 수익을 극대화할 수 있고, 자본력이 크지 않은 사람도 실거주와 투자를 병행하며 의미 있는 자산 형성을 이룰 수 있다.

따라서 부동산 투자자에게 가장 필요한 질문은 "지금 당장 강남의 대표 단지를 살 수 있는가"가 아니다. 내 자금력과 소득 구조 안에서 접근할 수 있는 가격대 중 투자 가치가 있는 곳이 어디인지를 찾는 일이다. 중위권의 소득을 가지고 있다면, 중위권 소득으로 접근할 수 있는 주택의 총량은 시대에 따라 구성과 위치가 바뀔 뿐 줄어들지 않는다는 것을 명심해야 한다. 과거 달동네로 불리던 곳이 신도시와 신축 아파트 단지로 재탄생하기도 하고, 한때 고급 주거지였던 지역이 세월의 흐름 속에서 주류 수요에서 밀려나기도 한다. 부동산 시장은 이렇게 선호와 구조에 따라 끊임없이 리밸런싱되며 새로운 기회를 만들어 왔다.

결국 투자할 부동산을 찾는다는 것은, 지금 당장 화려해 보이는 곳만 좇지 않겠다는 선택이다. 이미 상징이 된 단지를 부러워하기보다 오늘의 조건 속에서 내가 감당할 수 있는 범위를 먼저 정하고, 그 안에서 도시의 변화 방향과 수요의 축이 어디로 이동하는지를 읽어 내야 한다.

지금은 특별할 것이 없는 곳일지라도 인구와 일자리, 교육과 교통, 생활 인프라가 서서히 쌓이고 있는 지역들 가운데 일부는 훗날 '그때 거기를 산 사람들'의 사례로 회자될 것이다. 과거 강남 아파트를 매수해 오랜 시간 보유했던 사람들이 그랬듯, 단기적인 매매가 아닌 좋은 입지를 찾아 시간을 들여 보유하는 전략이야말로 부동산 투자자다운 선택이다.

직접 발로 걸으며 사람의 흐름과 생활의 움직임을 확인하는 오감 임장은 도시의 잠재력을 가장 현실적으로 읽어내는 방법이다. 이런 이유로 다음 챕터부터는 내가 직접 오감 임장을 통해 주목해 온 지역들을 중심으로 그 안의 부동산을 하나씩 분석해 보려 한다.

이미 충분히 오른 곳이 아니라, 아직 주목받지 못했지만 구조적으로 성장 가능성이 남아 있는 곳에 집중했다. 이런 부동산은 단기간에 성과가 드러나지 않을 수 있고, 불확실성도 따른다. 그러나 바로 그 불확실성 자체가 저평가의 이유이기도 하다. 중요한 것은 가능성을 외면하지 않으면서도, 리스크를 통제하며 기회를 찾는 투자자의 태도다. 도시의 축은 앞으로도 계속 이동할 것이다. 결국 투자자는 이동의 방향을 읽고, 100년 뒤에도 기능을 유지하며 살아남을 입지를 선별해야 한다.

02

부동산 투자의 꽃, 서울

서울은 대한민국 부동산 시장의 중심지다. 한정된 토지 위에 일자리·교육·문화·교통 같은 핵심 인프라가 밀집해 있어 수요가 구조적으로 두텁다. 이 때문에 서울 부동산은 '상승기엔 더 빠르게 반응하고, 하락기엔 상대적으로 덜 흔들리는' 안전자산의 성격을 띤다.

또한 서울의 인구가 줄어든다는 사실이 곧바로 '수요 감소'를 뜻하지는 않는다. 서울에서 수도권으로 이동한 사람 중 상당수는 영구 이탈이라기보다, 주거비 부담으로 잠시 외곽으로 밀려난 '서울 진입 대기 수요'에 가깝다.

다만 서울이면 다 같다고 보는 순간 투자는 둔해진다. 같은 서울 안에서도 오를 때 더 빠르고 크게 오르고, 떨어질 때는 더 늦고 작게 조정되는 곳이 있다. 이 속도 차이가 시간이 지나며 투자 성과의 차이를 만든다. 결국 서울 투자의 출발점은 '서울은 안전하다'가 아니라, 서울 안에서도 어떤 지역이 더 먼저 반응하는가를 읽는 데 있다.

강남 3구는 왜 '핵심지의 최정점'인가

서울의 부동산 시장의 흐름은 강남 3구에서 시작해 강남 3구에서 마무리된다. 상승기에는 가장 먼저 반응하고, 하락기에는 가장 늦게 조정받는 지역이다. 많은 사람이 강남을 단순히 '비싼 동네'로 이해하지만, 그 본질은 가격이 아니라 도시 구조에 있다. 콘텐츠, 일자리, 연결성이라는 장기적인 조건이 가장 밀도 있게 결합된 곳이 바로 강남이다. 그런 이유로 도시의 미래 가치를 판단할 때 강남을 기준점으로 삼으면 큰 흐름에서 벗어나지 않는다.

① 강남은 '연결의 기준'이 되었다

부동산에 관심이 있는 사람들이 수도권에서 부동산 가치를 이야기할 때 가장 자주 등장하는 기준이 있다. 바로 강남 접근성이다. 일자리·산업·문화·상업의 중심이 강남에 집중된 만큼, 강남까지 얼마나 빠르게 이동할 수 있는지가 부동산 가치를 가르는 핵심 요인으로 작동해 왔다. 그래서 서울과 수도권 시장은 오랫동안 '강남까지의 시간'을 절대 기준처럼 따라 움직였다. 그만큼 강남 3구는 다른 지역과의 연결성을 따지기 이전에, 다른 도시들이 연결되고 싶어 하는 핵심지의 최정점이라 할 수 있다.

수도권 철도망을 보더라도 강남구와 송파구는 지하철역이 가장 많은 지역에 속하며, 서초구 역시 상위권에 위치한다. 이는 곧 타 지역에서 강남 3구로 이동하기 쉽다는 뜻이다. 다만 접근성이 좋다는 이유만으로 수요가 생기지는 않는다. 그곳에 가야 할 이유가 있어야 한다.

강남 3구에는 양질의 일자리와 대형 업무시설이 밀집해 있다. 기업들이 촘촘히 들어서면서 직장인 유동 인구와 활동 밀도가 높아졌고, 상업용 부동산과 오피스 임대료가 타 지역보다 높게 형성되어 왔다. 동시에 교통과 인파가 만드는 피로도는 직주근접 욕구를 키우고, 이는 다시 거주 수요를 끌어올리며 주거 환경의 경쟁력을 강화하는 선순환을 만든다.

강남 3구의 연결성은 서울 내부에만 머물지 않는다. 서초구와 강남구 사이를 가로지르는 경부고속도로는 강남을 출발점으로 판교·수원·동탄·천안 등 주요 거점과 직접 이어진다. 이 축은 강남 개발의 역사와 맞물려 서울과 지방 거점도시를 묶는 경제적 혈관 역할을 해왔고, 그 연결망을 따라 자본과 인력, 기업이 강남으로 집중되기 시작했다.

강남은 부촌으로만 정의되는 곳이 아니다. 여러 도시가 연결되길 원하는 중심지이자 사람과 돈, 정보가 가장 빠르게 모이는 핵심 축으로 기능해 왔다. 그 의미에서 강남 3구는 한국 부동산 시장의 기준점으로 자리하고 있다.

② 강남은 서울의 '계획도시'로서 구조적 우위를 가졌다

신도시를 가보면 구시가지에 비해 도로가 넓고 반듯하며, 주택 구획이 정비되어 있어 전반적으로 쾌적하다는 인상을 받는다. 강남은 서울 안에서 이러한 신도시적 특성을 가장 먼저 갖춘 지역으로, 사실상 서울의 제1호 계획도시라 불러도 무리가 없다. 아무것도 없던 땅 위에 도시 구조와 용도, 교통망, 주거지를 종합적으로 설계해 개발된 곳이기 때문이다.

강남을 자주 오가는 택시 기사들이 "강남은 바둑판 같다"라고 말하는 이유도 여기에 있다. 도로망이 바둑판식으로 정리되어 구획이 명확하기 때문에, 한 번 길을 잘못 들어도 다시 방향을 잡기 쉽다. 실제로 강남의 도로는 폭이 넓고 체계적으로 설계되어 있으며, 오래된 아파트 단지들조차 계획도시의 성격을 그대로 반영해 단정한 형태를 유지하고 있다.

반면 서울의 많은 지역은 오랜 시간 자연스럽게 형성된 구시가지 구조로 되어 있다. 도로가 좁고 골목이 많으며, 교차로가 불규칙하다. 이런 구조에서는 대규모 정비나 교통 효율 개선이 쉽지 않고, 도시의 체질을 바꾸는 데에도 한계가 따른다.

이 점에서 강남은 서울 안에서도 구조적으로 드문 도시다. 세계 최고 수준의 인구밀도를 가진 서울에서 상대적으로 여유 있고 체계적인 도시 구조를 갖추고 있다는 사실만으로도 강남은 분명한 차별성을 가진다. 강남은 단지 집값이 비싼 지역이 아니라, 계획된 도시가 만들어내는 쾌적함과 효율성이 응축된 하나의 브랜드라 할 수 있다.

③ 강남의 '교육 희소성'은 수요의 바닥을 받친다

사람을 한 지역으로 끌어들이는 요인은 많지만, 부동산 시장에서 가장 즉각적으로 반응하는 것은 교육 여건이다. 역세권만큼이나 '학세권'이 중요하게 언급되는 이유도 여기에 있다. 강남으로 수요가 몰리는 배경 중 가장 빠르게 결정을 이끄는 요인은 단연 자녀 교육, 즉 학군이다.

강남 개발 초기만 해도 상황은 지금과 달랐다. 1970년대 초반까지 강남 일대는 논밭이 대부분이었고, 한강 이남은 변두리로 인식됐다. 정부가 강남에 대규모 개발 계획을 발표했지만 이것만으로는 사람들의 즉각적인 반응을 이끌어내기 쉽지 않았다. 전환점은 강북의 명문학교 이전이었다. 경기고, 휘문고, 중동고, 숙명여고, 경기여고 등 주요 고등학교가 한강 남쪽으로 옮겨오며, 오늘날의 8학군이 형성됐다. 자녀 교육을 이유로 한 이주는 빠르게 확산됐고, 강남의 인구 구조를 근본적으로 바꿨다.

교육을 향한 부모들의 선택은 시대를 막론하고 강력하다. 명문학교를 중심으로 학부모와 자본이 모였고, 이는 다시 교육 환경을 강화하는 선순환을 만들었다. 그 결과 강남은 전국 단위의 교육 중심지로 자리 잡았다.

현재 대치동 학원가는 서울을 넘어 지방 수요까지 끌어들이고 있다. 강남권 SRT 개통 이후에는 주말마다 지방에서 올라오는 학생들도 흔해졌다. 이처럼 강남은 교육이라는 요소만으로도 지속적인 수요를 만들어내고 있다.

결국 강남 부동산의 핵심 중 하나는 교육이다. 세대가 바뀌어도 교육은 사람을 움직이고, 그 흐름은 강남을 다른 어떤 지역과도 구별 짓는 가장 본질적인 가치로 남아 있다.

강남 안에서도 '저평가 구간'을 찾는 법

강남은 흔히 "어디를 찍어도 실패하지 않는다"라고 불릴 만큼 이미 완성도가 높은 시장이다. 그만큼 입지의 질은 최고 수준이지만, 동시에 진입 장벽도 높다. 정보는 충분히 공개돼 있고, 좋은 입지는 이미 가격에 상당 부분 반영되어 있다. 그래서 강남 투자는 안정적일 수는 있어도, 적은 자본으로 높은 수익률을 기대하기는 쉽지 않다.

이 지점에서 시선을 바꿔야 한다. 강남 투자에서 중요한 것은 지금 가장 인기 있는 곳이 아니라 아직 덜 완성된 곳이다. 진정한 기회는 이미 완성된 아파트 단지가 아니라, 강남이라는 입지 안에 있으면서도 아직 가격에 충분히 반영되지 않은 구간에 숨어 있다.

개발에는 불확실성이 따르지만, 입지의 힘은 불확실하지 않다. 사람이 모이는 구조를 가진 곳에는 자본과 개발이 따라온다. 특히 강남 3구 안이라면, 그 압력은 시간이 지날수록 더 강해진다. 당장은 눈에 띄는 변화가 없더라도, 입지가 만들어내는 상승의 방향성은 쉽게 꺾이지 않는다.

이런 관점에서 본다면, 같은 자금으로 강남 3구의 저층 주거지와 비(非)강남의 아파트를 놓고 고민할 때 선택의 기준은 분명해진다.

아직 개발이 확정되지 않았더라도, 강남의 입지 안에 있는 자산에는 언젠가 시장의 시선이 도달한다. 속도는 느릴 수 있지만, 방향은 명확하다. 강남에서의 투자는 '확실한 상승'을 사는 것이 아니라 확률이 높은 미래를 선점하는 일이다.

① 강남의 중심은 동쪽으로 이동 중이다

강남의 부동산 가치는 오랫동안 강남역을 중심으로 쌓여 왔다. 강남역 사거리 일대는 교보타워와 삼성서초사옥을 비롯한 대형 오피스가 밀집하며, 서울의 대표적인 상권과 업무 중심지로 자리 잡았다. 테헤란로 일대는 벤처기업과 IT기업이 몰리며 한때 '한국의 실리콘밸리'로 불리기도 했다. 그러나 도시의 중심은 늘 이동한다. 지금 강남의 무게 중심은 점차 동쪽으로 이동하고 있다.

변화의 출발점은 삼성동 옛 한국전력 부지 개발이다. 현대자동차그룹이 이 부지를 인수하여 글로벌 비즈니스 복합공간 조성을 추진하면서 강남의 산업 지형에도 변화가 시작되었다. 여기에 서울시가이 일대를 '국제교류복합지구'로 지정하고, 코엑스와 잠실 종합운동장 MICE 단지를 연계해 글로벌 비즈니스·문화 허브로 육성하고 있다.

그중 잠실 종합운동장 MICE 복합단지는 킨벤션센터, 선시 공간, 호텔, 공연장 등을 포함한 대형 프로젝트로, 서울이 글로벌 비즈니스와 문화 교류의 중심지로 도약하기 위한 핵심 사업이다. 여기에 지하철 2·9호선을 비롯해 GTX-A·C 노선, 위례신사선 등 주요 교통망이 집중되며 삼성동과 잠실 일대는 서울의 새로운 교통·업무 허브로 재편되고 있다.

이 흐름 속에서 강남의 중심은 강남역 인근에서 삼성·잠실 일대로 확장되고 있다. 도시 중심의 이동은 단순한 지리적 변화가 아니라 기능의 재편이며, 새로운 가치의 출발점이 된다.

② 송파 9호선 빌라권은 '구조 변화의 수혜 후보'다

송파구는 서울에서 거주 인구가 가장 많은 자치구로, 잠실을 중심으로 대단지 아파트들이 밀집해 있다. 잠실엘스·리센츠·트리지움으로 대표되는 잠실 대단지는 이미 송파의 가치를 상징한다. 그러나 시선을 조금만 낮추면, 또 다른 흐름이 보인다.

종합운동장 동쪽으로 9호선이 이어지는 석촌, 송파나루, 한성백제역 구간인 잠실본동, 삼전동, 석촌동, 송파동, 방이동 일대에는 규모 있는 빌라촌이 형성되어 있다. 겉보기에는 조용한 주거지지만, 강남의 중심축이 동쪽으로 이동하면서 점차 주목받는 위치로 변하고 있다.

아직 구체적인 개발 계획이 확정된 것은 아니지만, 일부 구역에서는 정비사업 논의가 꾸준히 이어지고 있다. 특히 잠실 개발지와 가까운 탄천 인근은 아파트로 변모할 경우 조망 경쟁력까지 확보될 가능성이 있어 개발 압력이 높아질 수 있다는 평가도 나온다.

물론 사업 추진 시기나 방식은 아직 유동적이다. 하지만 확실한 것은 이 지역이 강남의 확장 흐름과 맞닿아 있고, 이미 기반시설과 입지 조건이 갖춰져 있다는 점이다. 송파 9호선 일대 빌라권은 도시 구조 변화의 수혜 후보로 관심을 가질 만하다.

③ 강남구의 마지막 재개발 후보, 대청마을의 잠재력

개포동에서 일원동으로 이어지는 강남 남부 지역은 재건축을 통해 새로운 고급 주거 벨트로 자리 잡았다. 그 흐름의 끝자락, 대청역 인근에 정돈된 빌라촌이 남아 있다. 이곳이 바로 '강남의 마지막 재개발 지역'으로 언급되는 대청마을이다.

대청마을의 입지는 더할 나위 없이 훌륭하다. 탄천과 인접해 자연 접근성이 뛰어나며, 삼성서울병원과 가까워 생활 인프라도 우수하다. 3호선 대청역을 낀 역세권이며, 수서역 SRT를 통해 광역 이동도 수월하다. 도심 접근성, 생활 편의성, 교육 환경까지 고루 갖춘 입지로 평가받는다. 재개발을 통해 신축 아파트로 탈바꿈한다면, 인접한 개포·일원 신축 단지들과 비교할 수 있는 수준으로 성장할 여지가 충분하다. 실제로 주변 시세는 이미 높은 수준에 올라 있다.

아직 사업 추진이 본격적으로 가시화된 단계는 아니고, 거주 요건과 사업성 등 현실적인 제약도 존재한다. 다만 강남의 확장 흐름과 주변 개발 압력을 고려하면, 변화 가능성은 점차 높아지고 있다. 장기적으로 보면 상대적으로 적은 자본으로 미래의 고급 주거지에 진입할 수 있는 잠재 구간으로 해석할 수 있다.

대청마을은 강남에 남아 있는 드문 '미완의 입지'다. 입지의 질과 주변 환경, 개발 압력을 함께 고려할 때 향후 강남 주거 구조가 재편되는 국면에서 다시 주목받을 가능성이 높은 지역임은 분명하다.

④ 송파 중남부는 노후도와 생활권 확장이 겹치는 구간이다

송파구 중남부는 강남권 내에서도 상대적으로 저평가된 미래 유망 지역으로 꼽힌다. 양재대로와 송파대로가 교차하는 축에서 시작하여, 외곽순환고속도로 안쪽의 가락동·문정동·오금동·방이동 일대에는 1980~1990년대에 조성된 중·대단지 아파트들이 다수 분포해 있다. 상당수 단지는 노후도가 높고, 재건축 연한을 이미 충족한 상태다.

이 지역은 지하철역도 촘촘하고, 외곽순환고속도로 접근성도 뛰어나다. 그럼에도 불구하고 뚜렷한 개발 호재나 정책적 지원이 눈에 띄지 않았기 때문에 상대적으로 시세가 낮았다. 그 결과 잠실 일대 상승을 따라가는 수준에 머물며, 물가 상승률에 연동된 완만한 흐름을 보여왔다.

하지만 송파 중남부를 바라보는 시선은 이제 달라져야 한다. 강남권의 중심축이 삼성·잠실 일대로 확장되면서, 그 영향력이 송파 전역으로 확산되고 있기 때문이다. 여기에 거여·마천뉴타운, 감일신도시, 교산신도시 등 인근 대규모 개발이 동시에 진행되며 생활권 전반의 체급이 함께 올라가고 있다. 신도시와 구도심은 경쟁 관계로 보이지만, 실제로는 인프라와 상권을 공유하며 상승효과를 나누는 경우가 많다. 송파 중남부는 이들 신도시보다 서울 핵심 생활권에 더 가깝다는 점에서 구조적 우위를 지닌다.

더불어 복정역 일대 장지동 스마트시티 개발이 본격화되면, 이 지역의 직주근접성이 더 강화될 전망이다. 이미 문정 비즈니스밸리에

2,000여 개 기업이 입주해 있으며, 향후 추가 업무시설이 들어서면 지역 내 고용 수요는 지속적으로 확대될 가능성이 크다.

결국 송파 중남부는 노후 주거지라는 한계를 안고 있지만 강남권 확장, 내부 개발, 외부 신도시 성장의 수혜가 동시에 겹치는 구간이다. 재건축이 본격화되고 교통·산업 인프라가 결합하는 시점에는, 강남 3구 안에서도 새로운 성장 거점으로 재평가될 여지가 충분하다.

경계가 약해질 때 저평가가 풀린다

도시의 가치는 '경계'에서 갈린다. 도로, 철도, 하천처럼 물리적 단절은 도시를 나누고 가격의 격차를 만든다. 반대로 그 경계가 옅어지는 순간, 오랫동안 눌려 있던 저평가는 빠르게 해소된다. 강남을 가로지르는 경부고속도로 지하화는 바로 그 변곡점에 해당한다.

① 경부고속도로 지하화는 도시 가치의 재편이다

강남의 발전을 이야기할 때 경부고속도로를 빼놓을 수 없다. 1970년 개통된 경부고속도로는 서울과 수도권, 나아가 전국 주요 도시를 잇는 국가 성장축이자 강남 개발의 촉매제였다. 하지만 동시에 강남 내부를 가르는 경계선이기도 했다.

지상 고속도로는 필연적으로 물리적 단절을 만든다. 도로 주변은 소음, 분진, 조망권 저하로 인해 주거 선호도가 낮아지고, 이는 인근 부동산 가치에 부정적인 영향을 미쳐왔다. 강남의 성장을 이끈 경부고속도로가 역설적으로 그 주변 지역의 가치를 제약해 온 셈이다.

하지만 이제 그 경계가 약해질 준비를 하고 있다. 서울시는 경부고속도로 서울 구간의 지하화와 지상 공간 재편을 검토하고 있다. 한남에서 양재에 이르는 구간의 교통 기능을 입체적으로 재편하는 방안이 논의 중이며, 지상부는 공원과 녹지, 생활 공간 등으로 활용하는 방향으로 검토되고 있다.

이러한 변화는 도시를 단절시키던 인프라를 도시를 잇는 공간으로 바꾸는 작업이다. 그동안 환경적 단점으로 눌려 있던 구간들은 생활 여건과 보행 연결성이 개선되며 새로운 도시축으로 재평가될 가능성이 커진다. 경부고속도로 지하화는 강남의 도시 구조를 다시 짜는 프로젝트다. 투자자라면 이를 교통 호재가 아닌, 도시 가치 재편의 신호로 읽어야 한다.

② 반포1동, 반포의 동쪽에서 해가 뜰까

반포자이는 반포1동의 위상을 상징하는 대표적인 대단지 아파트다. 그러나 경부고속도로를 기준으로 동쪽으로 시선을 돌리면 같은 반포1동 안에서도 전혀 다른 풍경이 펼쳐진다. 다가구·다세대주택이 밀집한 이 지역은 오랫동안 고속도로에 인접한 빌라촌이라는 이유로 낙후된 이미지에 머물러 왔다.

경부고속도로 지하화는 이 경계를 허무는 계기가 될 수 있다. 향후 지상부 재편과 보행 환경 개선이 현실화될 경우, 반포동 동쪽의 도시 이미지는 근본적으로 달라질 수 있다. 하지만 지하화 사업은 단기간에 완료되는 개발이 아니다. 무엇보다 이 지역은 소규모 임대 수익에 의존하는 구조 탓에 대규모 재개발이 쉽지 않은 현실적 제약도 안고 있다. 시간의 흐름 속에서 노후 주택은 점진적으로 정비되고, 세대교체와 함께 지역의 이용 방식이 변화할 가능성도 있다. 설령 전면적인 재개발로 이어지지 않더라도, 소규모 재건축 같은 현실적인 정비 방식도 충분히 검토될 수 있다.

다만 서초구는 도시발전 정책포럼을 통해 반포1동 일대 저층 노후 주거지역을 언급했고, 이에 대한 중장기적인 도시관리 및 개발 방향을 제시했다. 이는 향후 도시 구조 변화의 방향성을 보여주는 신호로 해석할 수 있다.

신논현·강남역 업무지구와의 거리, 그리고 반포라는 입지 자체가 가진 브랜드를 고려하면, 이 지역은 환경 개선만으로도 평가가 달라질 여지가 크다. 고속도로에 붙어 있어서 어수선한 빌라촌으로 머물렀던 반포의 동쪽이, 강남의 중심 흐름 안으로 편입되는 순간이 서서히 다가오고 있다.

③ 강남의 끝, 양재의 환골탈태

서초구 양재동은 강남권역 남서쪽 끝자락에 위치해 서울의 변두리로 취급받으며 상대적으로 저평가되어 왔다. 그러나 이 지역 역시 빠르게 달라지고 있다.

우선 경부고속도로 지하화가 완료되면 양재동과 우면동을 가로막던 물리적 단절이 해소된다. 두 지역이 하나의 생활권으로 연결되면서 접근성과 쾌적성이 개선되고, 어수선했던 도시 환경도 정돈될 것이다. 여기에 더해 양재동과 우면동은 최근 AI 산업의 중심지로 재편되고 있다. 서울시는 이 일대를 '양재 R&CD 혁신지구'로 지정하고, AI 허브 조성 사업을 본격화하고 있다. 이미 주요 연구시설과 기술 기반 기업들이 이곳에 입주하고 있으며, AI 관련 산업 기능도 강화되고 있다. 정부와 서울시는 이 지역을 수도권 AI 산업의 핵심 클러스터로 육성하기 위해 지구단위계획을 수립했고, 이를 통해 용적률 완화와 기반시설 확충 등 개발 유인을 제공하는 방향으로 제도적 지원이 이뤄지고 있다.

이러한 변화 속에서 개포동과 맞닿은 양재2동 일대는 대규모 빌라촌 중심이라 주목해 볼만하다. 이 지역은 강남구와 서초구의 경계이자 강남구 개포동 신축아파트들의 주거벨트를 이어갈 수 있는 마지막 퍼즐에 가깝다. 일부 구획은 이미 정비사업지로 지정되는 등 저층 주거지를 중심으로 개발 계획이 활발히 추진되고 있다.

경부고속도로 지하화, AI 산업벨트, 주거 정비가 동시에 맞물릴 경우, 양재는 더 이상 강남의 변방이 아닌 미래 강남권의 성장축으로 재평가될 가능성이 높다.

서한강 한강벨트: 용산에서 동작으로 이어지는 축

서울 부동산 시장을 이야기할 때 용산을 빼놓고 설명하기는 어렵다. 용산은 강남 3구에 대적할 수 있는 신흥 핵심지이자 산업의 중심지로 주목받는 곳이다. 지리적으로도 서울의 정중앙부에 위치해 도시 구조상 거점 역할을 한다.

용산이 이렇게 주목받게 된 결정적 계기는 단연 용산국제업무지구 개발이다. 이 사업은 삼성·잠실 개발과 함께 서울 최대 규모의 도시 재편 프로젝트로, 대규모 업무시설과 랜드마크급 고층 빌딩이 들어서며 서울의 산업 지도를 다시 그릴 것이다. 이는 단순한 개발을 넘어 서울의 업무 중심축을 확장하는 변화다. 기존 서울 3대 업무지구인 강남·광화문·여의도 중에서 여의도는 규모 면에서 상대적으로 작은 편이었으나, 용산국제업무지구가 들어서며 여의도와 용산이 하나의 확장된 축으로 결합하게 되었다. 이로써 서울의 3대 업무지구 구도는 한층 더 균형을 갖출 예정이다.

이러한 대규모 업무지구 조성은 필연적으로 막대한 주거 수요 증가로 이어진다. 특히 용산과 여의도는 서울에서 가장 강력한 프리미엄 요소인 한강벨트도 맞닿아 있기 때문에 부동산 가치가 높은 곳이다. 이 흐름 속에서 용산과 여의도와 인접한 동작구는 이 변화를 가장 가까이에서 흡수하는 지역으로, 향후 주거 가치가 확장될 가능성이 높다. 그 결과 용산-여의도-동작으로 이어지는 서한강 일대는 업무와 주거, 한강 조망을 동시에 품은 프리미엄 주거 심리축, 즉 '서한강 한강벨트 트라이앵글'로 자리 잡아 가고 있다. 결국 용산에서 시작된 변화는 한강을 따라 동작으로 이어지며 새로운 주거 흐름을 만들어가고 있다.

① 용산은 규제 완화가 사업성을 바꾸는 지역이다

남산 인근 지역은 오랫동안 고도제한 규제에 묶여 있었다. 군사·환경·경관을 이유로 높이 규제가 엄격하게 적용되면서, 도시 발전과 주민 재산권 활용에 제약이 있었다. 그러나 최근 서울시는 남산 고도지구에 대한 도시관리계획을 변경해 일부 지역의 높이 제한을 완화했다. 전면적 규제 해소는 아니지만, 일부 저층 주거지를 중심으로 높이 기준이 상향 조정되며 개발 여건이 일정 부분 개선됐다.

높이 제한이 완화되면 건축 가능 용적률이 늘어나고, 재건축·정비사업이 구조적으로 개선된다. 이태원동의 남산대림아파트와 이태원주공아파트를 대표적인 예로 들 수 있다. 이 두 단지는 남산 자락의 우수한 입지와 넓은 대지지분을 갖췄음에도, 오랜 기간 고도제한에 묶여 저평가됐다. 그러나 최근 규제 완화에 대한 기대감이 시세로 반영되어, 두 단지 모두 상승세를 보이고 있다.

예를 들어 5층 내외의 저층 단지가 두 배 수준으로만 재건축되더라도, 사업 효율은 계산상으로도 크게 달라진다. 여기에 용산이라는 입지가 더해질 경우, 그동안 억눌려 있던 잠재력이 시장에 드러날 가능성이 높다.

남산 고도제한 완화는 건축 규제 조정에만 그치지 않는다. 이는 용산의 부동산 구조를 다시 쓰는 신호이며, 장기적으로 용산 주거지 전반의 평가 기준을 바꿀 수 있는 변화다.

② 동작구는 입지에 비해 아직 덜 오른 지역이다

동작구는 여의도와 강남을 잇는 축에 놓여 있고, 한강 건너편으로 는 용산을 마주한 사통팔달의 입지를 갖고 있다. 지리적 조건만 놓 고 보면 서울에서도 손꼽히는 위치지만, 부동산 가격은 인근 지역에 비해 상대적으로 낮은 수준에 머물러 있다. 흑석뉴타운과 노량진뉴 타운 조성 이후 시세가 크게 오른 것은 사실이지만, 여전히 입지와 생활 여건을 감안하면 가격 격차는 남아 있다.

여의도·용산·강남 등 인근 주요 지역들은 한강변 조망 아파트들 이 고가 시장을 형성하며 지역 가치를 끌어올려 왔다. 반면 동작구 는 지형적 특성과 도시 구조상 한강변과 직접 맞닿은 구역이 제한적 이어서, 한강 조망권을 가진 주거지는 일부 지역에 그친다.

동작구 북단의 대방동, 노량진동, 본동, 흑석동, 동작동 가운데 대 방동과 노량진동은 여의도와 마주해 있어 한강 접근성이 떨어지고, 동작동은 국립현충원이 위치해 개발이 사실상 불가하다. 결국 한강 조망이 가능한 주거지로 확장될 현실적인 후보지는 본동과 흑석동 으로 좁혀진다.

과거의 흑석동은 지금의 이미지와 달랐다. 급경사 구릉지에 노 후 저층 주택이 밀집한 주거지였다. 한강변에는 명수대현대아파트 와 한강현대아파트가 자리 잡고 있었지만, 당시에는 고급 주거지라 기보다는 도시 경관을 정리하기 위한 상징적 존재에 가까웠다. 1988 년 서울올림픽을 앞두고 외국인 동선을 고려해 낙후된 주거지를 가 리기 위해 한강변에 아파트를 배치했다는 이야기가 전해지는 것도,

당시 흑석동의 도시 환경을 짐작하게 한다.

그러나 뉴타운 개발을 기점으로 상황은 완전히 달라졌다. 한강 조망과 신축 아파트라는 두 가지 프리미엄이 결합하면서 흑석동은 서울을 대표하는 고급 주거지로 재편되었다. 과거에는 '숨겨야 할 공간'이었지만, 지금은 '보여주고 싶은 입지'가 된 것이다. 이 변화는 동작구 전체의 시세를 끌어올리는 기준점 역할을 하고 있다.

이제 시선은 자연스럽게 본동으로 이동하고 있다. 본동은 흑석동과 맞닿아 있으면서도, 아직 대규모 개발이 본격화되지 않은 지역이다. 재건축을 해야 하는 구축 아파트와 재개발을 해야 하는 노후 저층 주거지들이 밀집해 있지만, 정비사업은 아직 초기 단계에 머물러 있다. 그러나 입지 조건만 놓고 보면 본동은 과거 개발 이전의 흑석동과 상당히 닮아 있다.

본동은 9호선 노들역을 중심으로 한 역세권이며, 올림픽대로와 한강대로를 통해 여의도와 강남 접근성이 뛰어나다. 지형적으로도 한강과 맞닿아 있어 향후 개발 시 한강 조망 주거지로 전환될 가능성이 충분하다.

결국 차이는 '시간'이다. 흑석동은 이미 변화가 현실이 되었고, 본동은 아직 변화의 문턱에 서 있다. 이 때문에 두 지역 사이에는 시세와 인식의 격차가 존재한다. 하지만 용산국제업무지구 개발이 가시화되고, 여의도-용산-동작으로 이어지는 서한강 축이 강화될수록 본동에 가해지는 개발 압력은 점차 커질 수밖에 없다.

흑석동과 본동은 하나의 흐름 위에 놓인 지역이다. 흑석동이 '결과'라면, 본동은 아직 남아 있는 '과정'이다. 과거 흑석동의 변화를 이해한다면, 앞으로 본동이 어떻게 변할지는 더 선명해진다. 아직 개발 시점은 불확실하지만, 변화가 시작되는 순간 시장의 반응은 매우 빠를 것이다. 지금의 본동은 바로 그 변곡점 직전에 놓인 지역이라 할 수 있다.

강동구는 새 교통축의 관문이 될 수 있다

서울의 동쪽 끝에 위치한 강동구는 겉으로 보면 서울의 외곽처럼 인식되기 쉽다. 그러나 도시 구조를 들여다보면, 강동구는 단순한 주거지가 아니라 자급자족이 가능한 도시라는 점에서 분명한 차별성을 가진다. 주거와 일자리, 교육과 자연환경이 비교적 균형 있게 갖춰져 있어 특정 기능에 치우친 다른 자치구들과는 다른 성격을 보인다.

삶의 질을 결정짓는 또 하나의 요소는 바로 녹지다. 강동구는 서울 안에서도 녹지가 풍부한 지역으로 알려져 있다. 일상 가까이에서 자연을 접할 수 있다는 점은 환경적 장점을 넘어선다. 산책과 휴식을 위한 공간이 충분히 확보된 도시는 사람들이 '살고 싶은 곳'으로 기억하게 만든다. 강동구는 바로 그런 조건을 갖춘 지역이다. 여기에 학업 성취도가 높은 학교들이 밀집해 있어 교육 만족도 역시 높은 편이다.

무엇보다 주목할 점은 강동구가 이미 직주근접의 구조를 갖추고 있다는 사실이다. 고덕비즈밸리를 중심으로 업무 기능이 형성되어 있고, 지하철 9호선 연장을 통해 서울 주요 업무지구와의 접근성도 빠르게 개선되었다. 출퇴근 부담이 줄어드는 구조는 실수요자의 선택에 직접적인 영향을 미친다.

여기에 강동구만의 추가적인 미래 가치가 있다. 바로 서울세종고속도로의 서울 관문이라는 위치다. 이 고속도로는 강동구를 거쳐 용인·안성·세종으로 이어지는 국가 성장축으로, 과거 경부고속도로가 강남의 성장을 견인했던 것과 유사한 역할을 하게 된다. 더 나아가 서울양양고속도로와도 연결되며, 서울 안에서 전국을 잇는 교통 분기점의 역할을 맡는다. 이제 강동구는 '서울의 끝'이 아니라, 확장된 도시 구조 속에서 새로운 관문으로 재정의되고 있다.

① 강일동은 경계가 약해질수록 재평가될 수 있다

강일동은 강동구 내에서도 드물게 한강을 접한 주거지로, 아파트 단지 중심의 안정적인 주거 환경을 갖추고 있다. 그럼에도 불구하고 오랫동안 저평가되어 온 가장 큰 이유는 외곽순환고속도로 바깥에 위치해 있다는 물리적 경계 때문이다.

특히 바로 인접한 고덕동이 고덕비즈밸리 조성과 9호선 연장, 대규모 신축 단지 유입으로 강동구 내 최고가 주거지로 자리 잡은 것과 대비되며, 강일동은 비슷한 생활권임에도 불구하고 상대적으로 낮은 평가를 받아 왔다.

하지만 이 구조는 점차 바뀌고 있다. 지하철 9호선이 고덕을 넘어 강일동을 거쳐 하남·남양주로 연장되면, 강일동은 더 이상 외곽이 아닌 고덕비즈밸리 생활권의 일부로 자연스럽게 편입된다. 교통망 확장은 이동 편의 개선에 그치지 않고, 지역 간 경계를 허물며 생활권을 재편하는 역할을 한다.

이 흐름 속에서 강일동은 고덕비즈밸리의 배후 주거지로서 합리적인 선택지로 부상하고 있다. 특히 직주근접과 대중교통 접근성을 중시하는 청년층과 신혼부부에게 매력적인 대안이 될 수 있다. 결국 경계가 약해질수록 강일동의 저평가는 점차 해소될 가능성이 크다.

② 마지막 단점이 해소될 때 생기는 파급력

부동산 가치를 평가할 때 단점뿐인 지역에 장점이 하나 추가되는 것보다, 장점이 많은 지역에 단 하나의 단점이 해소될 때 훨씬 더 큰 파급력을 만든다.

강동구 명일동 한영 학군 일대가 그렇다. 이 지역은 우수한 학군과 녹지 환경, 안정적인 주거 여건을 갖추고 있음에도 불구하고, 오랫동안 지하철 접근성이 약점으로 작용해 왔다. 학군 수요는 견고했지만, 교통의 불편함이 지역 평가를 눌러온 셈이다.

그러나 교통 여건은 시간이 지나며 개선될 수밖에 없는 요소다. 실제로 9호선 연장을 통해 주변 교통 인프라 확충이 가시화되면서, 이 일대는 고덕비즈밸리와의 직주근접성은 물론 강남권 접근성까지 함께 강화되는 구조로 바뀌고 있다. 교통이라는 마지막 약점이 해소되면, 기존의 학군·환경·생활 인프라와 결합하며 가치 상승의 파급력은 훨씬 커질 수밖에 없다.

이 지역에는 대지지분이 넓고 쾌적한 고급 빌라촌이 들어서 있으며, 대명초 인근에는 중소형 빌라 밀집 지역도 함께 자리하고 있다. 아직 개발이 확정된 단계는 아니지만, 교통 개선과 주변 지역 가치 상승이 이어질수록 정비사업 논의 역시 자연스럽게 힘을 받을 가능성이 높다.

결국 명일동 한영 학군 일대는 이미 대부분의 조건을 갖춘 상태에서, 마지막 퍼즐이 맞춰지고 있는 지역이다. 이런 곳은 오랜 시간 조용히 가치가 축적되다가, 어느 순간 시장의 시선이 한꺼번에 쏠리는 특징을 갖는다.

젊은 수요가 만드는 강북의 핵심 축

서울의 주거 지형은 더 이상 강남만을 중심으로 움직이지 않는다. 최근 몇 년 사이 눈에 띄는 변화는 젊은 인구와 자본이 동시에 머무는 지역이 꾸준히 힘을 얻고 있다는 점이다. 마포구와 광진구는 서로 떨어져 있음에도 불구하고, 한강·대학·상권·학군이라는 네 가지 요소가 동시에 작동하며 비슷한 성장 궤적을 보여온 대표적인 곳이다. 이 두 지역은 강북에서 가장 안정적인 수요 구조를 가진 생활권으로 자리 잡고 있다.

① 마포구·광진구, 한강·대학·상권·학군이 동시에 작동한다

마포구와 광진구는 겉으로 보기에는 서로 다른 성격의 도시처럼 보인다. 그러나 성장의 기반을 들여다보면 공통점이 분명하다. 두 지역 모두 한강을 끼고 있어 한강 조망이 가능한 주거지가 자리해 있고, 이들 주거지는 각 구 내에서도 가장 높은 평가를 받는다.

또 하나의 핵심은 대학교를 중심으로 뿌리내린 대형 상권이다. 마포구에는 홍익대학교를 중심으로 한 홍대 상권이, 광진구에는 건국대학교를 중심으로 한 건대 상권이 자리하고 있다. 이 두 상권은 대학가를 넘어, 서울 전역의 소비 트렌드와 라이프스타일을 이끄는 거점으로 기능한다.

홍대 상권은 예술·문화·패션·음악이 결합된 복합 상권으로, 젊은 창업자와 스타트업이 모이는 지역이다. 반면 건대 일대는 상권 규모와 접근성이 뛰어나고, 프랜차이즈 및 로컬 브랜드가 공존하며 균형 잡힌 소비 중심지로 발전하고 있다. 성격은 다르지만, 두 곳 모두 젊은 유동 인구가 지속적으로 유입되는 상권이라는 점에서는 같다.

학군 또한 두 지역의 가치를 떠받치는 또 다른 축이다. 마포구 대흥동 일대 학원가와 광진구의 광남·양진 학군 인근 학원가는 각각 지역 내 대표 학원 중심지로, 자녀 교육에 대한 수요가 꾸준히 유지됐다. 이처럼 상권의 활력과 교육 수요가 공존하는 구조는 단기 유행에 흔들리지 않는 주거 수요의 기반이 된다.

결국 마포구와 광진구는 '한강, 대학, 상권, 학군'이라는 네 가지 요소가 균형을 이루는 지역이다. 어느 하나에 의존하지 않는 복합 구조 덕분에 평균 이상의 주거 만족도와 안정적인 수요를 꾸준히 유지해 왔으며, 앞으로도 성장 흐름에서 쉽게 이탈하기 어려운 지역으로 평가된다.

② 한강뷰를 잡을 마지막 기회, 합정동과 자양동

마포구와 광진구를 투자 관점에서 특히 주목하는 이유는 한강변에 아직 아파트로 전환되지 않은 대규모 빌라촌이 남아 있기 때문이다. 마포구에는 합정동이, 광진구에는 자양동이 이에 해당한다. 이는 비교적 적은 자본으로 접근할 수 있는 동시에 장기적으로는 한강변 신축 아파트로 전환될 수 있는 잠재력을 품고 있다는 뜻이다.

서울 부동산 시장에서 한강 조망이 가능한 아파트는 가장 강력한 프리미엄을 자랑하는 자산이다. 그러나 신규로 한강변 주거지가 공급될 수 있는 곳은 점점 줄어들고 있다. 이런 상황에서 합정동과 자양동은 이미 높은 희소성을 갖춘 곳이라 볼 수 있다.

이 흐름을 가장 잘 보여주는 사례가 성동구 성수전략정비구역이다. 과거에는 노후 빌라와 다세대주택이 밀집한 지역이었지만, 정비 사업이 본격화되며 한강 조망과 서울숲 인접이라는 입지 가치가 시장에 빠르게 반영되었다. 공사가 시작되기 전부터 시세가 크게 상승했다.

합정동과 자양동 역시 입지 조건만 놓고 보면 이와 유사한 출발선에 서 있다. 한강 조망 가능성에 더해 이미 형성된 상권과 학군, 우수한 교통 접근성까지 갖추고 있기 때문이다.

아직은 조용하지만, 도시의 변화는 늘 이러한 조용한 구간에서 시작된다. 이 두 지역이 가진 핵심 가치는 '한강변 아파트로 전환될 수 있는 마지막 기회 중 하나'라는 점이다. 이는 막연한 기대가 아니라 이미 서울 곳곳에서 반복되어 온 도시 재편의 패턴에 기반한 흐름이다.

입지는 충분했지만 인식이 따라오지 못한 지역들

부동산 가격은 입지만으로 결정되지 않는다. 같은 조건을 갖추고 있어도, 사람들의 인식과 고정관념이 오랫동안 가격을 누르기도 한다. 그러나 인식은 고정된 것이 아니다. 교통과 기술, 그리고 세대의 변화는 한 지역을 둘러싼 이미지를 빠르게 바꾸고, 그 변화는 시간이 지나며 가격으로 반영된다. 관악구·서대문구, 그리고 은평구·노원구는 바로 그 변곡점에 서 있는 지역들이다.

① 고정관념이 먼저였던 지역, 관악구와 서대문구

서대문구와 관악구는 각각 서울의 핵심 업무지구인 광화문과 강남에 맞닿아 있음에도, 인접 지역에 비해 상대적으로 낮은 시세가 유지되는 지역이다. 이는 입지의 문제라기보다 인식의 문제에 가깝다. 서대문구를 포함한 서울 서북권은 개발이 더딘 지역이라는 이미지가 있었고, 관악구는 한때 '서울의 달동네'로 불리며 저평가되어 왔다. 한 번 굳어진 지역의 이미지는 쉽게 바뀌지 않는다. 그러나 투자에 대한 확신이 있다면 통념에 갇히지 않고 볼 줄 알아야 한다. 남들이 기피하는 곳일수록 그만큼 기회가 숨어 있기 때문이다.

최근 들어 이러한 인식이 빠르게 바뀌고 있다. 지금은 20~40대가 동시에 부동산 시장에 참여하며 합리성과 실용성을 기준으로 주거지를 선택하는 시대다. 수십 년간 이어진 편견은 새로운 세대의 판단 앞에서 생각보다 빠르게 무너지고 있다.

물론 이유 없는 저평가는 없다. 두 지역 모두 구릉지형이 많고, 주요 도로의 정체가 잦으며, 지하철역이 촘촘하지 않아 비역세권 구역이 상대적으로 많은 것은 사실이다. 하지만 이러한 한계들도 기술과 교통 인프라의 발전으로 하나씩 해소되고 있다. 봉천동의 주요 도로인 남부순환로는 강남순환도로 개통으로 교통량이 분산되었고, 서대문구의 대표적인 정체 구간인 통일로 일대는 '은평새길' 개발 사업이 추진 중이다. 사업이 완료되면 서북권 전반의 이동 편의성이 크게 개선될 것으로 기대된다. 또한 구릉지형이 많다는 점 역시 이제는 단점으로만 여겨지지 않는다. 건축 기술이 발전하면서 구릉을 활용한 설계가 가능해졌고, 오히려 조망이 뛰어나 프리미엄이 붙는 사례도 늘고 있다.

무엇보다 결정적인 변화는 교통이다. 서부선 경전철까지 개통되면 상황은 달라진다. 이 노선은 서울대입구에서 여의도를 지나 은평 뉴타운까지 이어지며, 관악구 봉천동과 서대문구 연희동 등 지금까지 교통 사각지대로 남아 있던 지역들을 직접 연결한다. 이처럼 관악구와 서대문구는 새로운 세대의 주거 선택 기준이 '합리성'과 '실용성'으로 바뀌면서 다시 조명받고 있다.

② 입지적 한계를 넘어설 은평구와 노원구

은평구와 노원구는 전통적인 서울의 베드타운이지만, 오랫동안 강남과 멀다는 이유로 평가 절하됐다. 이 물리적 거리는 단순한 이동의 불편을 넘어, 삶의 질과 직결되는 한계로 인식됐다.

그러나 최근 들어 GTX가 개통되면서 인식이 바뀌고 있다. GTX는 '수도권 광역 급행철도(Great Train Express)'의 약자로, 수도권 주요 거점을 고속으로 연결하는 철도망이다. 기존 지하철보다 정차역 수가 적고, 속도가 두 배 이상 빠르기 때문에 역과 역 사이를 훨씬 짧은 시간 안에 이동할 수 있다. 이를 통해 수도권과 서울 도심 간의 이동 시간이 획기적으로 단축되며, 도시 간 생활권이 사실상 하나로 통합되는 효과가 기대된다.

GTX가 경기도의 호재라고만 생각하기 쉽지만, 강남 접근성이 좋지 않았던 서울 외곽 지역에 더 큰 영향을 미친다. 은평구의 경우, GTX-A 노선의 연신내역이 핵심 교통 거점으로 떠오르고 있다. 이 노선이 완전히 개통되면 연신내에서 삼성역까지 약 15분대 이동이 가능해진다. 기존에 1시간 이상 걸리던 강남 접근성이 대폭 개선되는 것이다. GTX-A는 파주 운정에서 출발해 삼성역을 거쳐 동탄까지 이어지는 노선으로, 서울 서북권의 생활권을 실질적으로 강남권으로 연결시킬 게임 체인저로 평가받는다.

노원구 역시 상황은 비슷하다. GTX-C 노선이 지나는 광운대역은 향후 삼성역까지 10분 내외로 연결된다. 여기에 동부간선도로 지하화 사업까지 더해지면, 동북권의 고질적인 교통 정체도 크게 완화될 것이다. 그동안 강남과 멀어서 저평가됐던 지역이 '강남 생활권 지역'으로 재평가받게 될 가능성이 높다.

이러한 기술적 발전을 통한 변화는 교통의 편의성 개선에 그치지 않는다. GTX는 은평구와 노원구의 물리적 거리를 줄였을 뿐 아니라, 심리적 거리까지 함께 좁혀 놓았다. 결국 은평구와 노원구는 입지적 한계를 선진화된 기술로 극복한 대표적인 사례로 남을 것이다. 앞으로 교통 인프라가 완성될수록 이 지역을 평가하는 시장의 시선도 점차 달라지기 마련이다.

03

서울과 연결된
핵심 도시들

수도권은 대한민국의 수도인 서울을 중심으로 주변 도시들을 포함하는 권역을 말한다. 즉, 서울, 인천, 경기도를 아우르는 권역이다. 서울이 '노른자'라면 경기도와 인천은 이를 감싸는 '흰자' 같은 형태다.

경기도는 전국에서 가장 많은 인구가 거주하는 지역으로, 서울을 보완하는 주거지 역할을 한다. 서울과 인접해 있어 출퇴근이 가능한 베드타운 기능을 하기도 하지만, 동시에 경기도 자체에도 양질의 일자리와 산업단지가 조성되어 있어 전국 각지에서 인구가 꾸준히 유입되고 있다.

다만 경기도는 면적이 넓고 아직 개발되지 않았거나 검증되지 않은 지역이 많기 때문에, 투자 관점에서는 보다 심도 있는 분석이 필요하다. 경기도를 볼 때는 권역별 특성을 구분해 접근해야 한다. 우선 북부와 남부로 나누고, 그중 경기 남부는 다시 동쪽과 서쪽으로 구분해 살펴보는 것이 바람직하다. 권역별로 산업 구조, 개발 호재, 교통망, 인구 흐름이 모두 다르기 때문이다.

결국 핵심은 '서울과의 연결성'이다. 서울이라는 중심축과 얼마나 빠르고 효율적으로 이어질 수 있는지가 곧 가치의 기준이 된다. 이 챕터에서 다룰 경기도의 주요 지역들 역시 공통적으로 '서울과 새롭게 연결되는 지역'이라는 점에서 의미를 찾을 수 있다.

1기 신도시로 보는 경기 남부와 북부의 차이

서울의 주거 수요가 폭발적으로 늘어나며 도심이 포화 상태에 이르자, 정부는 주택난을 해결하기 위해 서울 인근에 새로운 도시를 조성하기로 했다. 그렇게 처음 탄생한 것이 바로 1기 신도시다. 대표적으로 1990년대 초반 입주가 시작된 분당, 일산, 평촌, 중동, 산본이 있다.

그중에서도 가장 큰 관심을 받았던 지역은 분당과 일산이었다. 두 도시는 서울을 대체할 수 있는 신흥 주거지로 주목받았지만, 시간이 흐르며 서로 다른 길을 걷게 되었다. 분당과 일산을 축으로 보면, 경기도는 자연스럽게 남부와 북부로 구분된다.

만약 지금 투자 관점에서 경기도 남부와 북부 중 한 곳을 선택해야 한다면, 대부분 경기 남부를 택할 것이다. 이유는 명확하다. 경기 남부는 대한민국 경제의 핵심축인 강남과 맞닿아 있으며, 판교테크노밸리와 광교신도시, 삼성전자 기흥캠퍼스와 화성캠퍼스 등 고용 창출력이 높은 산업벨트가 조성되어 있기 때문이다. 실제로 이 지역들은 수도권에서 가장 활발한 산업·경제 활동이 이루어지는 곳이자, 일자리와 인구가 꾸준히 유입되는 대표적인 성장축으로 자리 잡았다.

반면 경기 북부는 상대적으로 산업 기반이 약하고, DMZ 접경지역으로 군사보호구역이 넓게 설정되어 있어 군사적 제한이 있는 지역이다. 그래서 개발에 한계가 있으며, 교통망 역시 남부에 비해 확충 속도가 늦었다. 물론 최근 들어 GTX-A 노선이나 수도권 제2순환고속도로 등의 교통 개선 사업이 진행 중이지만, 구조적으로 경기 남부가 가진 우위를 단기간에 따라잡기는 쉽지 않다.

분당과 일산의 지난 30년은 '입지와 연결성'이 도시의 미래를 결정짓는다는 사실을 보여준다. 강남과 직접 연결된 분당은 배후 주거지로 빠르게 성장했지만, 일산은 서울 핵심지와의 접근성 한계로 성장 속도가 상대적으로 더뎠다.

결국 경기도의 가치는 공급량뿐 아니라 서울 핵심지와의 연결성, 그리고 산업·일자리 기반에 의해 결정된다. 그래서 신도시를 고를 때도 분양가보다 그 도시가 어디와 연결되고 무엇을 품고 있는지부터 봐야 한다.

서울과 새롭게 연결되는 도시들

과거 경부고속도로의 개통은 서울의 외연을 남쪽으로 확장시키며, 대한민국 도시 구조의 축을 바꾸어 놓았다. 이 도로를 따라 판교·분당·수원·동탄·오산·평택·천안 등 주요 도시들이 형성되었고, 지금은 수도권 남부의 핵심 생활권으로 자리 잡았다. 이처럼 서울 핵심지와의 연결성은 도시의 성장을 결정짓는 가장 강력한 요인 중 하나임을 보여준다.

다만 연결된다고 해서 모든 도시가 같은 속도로 발전하는 것은 아니다. 각 지역이 가진 산업적 기반, 입지적 특수성, 자족 기능 확보 여부가 결합될 때 발전의 속도와 방향이 달라진다. 판교가 첨단산업 중심의 자족도시로 성장하고, 평택이 산업벨트 중심 도시로 발전한 것이 대표적인 사례다.

현재 서울은 지방 도시로 이어지는 두 개의 새로운 성장축을 만들어가고 있다. 하나는 동남쪽의 서울-세종고속도로 라인, 또 하나는 서쪽의 서해 철도 라인이다. 이 두 축은 과거 경부고속도로가 그랬던 것처럼 서울 생활권을 확장시키는 새로운 축으로 주목할 만하다. 앞으로의 투자자는 이 두 라인을 따라 어떤 도시가 어떤 기능으로 성장하는지를 관찰해야 한다. 그 흐름 속에서 과거 경부축의 판교·동탄 같은 '다음 성장 중심지'를 발견할 수 있다.

① 서울-세종고속도로 라인: 신흥 거점 '용인과 안성'

판교·동탄·수원·평택이 기존의 경기 남부 거점 도시라면, 앞으로는 용인과 안성이 새로운 성장 축의 중심으로 부상할 가능성이 높다. 여기서 말하는 용인과 안성은 이미 도시 규모가 큰 중심 생활권이 아니라, 서울-세종고속도로가 관통하며 새롭게 열리는 나들목(IC) 인근 지역을 의미한다. 이 구간들은 기존 도시의 확장선이자 향후 산업·주거 기능이 집중될 지역이다.

용인은 이미 국내 핵심 산업인 반도체 중심 도시로 변하고 있다. 용인시 처인구 원삼면 일대에는 SK하이닉스 반도체 클러스터가 조성 중이며, 총 600조 원 규모의 투자로 수만 명 이상의 고용 효과가 전망된다. 과거 이천에 SK하이닉스 공장이 들어섰을 때 주변 지가가 급등했던 사례를 고려하면, 서울 접근성이 더 좋은 용인은 더 큰 파급 효과를 기대할 수 있다. 특히 서울-세종고속도로 남용인IC를 중심으로 용인테크노밸리, 반도체 협력업체 유입, 클러스터 연계 인프라가 맞물리며 산업과 인구가 동시에 유입되는 구조가 형성될 가능성이 크다.

여기에 더해 용인시 이동·남사읍 첨단시스템반도체 국가산업단지에는 삼성전자가 360조 원을 투자해 개발이 진행 중이다. 이곳은 기존의 삼성전자 기흥 반도체 단지와 직선거리 10km 내에 있어 생산·연구·물류가 유기적으로 연결되는 '용인 반도체 밸리'를 이룰 것이다. 즉 북쪽의 기흥과 남쪽의 남사~원삼 라인이 트라이앵글 구조로 이어지며, 용인 전역이 반도체 산업의 핵심축으로 자리매김할 예정이다. 그렇게 용인은 삼성전자와 SK하이닉스가 동시에 위치한 국내 유일의 도시로서, 대한민국 반도체 산업의 실질적 중심지로 성장할 가능성이 가장 높다.

그에 따른 부동산 지가 상승 흐름은 이미 진행 중이지만, 산업단지 조성과 인프라 확충이 동시에 진행되는 만큼 상승이 완전히 끝난 단계라고 보기는 어렵다. 본격 가동과 교통망 완성이 겹치는 시점에 한 번 더 가치 재평가가 이루어질 여지도 충분하다. 투자자라면 이 지역의 직장인의 시선으로 "어디서 거주하려 할까"를 먼저 떠올리고, 반도체 산업단지와 가까운 서울-세종고속도로 나들목 인근을 중장기 관점에서 살펴볼 필요가 있다.

기존에 안성은 경부고속도로 IC 인근 지역을 중심으로 상권이 성장해 왔다. 스타필드 안성 등 대형 상업시설이 들어서며 소비 기반이 확충되었고, 그에 따라 경부 IC 일대는 지가 상승 흐름을 보여왔다. 반면 안성 외곽 지역은 미분양이 남아 있는 등 지역별 온도 차가 존재했다.

현재 안성 외곽 지역에는 서울-세종고속도로의 네 개 나들목이 계획·조성되었으며, 이를 축으로 토지 거래가 활발히 이루어지고 있다. 따라서 이 지역을 주목할 필요가 있다.

수요자의 시선에서 도시가 조성될 때 가장 이상적인 순서는 주거시설보다 SOC가 먼저 구축되는 것이다. 하지만 공급자의 시선에서는 그게 말처럼 쉽지 않다. 그래서 대부분의 신도시는 주거가 먼저 준공되는데, 그 과정에서 생활의 불편과 미분양이 발생하기도 한다.

그런데 안성은 서울-세종고속도로라는 국가적 인프라가 도시 외곽을 통과하면서, 결과적으로 도시 개발보다 교통 인프라가 먼저 구축되는 구조를 갖추게 되었다. 이는 흔치 않은 흐름이며, 향후 주거와 산업이 자연스럽게 따라붙을 수 있는 기반이 선제적으로 마련된 셈이다.

더불어 용인시 원삼면과 안성시 보개면은 행정구역은 다르지만 서로 맞닿아 있어 하나의 생활권으로 묶일 수 있다. 이 구간은 원삼의 반도체 클러스터에서 발생하는 산업 수요와 안성의 주거 공급이 맞물리며 산업-주거 연계축으로 성장한다. 이는 과거 동탄-오산-평택이 하나의 성장축을 형성했던 흐름과도 도시 확장의 맥락에서 유사하다.

그래서 용인 원삼면과 안성시 보개면을 연결하는 325번 도로 라인도 관심을 가질 만하다. 반도체 클러스터와 산업 동선이 맞닿아 있어 향후 유동량이 늘어날 가능성이 있으며, 이 도로에 인접한 주택들은 직주근접성이 높아진다.

또한 고속도로 인프라가 구축되면 일반적으로 IC 인접 지역부터 가격 반응이 나타나는데, 이 역시 교통 접근성 개선이 공간 가치에 선행적으로 반영되는 전형적인 패턴이다. 그래서 안성에서 투자 지역을 살펴볼 때는 서울-세종고속도로의 고삼IC-안성맞춤IC-금광IC-서운입장IC를 기준으로 교통 접근성과 개발 흐름을 함께 파악해야 한다.

정리하자면 용인과 안성은 산업·교통·주거가 동시에 맞물리는 구조 속에서, 향후 수도권 남부의 신흥 거점 도시로 재편될 지역이다. 지금은 변화의 초입에 있지만, 교통망과 대규모 반도체 산업 인프라가 완성되는 시점에는 그 잠재력이 분명한 가치로 증명될 것이다.

② 서해 철도 라인: 송산그린시티-서평택-당진으로 이어지는 '서해축'

서울-세종고속도로가 수도권 동남부 내륙의 새로운 성장축이라면, 서쪽에서는 서해 철도라인이 그 역할을 한다. 서해선 복선전철은 수도권 서남부와 충남 서북부를 관통하며, 서울과 서해안 산업·주거 도시들을 하나의 네트워크로 연결하는 핵심 인프라다. 일부 구간은 이미 운영 중이며, 나머지 구간도 단계적으로 추진되고 있다. 완공 시에는 신안산선, 수인분당선, GTX-B 등과의 환승 체계가 구축되고, 계획대로 진행된다면 충남 홍성에서 여의도까지 1시간대로 접근할 수 있을 전망이다.

이로써 서울 중심부의 업무지구와 서해안 산업·주거 도시들이 하나의 생활권으로 묶이며, 향후 수도권의 서쪽 외연 확장을 이끌 주요 교통축으로 기능할 것이다. 즉, 서해선은 단순한 철도 노선이 아니라, 서울과 충청권을 연결하는 광역경제축으로 기능하며 서해안 산업벨트 전반의 가치 상승을 이끌 핵심 인프라로 평가된다.

이 라인에서 특히 주목할 곳은 화성 송산그린시티다. 송산그린시티는 화성시 남서부 해안에 조성 중인 자족형 신도시로, 주거·산업·관광이 어우러진 복합도시로 개발되고 있다. 특히 약 127만 평규모의 복합개발 부지 안에 테마파크·워터파크·스타필드·호텔·골

프장 등을 집약한 화성국제테마파크 사업이 추진되고 있다. 신세계·경기도·화성시가 함께 추진하는 수도권 최대 규모의 복합 관광단지 프로젝트로, 파라마운트 브랜드를 활용한 테마파크를 중심으로 2029년 개장을 목표로 하고 있다. 이 사업이 완성되면 관광시설의 기능을 넘어 도시 브랜딩 효과를 가져올 것으로 기대된다. 이로 인해 송산그린시티는 향후 관광·레저·상업·주거 기능이 동시에 확장되는 서해권 핵심 허브로 자리 잡을 가능성이 높다.

또한 서평택은 산업과 물류 거점으로 빠르게 성장하고 있다. 평택항을 중심으로 한 포승국가산단과 경기경제자유구역이 고덕국제신도시와 시너지를 이루며 대규모 산업·주거벨트를 갖춰가고 있다. 특히 평택항은 국내 최대 자동차 수출항이자 반도체·전자·철강 등 수출형 산업의 물류 허브로 자리 잡았다. 서해선 복선전철이 완전히 개통되면 수도권과 서해안 산업벨트가 하나의 생활·경제권으로 연결되며, 산업·물류 구조 역시 한층 강화될 것이다.

충남 당진 역시 중요한 축이다. 당진은 오랜 기간 '철강의 도시'로 불리며, 국가 기간산업의 한 축을 담당해 왔다. 현대제철 당진제철소를 중심으로 석문국가산업단지, 송산2일반산업단지, 합덕일반산업단지 등이 밀집해 있으며, 철강·기계·화학 등 제조업 기반이 형성되어 있다. 여기에 석문국가산단과 합덕역을 연결하는 인입 철도가 구축되면서 서해선 철도축과 연계된 물류 기반이 형성될 전망이다. 이에 따라 산업단지 내 제품의 출하와 수송 과정에서 철도 활용이 확대되며 전반적인 물류 효율이 개선될 것이다.

결국 송산그린시티-서평택-당진으로 이어지는 서해선은 관광·산업·물류가 결합된 축으로 작용하게 된다. 서울 접근성도 개선되며 기업과 인구, 소비가 함께 유입되는 구조도 점차 형성되고 있다. 결과적으로 산업단지와 주거지가 함께 성장하며 수도권 서남부의 새로운 경제 중심축으로 자리매김할 가능성이 높다.

이 지역의 투자 전략에서 중요한 점은 지방에 새로 개통된 역은 초기에는 규모에 비해 주변이 비어 있고, 상권과 생활 인프라가 부족한 경우가 많다는 것이다. 그러나 시간이 흐르며 역세권은 사람과 상업, 주거 기능이 점차 집적되는 구조로 변화한다. 무엇보다 서울과 직접 연결되는 노선일수록 수요 형성 속도는 더 빠르게 나타나는 경향이 있다.

이러한 변화가 진행되면 도시는 구시가지와 신시가지로 구분되고, 중심 기능 역시 역세권으로 이동하는 흐름을 보이는 경우가 많다. 투자자는 이러한 흐름을 고려해 초기 단계에서 선제적으로 접근할 필요가 있으며, 이는 중장기적으로 수익률을 높이는 전략이 될 수 있다.

다만 투자 시점에는 균형이 필요하다. 너무 앞서가거나 너무 늦어도 수익률이 떨어질 수 있다. 역세권 조성이나 도로망 확충이 이루어져도 생활편의시설, 교육, 의료 인프라가 따라붙는 속도는 지역마다 다르다. 실제로 서평택 안중 일대의 화양신도시는 교통 호재가 선반영되었지만, 생활 인프라가 미비해 한때 미분양이 발생하기도 했다.

경기 남부 서쪽 지역의 기대감은 상대적으로 동쪽보다 낮은 편이기 때문에, 그만큼 투자 타이밍도 달리 봐야 한다. 그래서 투자자는 지역에 따라 진입 시점을 달리 판단할 줄 아는 눈이 필요하다. 특히 경기 남서권은 철도 역사가 실제 개통된 이후에도 상권이 자리 잡고 생활 인프라가 가시화되는 시점까지 기다리며 매수 타이밍을 잡아야 안전하다.

또한 어느 부동산에 들어갈지도 신중해야 한다. 과거 평택 일대에서는 지식산업센터가 '대기업 입지는 수요 자동 유입'이라는 단순한 논리로 과잉 공급되며 공실 부담을 키운 적 있다. 대기업 유치가 곧바로 기회가 되는 것은 아니다. 협력사의 이전 속도, 임대료 수용력, 임직원들의 출퇴근 편의성 등 수요의 질적 수준을 세밀히 검증할 필요가 있다.

지식산업센터 투자를 고려한다면, "과연 수요자인 밴더 기업들이 이 지역으로 언제 이전할 것인가?"라는 질문에 스스로 답할 수 있어야 한다. 또한 투자 근거가 대기업 유치에 있다면, 기업 시설이 고용 인력이 제한적인 자동화 설비 중심인지, 핵심 인력이 상주하는 생산 거점인지에 따라 실제 수요는 크게 달라질 수 있다. 따라서 이러한 요소들 역시 사전에 면밀히 파악해야 한다.

서해축 투자의 핵심은 서해선을 따라 펼쳐질 산업벨트를 기반으로 수요가 어떻게 얼마나 빠르게 이동하는지를 확인하며 타이밍을 판단하는 것이다. 이 원칙을 지킨다면 과도한 기대나 조급함에서 오는 위험을 줄이면서도 성장의 결실을 함께할 수 있다. 해답은 책상

위가 아니라 현장에 있다. 직접 임장을 통해 지역을 느끼고, 중개업소의 이야기까지 종합해 보면 투자 방향에 대한 실마리는 분명히 드러난다.

결국 서해 철도 라인은 서울-세종고속도로와 함께 이중 성장축을 이루며, 수도권 남서부의 공간 구조와 도시 지도를 새롭게 그려갈 핵심 축으로 자리 잡게 될 것이다.

04

지정학적 희소성을 가진 지방 도시들

부동산 시장에서 지방 도시는 흔히 하나의 범주로 묶여 이야기되곤 한다. 그러나 실제로는 같은 지방이라도 도시의 성격과 성장 방식은 크게 다르다. 어떤 도시는 인구 규모나 산업 기반보다 지리적 위치와 국가 전략 속에서 형성된 역할 때문에 특별한 가치를 갖기도 한다. 이러한 도시들은 다른 지역이 쉽게 대체할 수 없는 지정학적 희소성이 있다. 특정 기능이 집중되거나 교통과 물류의 결절점에 놓이거나 자연환경과 국제 수요가 결합된 경우처럼 도시의 역할 자체가 구조적으로 정해져 있기 때문이다.

이 챕터에서 살펴볼 도시들은 바로 이러한 특징을 가진 지역들이다. 단순한 지역 수요나 개발 기대감으로 움직이기보다는, 국가 인프라와 장기적인 공간 구조 변화 속에서 의미를 갖는 도시들이다. 따라서 이들 지역을 이해할 때는 단기적인 시장 흐름보다 도시가 맡고 있는 기능과 앞으로의 역할을 함께 읽는 시각이 필요하다.

한국의 워싱턴 D.C., 세종시

대한민국의 수도 서울이 경제의 중심지라면, 세종시는 행정의 중심지로 설계된 도시다. 미국이 행정수도 워싱턴 D.C.와 경제수도 뉴욕으로 역할을 구분하듯, 우리나라 역시 기능적으로 분화된 이중수도 체계로 발전하고 있다.

세종시는 단순한 신도시 개발이 아니라, 국가의 균형 발전 전략 속에서 탄생한 도시다. 2003년 노무현 정부가 추진한 행정수도 이전이라는 국가적 프로젝트에서 출발했으며, 헌법재판소의 위헌 결정 이후 '행정중심복합도시'로 방향이 조정됐다. 이후 정권이 바뀌는 과정에서도 사업은 중단되지 않았다. 세종으로의 정부 부처 이전이 본격화되었고, 국회 세종의사당과 대통령 제2집무실 설치 계획이 확정되며 행정도시로서의 기반이 더욱 공고해졌다.

세종시는 대한민국의 중부권에 위치해 전국 각지에서 접근이 용이하다. 서울-세종고속도로가 완공되면 서울과의 거리감은 더욱 줄어들 것이고, 인근에 청주국제공항의 확장도 예정되어 있어 국내외 접근성이 크게 향상될 전망이다. 여기에 더해 서울 잠실과 청주공항을 연결하는 철도 노선 계획까지 논의되고 있어, 세종시를 중심으로 한 행정·교통·물류의 허브화가 가시화되고 있다.

도시의 구조 역시 국가 주도로 설계된 계획도시라는 특징을 갖는다. 도시 전역이 계획적인 도로망과 친환경 구조로 조성되었고, 도심을 가로지르는 BRT(간선급행버스체계)를 중심으로 주요 행정기관과 생활권이 연결된다. 기능과 동선을 고려한 도시 구조가 세종시의 가장 큰 강점이다.

그러나 아직 완성된 신도시로 보기는 어렵다. 행정기관 이전 속도가 예상보다 다소 느렸고, '차 없는 도시' 개념으로 설계된 좁은 도로는 실제 생활에서는 불편함으로 작용하고 있다. 또한 KTX 오송역에서 BRT로 환승해야 하는 교통 구조도 여전히 주요한 개선 과제로 남아 있다.

주택 시장에서도 한계가 드러난다. 행정도시 개발과 함께 대규모 주택 공급이 한 번에 이루어졌기 때문에, 전세가율이 낮은 편이다. 그래서 추후 행정도시 기능이 완성되는 시점에는 초기 공급된 주택들의 노후화 문제가 나타나기 쉽다. 더불어 세종시는 애초에 행정도시로 설계되었기 때문에 산업 발전이나 기업 유치 측면에서는 한계가 존재한다. 민간 일자리를 스스로 만들어내는 자급자족이 어려운 도시이기도 하다.

그럼에도 불구하고 세종시는 '완성형 도시'가 아닌 '진행형 도시'라는 점에서 가치가 있다. 앞으로 시간이 지날수록 인프라가 확충되며 도시 기능이 완성되기 때문이다. 청주공항 확장과 각종 SOC 개발로 인한 외부 도시와의 연결성이 강화되면 세종시의 거점성은 더욱 커질 것이다.

세종시 투자의 관건은 '행정 중심의 성장 방향'을 읽는 것이다. 정부청사와 대통령 제2집무실 등 핵심 기관이 밀집한 구역, 그리고 세종시의 대중교통 중심축인 BRT 역세권은 향후 주거 및 상업 수요가 꾸준히 유입될 것이다. 여기에 정부대전청사와 세종청사를 잇는 CTX 개통이 현실화된다면, 세종과 대전이 하나의 생활권으로 통합되며 그 가치가 한층 높아진다. 이 경우 역세권 예정지를 눈여겨 볼 필요가 있다.

이와 함께 서울-세종고속도로 세종IC 인근 토지도 살펴봐야 한다. 고속도로 나들목은 교통 접근성이 집중되는데, 특히 IC에서 세종시 택지지구로 이어지는 동선에 위치한 토지는 통행량 증가의 영향을 직접적으로 받는다. 교통 결절점에서 주거지로 연결되는 축은 상업·주거 기능이 단계적으로 확산되기 마련이므로, 해당 방향의 토지는 중장기적 관점에서 가치 상승 여지를 검토해 볼 필요가 있다.

요약하자면, 세종시는 '언제 완성되느냐'보다 '어떻게 완성되어 가느냐'를 지켜봐야 하는 도시다. 행정 수도이자 교통의 거점으로 대한민국의 공간 지형도를 다시 그려가는 중이기 때문이다.

북극항로의 중심, 해양도시 부산

지구 온난화로 북극해 해빙이 줄어들고 있다. 그 결과 북극항로(Northern Sea Route, NSR)의 상시 운항 가능성이 높아지며 전 세계 해운·물류 체계의 판도도 바뀌고 있다.

OECD 산하 국제교통포럼(ITF) 보고서에 따르면, 북극해 항로는 기존 수에즈 운하를 경유하는 노선보다 아시아·유럽 구간 항해 거리를 최대 40%까지 단축할 수 있다. 거리와 시간이 줄어든다는 것은 물류비 절감뿐 아니라 글로벌 항로의 중심축 자체가 이동할 가능성까지 시사한다.

이 변화 속에서 부산은 지정학적으로 매우 유리한 위치에 있다. 부산항은 컨테이너 처리량 기준 세계 7위 규모의 항만으로, 해양수산부 공식 통계에 따르면 2024년에는 약 2,440만 TEU의 물동량을 처리한 글로벌 환적항이다. 이는 부산이 단순한 항구 도시를 넘어 글로벌 물류 중심지로 성장하고 있음을 보여 준다.

부산의 성장 모델은 싱가포르와 비교되기도 한다. 싱가포르는 천연자원이 거의 없는 작은 도시국가였지만, 환적항으로서의 전략적 입지를 극대화하며 세계 무역의 허브로 성장했다. 말라카 해협을 지나는 국제 해운망의 중심에 자리한 덕분에 전 세계 화물이 잠시 머무르는 도시가 되었고, 그 물류와 인프라 위에 금융·관광·첨단산업이 결합하며 세계적인 도시국가로 도약했다.

부산 역시 동북아시아 물류망의 관문이라는 점에서 유사한 잠재력을 갖고 있다. 북극항로가 본격적으로 개방되면, 부산은 유럽과 아시아를 잇는 환적·보급 거점으로 성장할 가능성이 매우 높다.

이러한 변화에 맞춰 부산항은 북항 재개발과 신항 확장을 동시에 추진하고 있다. 부산항만공사(BPA)가 주도하는 북항 2단계 재개발 사업은 항만 기능을 넘어 컨벤션센터, 해양문화시설, 업무시설, 주거시설을 포함한 대규모 해양 복합도시 조성을 목표로 한다. 기존의 물류 중심 항만 기능에 MICE 산업, 관광, 비즈니스 기능까지 결합되면, 이는 싱가포르가 걸어온 '복합 해양도시 모델'을 그대로 잇는 셈이다.

또한 부산·울산·경남은 대한민국 조선 산업의 심장이다. HD한국조선해양, 삼성중공업, 한화오션으로 대표되는 3대 조선사가 밀집한 이 지역은 해운·조선·물류 산업이 하나의 산업 벨트를 이루고 있다. 이러한 산업적 연계는 북극항로의 상업화가 본격화될수록 더욱 큰 시너지를 낼 것이다. 실제로 해양수산부가 부산으로 이전하며, 부산항을 북극항로 전담 기항지이자 선박 정비·보급 거점으로 육성하겠다는 계획을 발표한 것도 이러한 흐름을 뒷받침한다.

부산은 현재 인구 감소 지역으로 분류되지만, 이는 도시의 쇠퇴라기보다 산업 구조가 전환되면서 나타나는 과도기적 현상에 가깝다. 제조업 중심에서 물류·서비스업으로 이동하는 국면에서, 가덕도 신공항 건설과 북항 재개발 같은 대형 프로젝트가 도시 경쟁력을 재편하고 있다. 특히 2035년 개항을 목표로 추진 중인 가덕도 신공항이 부산항·북항·국제업무지구와 연결되면, 오랫동안 닫혀 있던 바다가 다시 열리며 부산은 동북아 해상·항공 복합 물류의 새로운 중심으로 재편될 것이다.

이 과정에서 부산 북항은 항만 재개발을 토대로 물류·국제업무·해양관광 기능이 복합적으로 어우러지는 공간으로 바뀌고 있다. 그중에서도 국제기구나 글로벌 기업이 입주하는 지역에서는 '생활 인프라'보다 '업무 연계 인프라'가 먼저 움직이는 경향이 있다. 업무

활동과 직접 연결되는 시설이 우선적으로 들어서기 때문이다. 항만 배후 물류창고 부지와 업무시설은 산업 활동의 직접 수요를 흡수하는 1차 수혜 영역이며, 기업 지원 기능을 수행하는 백오피스형 오피스텔이나 소형 업무시설 역시 실사용 기반 수요가 형성될 수 있다.

또한 항만·국제업무지구 인근의 해양 및 항만 조망 주거지는 근무 수요와 외부 유입 수요를 동시에 흡수할 수 있는 위치적 강점을 지닌다. 때문에 항만 조망이 가능한 주거지는 그 상징성과 희소성을 함께 가질 수 있어 향후 프리미엄이 형성될 여지가 충분하다.

결국 부산 북항은 생활 중심 상권 확장형 개발이라기보다 산업 기능이 공간 가치를 견인하는 구조에 가깝다. 따라서 이 지역은 주거 수요만을 전제로 접근하기보다는 물류·업무·국제 네트워크 확장과 연계된 수요 흐름을 함께 분석해야 한다.

하늘이 선물한 입지, 제주

제주는 '아시아의 하와이'로 불릴 만큼 천혜의 자연환경을 자랑하는 지역이다. 동시에 지정학적으로도 독특한 가치를 지녔다. 대한민국을 거꾸로 놓고 보면 중국 상하이와 일본 규슈, 한반도 남단을 잇는 삼각축의 교차점에 놓여 있다. 그중에서도 제주는 이 삼각축의 최전선에 놓여 있다. 이러한 위치는 국제 물류와 관광의 중간 허브로 성장할 수 있는 잠재력을 지닌 도시로 만든다.

이러한 지정학적 이점 위에 자연환경과 국제 수요가 결합하며, 제

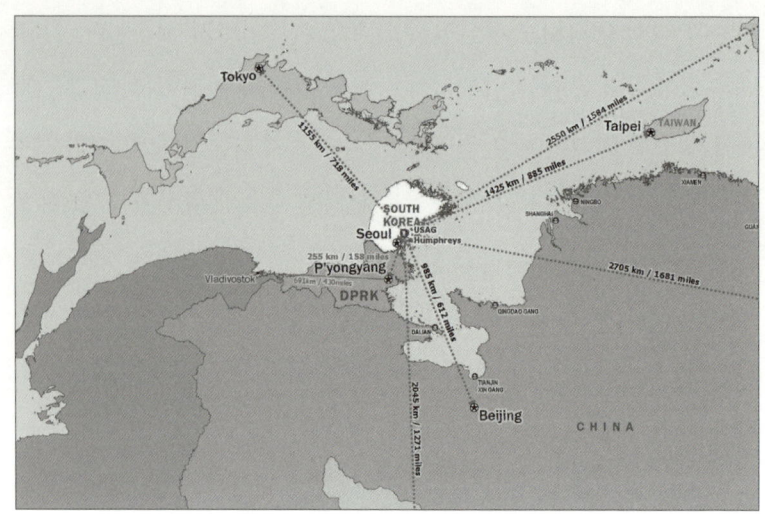

주의 부동산 가치는 장기적으로 견고한 구조적 성장 기반을 갖춰가고 있다.

① 하늘길이 도시를 만든다, 성산읍과 제2공항

제주에서 가장 주목할 지역은 서귀포시 성산읍이다. 성산읍은 제주 제2공항이 추진되고 있는 곳으로, 공항을 중심으로 한 공간 재편이 예상되는 지역이기 때문이다.

섬이라는 지리적 특성상 공항의 가치는 육지에 비할 바가 아니다. "지방 도시에 공항이 생긴다고 해서 가치가 오르진 않는다"라는 말이 제주에서는 그대로 적용되기 어렵다. 제주에서 하늘길은 선택이 아니라 필수에 가깝기 때문이다. 서울-제주 노선은 세계에서 운항이 가장 많은 노선이며, 현재 제주공항은 포화상태에 이르렀다. 이러한 문제를 해결하기 위해 제2공항 건설 계획은 총사업비 약 6조 원 규모의 국가사업으로 추진되었다. 국토부 계획에 따르면, 신공항 건설로 기존 제주공항의 과밀을 해소하고 연간 최대 약 2,000만 명의 여객을 추가 수용할 수 있는 인프라를 갖추게 될 전망이다.

더 중요한 점은 공항 자체보다 그 이후의 공간 구조 변화다. 제주 제2공항은 정부 차원의 개발 절차가 진행 중이며, 이에 맞춰 제주도와 JDC도 성산읍 일대를 중심으로 배후도시와 혁신 기능 도입 구상을 병행하고 있다.

아직 구체적 규모와 방식이 확정된 단계는 아니지만, 공항 건설 논의와 도시 기능 확장 계획이 동시에 검토되고 있다는 점은 분명하다. 제주처럼 항공 의존도가 높은 섬에서는 공항이 교통시설의 역할을 넘어 산업과 생활권 구조를 재편하는 거점이 된다. 성산읍이 주목받는 이유도 바로 그 변화의 가능성에 있다.

그래서 공항이 들어서면 숙박·렌터카·레스토랑과 같은 상업시설들도 유입되며, 기존에 없던 새로운 인프라가 만들어진다. 현재 성산읍은 조용한 어촌이지만, 공항 개항과 함께 구상 중인 도시계획들이 본격화될 경우 제주 동부의 신성장 거점으로 부상할 가능성이 높다.

② 교육이 인구를 만든다, 대정읍과 표선면

두 번째로 주목할 지역은 서귀포시 대정읍과 표선면이다. 이 두 지역의 공통점은 '교육 인프라가 인구를 끌어올리는 구조'를 실질적으로 증명한 지역이라는 점이다.

먼저 대정읍 국제영어도시는 2008년 JDC가 조성한 신도시로, 노스런던컬리지에잇스쿨(NLCS)·브랭섬홀아시아(BHA)·한국국제학교(KIS)·세인트존스베리아카데미(SJA) 네 개의 국제학교가 운영 중이다. 향후 한두 개 학교가 추가로 들어설 수 있는 부지도 남아 있다. 전국 각지에서 국제학교 진학을 위해 이주하는 가구가 꾸준히 유입되며, 고소득·전문직 중심의 정주 인구가 자리 잡았다. 제주 전역이 인구 감소 압력을 받고 있음에도, 국제영어도시는 제주에서 꾸준한 인구 유입이 이어진 예외적인 지역으로 평가된다. 실제로 서귀포시 대정읍에 국제학교가 들어서며 주거 수요가 빠르게 증가했고, 인근 토지와 주택 가격도 뚜렷한 상승 흐름을 보였다. 교육 수요를 바탕으로 뿌리내린 생활권은 단기간에 소멸되지 않기 때문에 현재까지도 일정 수준의 가치와 수요를 유지하고 있다.

한편 표선면은 IB(International Baccalaureate, 국제 바칼로레아) 교육과정을 중심으로 또 다른 성장 모델을 보여준다. IB는 탐구·비판적 사고·자기주도성을 강조하는 국제 인증 교육 프로그램으로, 국내 도입 학교 수가 아직 많지 않아 교육적 희소성이 매우 높은 커리큘럼이다. 그중에서도 표선초·표선중·표선고처럼 읍면 단위에서 IB 교육을 체계적으로 운영하는 지역은 사실상 전국에서도 손에 꼽힌다.

그 결과 표선면은 제주 읍면 지역 가운데 인구 증가가 나타난 몇 안 되는 지역으로 기록되었고, 학생 수와 세대수가 동시에 늘며 주거 수요와 상권도 살아나고 있다. 교육 선택지가 곧 지역 경쟁력이 되는 구조가 실제로 이미 작동 중이다.

아직은 이러한 변화가 제주 전체를 뒤흔들 만큼 확산된 것은 아니지만, 제주가 '교육 기반 신성장 전략'을 적극 추진하고 있다는 점은 틀림없다. 국제학교 클러스터 확장, IB 공교육 도입 확대, 글로벌 교육도시 브랜드 구축 등을 통해 교육 인프라 강화에도 속도를 내고 있다. 이러한 정책적 의지와 교육적 투자가 지속된다면, 지금의 작은 변화는 장기적으로 표선면 가치 상승에 긍정적 영향을 주게 될 것이다.

③ 물류와 산업의 가능성, 번영로

세 번째로 살펴볼 축은 제주시와 서귀포시를 잇는 번영로(97번 국도) 라인이다. 이 도로는 제주공항과 제2공항 예정지, 그리고 현재 확장 중인 제주신항을 연결하는 제주의 물류 대동맥이다. 제주신항은 화물과 크루즈 기능을 동시에 갖춘 복합 항만으로 개발 중이며, 제주는 장기적으로 북극항로 시대를 대비한 물류 거점 항만으로의 여지도 열어두고 검토하고 있다.

제2공항은 여객 기능 분산을 주 목적으로 하고 있지만, 일부 항공 화물 처리 기능도 포함하는 구조로 계획되고 있다. 그래서 제주신항 사업과 맞물릴 경우 항공과 해운을 연계한 물류 기능 강화가 제기된다. 향후 두 인프라가 모두 구축될 경우 제주공항-제주신항-제2공항을 잇는 교통·물류 축이 형성되며 관광과 산업 기능이 결합되는 공간 구조로 발전할 여지가 있다.

이 흐름 속에서 번영로 일대 토지의 가치는 주목할 만하다. 물류 이동과 바로 연관된 물류창고 및 운송 관련 산업에 필요한 부동산의 수요가 커질 수밖에 없기 때문이다. 실제로 제주공항과 제2공항 예정지를 잇는 번영로와 인근 도로 확장이 진행되고 있으며, 비자림로 확장 공사는 논란 끝에 완공되었다. 이는 향후 물류 수송량 증가를 전제로 한 기반 정비라는 점에서 의미가 있다.

송당리 일대가 주목받는 이유도 여기에 있다. 봉개동이 중산간 지역임에도 기존 공항의 배후 기능을 담당하며 산업적 입지를 쌓아 온 것처럼, 송당리 역시 제2공항과 번영로를 잇는 핵심 축에 자리하고 있다. 스타벅스 같은 대형 프랜차이즈가 입점을 결정했다는 점 역시 기업들이 이미 교통축 변화와 유동 인구 확대 가능성을 일정 부분 선반영하고 있다는 신호로 해석할 수 있다.

물론 제주 개발은 '보존'이라는 전제가 함께 따른다. 세계자연유산 지역이라는 특성상 환경영향평가를 거쳐야 하며, 주민 의견 또한 사업 추진에 중요한 변수로 작용한다. 이러한 구조로 인해 개발 속도는 상대적으로 신중하게 진행되는 경우가 많다. 그러나 보존과 조화를 이루는 범위 안에서 필요한 개발은 이루어져야 자연의 가치와 도시의 기능이 균형 있게 유지될 수 있으며, 제주가 장기적으로 지속 가능한 성장 경로를 확보할 수 있다.

제주는 하늘이 대한민국에 선물한 아시아 최고 수준의 입지를 가진 땅이다. 성산의 하늘길, 대정과 표선 중심의 교육 인프라, 그리고 번영로를 따라 이어지는 제주공항-제주신항-제주2공항 산업 축은 제주의 미래를 지탱할 핵심이다. 이 가능성을 따라 제주는 '보존 속의 성장'이라는 새로운 도시 모델을 만들어갈 것이다.

5장

아무도
알려주지 않는
부동산
이야기

01

부동산 시세의 변곡점, 금리

부동산 시장을 말할 때 빠지지 않고 등장하는 키워드가 바로 '금리'다. 수억 원에 이르는 부동산은 대부분 대출을 통해 거래되기 때문에, 금리 변화는 곧바로 시장 심리와 가격에 영향을 미친다. 그래서 부동산 이야기를 하다 보면 자연스럽게 "요즘 금리가 어때?"라는 질문이 따라붙는다.

그중에서도 자주 언급되는 것은 '기준금리'다. 기준금리란 한국은행이 금융기관과 거래할 때 적용하는 기준이 되는 정책금리다. 이 기준금리를 바탕으로 시중은행은 일반 소비자에게 대출을 해주고, 이 과정에서 은행도 수익을 남겨야 하므로 기준금리에 가산금리를 더해 최종 대출금리를 산정한다. 따라서 기준금리가 오르면 주택담보대출이나 전세자금대출 같은 실수요자 금융 비용이 전반적으로 상승한다.

이에 따라 관심은 자연스레 "기준금리는 언제 내려갈까?"라는 질문으로 이어진다. 다만 우리나라 기준금리의 방향은 미국의 금리 정책과 깊이 연결되어 있다. 한국은행은 독립적인 통화정책 기관이지만 미국이 금리를 올리거나 내리는 방향에 따라 자본 유출입이나 환율 불안 등이 발생할 수 있기 때문에, 금리를 단독으로 크게 움직이기 어렵다.

결국 우리가 알아야 할 질문은 이것이다. "미국은 언제 금리를 내릴까?" 이를 이해하는 데 필요한 것은 복잡한 경제 이론이 아니라 수요와 공급, 그리고 물가와의 관계다. 금리는 소비와 투자를 조절하는 도구이고, 소비와 투자는 수요를 만든다. 수요와 공급의 균형이 깨지면 물가가 움직이고, 물가의 흐름은 다시 금리 정책의 기준이 된다. 이 세 가지는 하나의 고리처럼 긴밀하게 연결되어 있다.

금리를 움직이는 진짜 변수, 물가

물가는 공급이 부족하거나 수요가 넘치면 오른다. 반대로 물가가 안정되려면 공급이 원활해지거나 수요가 줄어야 한다. 이 수요와 공급은 정부의 유동성 정책과 금리 조정을 통해 직접적인 영향을 받는다.

금리가 오르면 대출 이자 부담이 커지면서 소비가 위축되고, 기업 역시 투자를 보류하거나 생산을 줄인다. 이는 자연스럽게 수요 감소와 경기 위축으로 이어진다. 반대로 금리를 낮추면 자금 조달 비용이 줄어 소비와 투자가 늘고, 수요가 증가하면서 기업의 생산과 고용도 함께 증가한다. 이 과정에서 경기가 살아난다.

문제는 이 균형을 이상적으로 유지하는 것이 매우 어렵다는 데 있다. 유동성이 실물경제로 흘러 들어가 소비와 생산이 함께 늘어나면 경기 회복에 긍정적인 효과를 주지만, 유동성이 자산 시장에만 집중되면 상황은 달라진다. 부동산, 주식, 암호화폐 같은 자산 가격만 급등하고, 버블 형성이나 인플레이션 같은 부작용이 뒤따른다. 이는 실물경제와 괴리된 자산 가격 상승을 초래하고, 일반 소비자들은 오히려 체감 경기가 악화되었다고 느낀다. 그래서 정부와 중앙은행은 유동성을 공급하고 금리를 조절하며, 그 미세한 균형을 유지하려 한다.

코로나19 시기, 미국은 경기 회복을 위해 유례없는 규모로 유동성을 공급했다. 개인에게는 현금성 지원금을 지급하고, 기업에는 대규모 금융 지원을 단행했다. 그 결과 미국의 통화량은 사상 최고치를 기록했고, 이 유동성은 자산 시장으로 집중되며 자산 가격을 끌어올렸다. 동시에 소비와 생산이 늘면서, 물가 상승과 함께 인플레이션이 본격화되었다.

이런 상황에서 연준이 금리를 내리면 어떤 일이 벌어질까? 인플레이션 압력이 높아진 상황에서 금리를 인하하면, 소비 심리가 더 자극되어 물가 상승이 가속될 수 있다. 그래서 연준은 물가가 확실히 안정될 때까지 금리 인하를 단행하지 못했고, 오히려 기준금리를 공격적으로 인상해 왔다. 소비와 고용 지표가 비교적 탄탄하게 유지된 것도 연준이 긴축을 지속할 수 있었던 배경이다.

이러한 미국의 긴축 기조는 한국을 포함한 전 세계 주요 국가들의 기준금리에도 영향을 미쳤다. 우리나라 역시 팬데믹 시기 대규모의 유동성을 시중에 공급했다. 정부는 경기 회복과 민생 안정을 위해 1차부터 3차 긴급재난지원금을 지급했으며, 전 국민 대상 현금성 지원과 피해 계층 선별 지원으로 점차 확대되었다. 단기적으로는 소비를 자극하고 내수를 진작시키는 효과가 있었지만, 동시에 물가 상승 압력 또한 커졌다. 특히 장바구니 물가가 오랫동안 높은 수준을 유지했다.

더욱이 소득도 문제였다. 일반적으로 경기 회복은 기업 매출과 이익이 먼저 개선되고, 그 이후에야 고용과 임금 같은 소득 지표가 뒤따른다. 그 사이 사람들은 물가는 오르는데 내 소득은 그대로인 현실을 체감한다. 자산을 보유한 일부 계층은 자산 가격 상승의 혜택을 누렸지만, 그렇지 않은 계층은 상대적 박탈감을 느낀다. 숫자상 경기는 회복됐지만 체감 경기는 오히려 나빠졌다는 인식이 여기서 나온다.

이 지점에서 정책 당국은 균형 잡힌 판단을 해야 한다. 경기를 너무 빠르게 식히면 실업과 소비 위축이라는 악순환에 빠질 수 있고, 너무 늦게 조이면 인플레이션이 굳어질 수 있다. 우리나라 역시 물가 안정을 최우선 과제로 삼아 미국을 따라 기준금리를 올리기 시작했다. 제로금리 수준에서 수차례 인상을 거쳐 3.50% 수준까지 올라갔다. 이는 단순한 금리 조정을 넘어 물가를 반드시 잡겠다는 정부의 강한 정책 의지를 보여준다.

그러나 우리나라는 미국과 달리 주택담보대출 의존도가 높아서

고금리가 장기화될 경우 실물경제에 미치는 부담이 더 크다. 이자 부담이 곧 소비 위축으로 이어지기 때문에, 한국은 미국보다 더 이른 시점에 금리 인하가 불가피하다. 그렇다고 미국보다 먼저 금리를 내리기도 쉽지 않다. 대외 의존도가 높은 구조에서 독자적인 금리 결정은 항상 부담을 동반한다. 결국 이런 상황에서 우리는 '올리기도, 내리기도 어려운' 구간에 놓이게 된다.

이럴 때 기준금리의 방향을 가늠할 수 있는 핵심은 미국의 경제 지표다. 연준이 금리 인하를 검토하려면 소비 둔화, 고용 냉각, 물가 안정과 같은 흐름이 확인되어야 한다. 따라서 금리 방향을 예측하기 위해서는 미국의 비농업 고용지표, 실업률, 소비지표, 물가 지표 등을 점검해야 한다.

왜 돈이 풀리면 부동산이 오를까

인플레이션은 화폐 가치의 하락을 뜻한다. 동일한 금액으로 살 수 있는 상품의 수가 줄어들면, 상대적으로 실물자산의 가치가 올라간다. 대표적인 실물자산이 바로 부동산이다. 그래서 유동성 확대 정책은 단기적으로는 도움이 될 수 있지만, 장기적으로는 물가 상승과 자산 가격 부담이라는 '인플레이션 세금'을 남길 수 있다.

부동산 비중이 큰 한국에서는 이 효과가 더 직접적으로 나타난다. 따라서 부동산 시장을 판단할 때는 현재의 금리 수준만 볼 것이 아니라 금리가 왜 움직이는지 배경 구조를 이해해야 한다. 결국 금리의 방향을 읽을 수 있어야 부동산의 흐름도 예측할 수 있기 때문이다. 이 흐름을 이해하는 사람이 매수와 매도의 타이밍을 정확히 포착할 수 있다.

02
급매를 잡기 위해
반드시 알아야 할 두 가지

부동산 투자에서 가장 중요한 것은 얼마나 싸게 살 수 있느냐다. 부동산에는 분명 시세가 존재하지만, 거래는 개인과 개인 간에 이루어지기 때문에 언제나 급매가 발생한다. 이로 인해 매도자와 매수자 간의 줄다리기는 팽팽할 수밖에 없다.

시장 분위기에 따라 매도자 우위 시장과 매수자 우위 시장이 반복되며, 같은 아파트라도 상황에 따라 10억짜리 매물을 1억 이상 싸게 살 수도 있고, 반대로 계약 후 시세가 오르며 거래가 무산되는 일도 생긴다. 그렇다면 아파트 급매는 어떻게 잡아야 할까?

수년간 부동산 거래를 관찰하며 느낀 점은 명확하다. 부동산 거래에는 투자자가 반드시 이해해야 할 두 가지 핵심 특징이 존재한다. 이 개념들은 얼핏 당연해 보이지만, 아는 것과 실제 투자 판단에 적용하는 것은 전혀 다른 문제다. 이 두 가지를 제대로 이해하고 활용할 수 있을 때 비로소 급매를 잡을 수 있는 눈이 생기고, 수익률 역시 달라진다.

부동산 시세는 생각보다 정직하다

부동산 시세를 자세히 들여다본 사람이라면 알게 된다. 부동산의 장단점이 시세에 고스란히 반영된다는 사실을. 입지가 좋고, 역세권이며, 학군까지 갖춘 한강뷰 신축 대단지는 비쌀 수밖에 없다. 같은 단지 안에서도 층, 동, 조망, 내부 상태에 따라 가격이 달라진다. 그래서 대부분의 매수자는 한정된 예산 내에서 무엇을 포기하고 무엇을 취할지 끊임없이 저울질한다.

예를 들어 어느 지역에서 5억 원으로 주택을 매수하려 한다고 가정해 보자. 부동산 매물 사이트에서 5억 원을 예산으로 설정해 검색해 보면 금세 일정한 패턴을 알 수 있다. 역세권 매물은 비교적 면적이 좁고, 넓은 면적의 주택은 역에서 멀다. 같은 지역에서도 입지에 따라 5억으로 매수 가능한 주택의 면적이 다르다는 것이다. 그러다가 중개사로부터 "역세권에 넓은 집이 나왔다"라는 이야기를 듣고 찾아가 보면, 반지하이거나 엘리베이터 없는 4~5층인 경우가 많다. 입지는 좋지만 시세가 낮다면, 그만한 이유가 있는 것이다. 이처럼 육각형에 가까운 조건을 갖출수록 가격이 올라가는 것은 당연한 원리다.

그래서 나는 부동산은 '정직한 자산'이라고 표현한다. 하지만 이 말은 예측이 가능하다는 뜻이기도 하다. 적정 시세의 기준값을 정확히 알고 있다면, 특정 부동산의 적정 시세와 향후 가격을 산출할 수 있기 때문이다. 쉽게 말해 지하철역과 5분 거리인 역세권 아파트가 5억이고, 동일한 조건의 비역세권 아파트가 3억이라면, 동일한 조건의 15분 거리 준역세권 아파트는 4억 수준이라고 유추할 수 있는 것이다. 아파트 로열층이 5억이라면 저층은 그 이하일 것이라는 예측도 해볼 수 있다.

급매를 만드는 변수들

시세가 정직하게 반영된다고 해도, 부동산에도 예외 없이 변수는 있다. 이러한 변수는 때로 시세보다 낮은 매물을 만들어내기도 한다. 특정 지역에서 강력 사건이 발생하거나 브랜드 아파트의 부실공사 문제가 터지면, 사람들은 가장 먼저 "집값 떨어지는 거 아니야?"라고 걱정한다. 반대로 새로운 업무지구나 교통 호재가 생기면 "이제 집값 오르겠네"라고 반응한다. 이처럼 호재와 악재 역시 시세에 반영되며, 가격 형성의 일부가 된다.

또한 부동산은 단순한 투자 대상이 아닌 사람이 생활하는 공간이다. 거주자의 사망, 상속, 급전 필요 등 개인적 사정으로 급하게 매도해야 하는 경우도 적지 않다. 이러한 사연 있는 매물은 발품을 팔지 않으면 쉽게 드러나지 않는다. 정찰제가 아닌 개인 간 거래이기 때문에 가격은 언제나 유동적이다.

이처럼 다양한 변수로 인해 시장에는 예상보다 낮은 가격의 매물이 등장할 가능성이 늘 존재한다. 특히 시세가 안정되지 않았거나 호재가 막 반영되기 시작한 지역에서는 이러한 현상이 더 두드러진다. 대규모 주택 공급, 지하철 개통, 상권 유치 같은 변화가 발생하면 초기에는 오히려 매물이 한꺼번에 쏟아지며 공급이 일시적으로 늘어난다. 많은 매도자가 '지금이 팔 타이밍'이라고 판단해 시장에 나오기 때문이다. 이 과정에서 단기적인 가격 왜곡과 급매가 발생한다.

급매는 시간차에서 나온다

부동산 거래에서 핵심은 '정직함'과 '변수'다. 얼핏 보면 서로 모순돼 보이지만, 이 두 요소는 부동산 시장에서 동시에 작용하며 중요한 의미를 갖는다. 정직함은 부동산이 결국 제 가치를 향해 움직인다는 뜻이고, 변수는 그 과정에서 외부 요인들에 의해 일시적인 왜곡이 발생할 수 있음을 의미한다. 그리고 그 사이에서는 필연적으로 '시간차'가 발생한다.

부동산이 다양한 변수로 기존의 기준선에서 벗어났다가 다시 제자리를 찾기까지는 반드시 일정한 시간이 필요하다. 이는 마치 고무줄을 당겼다가 놓았을 때 원래 위치로 되돌아오기 전까지 잠시 흔들리는 탄성과 닮았다. 투자자는 바로 이 시간차를 정확히 읽어야 한다. 지금의 거래가가 단순히 일시적인 흔들림인지, 아니면 새로운 기준이 형성되는 예측 불가능한 전환점인지를 구별할 수 있어야 한다.

그리고 그 판단의 열쇠는 해당 지역에 대한 깊이 있는 이해에 있다.

부동산 공급 역시 강력한 변수다. 신축 아파트가 대규모로 공급되는 지역에서는 입주 전후로 분양권, 잔여 세대, 전월세 물건이 동시에 쏟아지며 일시적인 과잉 상태가 만들어진다. 이 과정에서 급매가 등장하기도 한다. 하지만 상주인구와 미래 유입 인구 대비 과도한 공급이라면, 이 물량이 실제로 소화되기까지는 상당한 시간이 소요될 수밖에 없다. 이는 탄성의 시간차가 길어질 수 있다는 의미이며, 수요가 뒷받침되지 않는다면 아예 시세가 새롭게 자리 잡는 전환점이 될 수도 있다.

대구의 사례가 이를 잘 보여준다. 2020년대 초반 활발한 정비사업과 대규모 신규 분양으로 수만 세대의 아파트가 공급되었지만, 가격 조정과 거래 침체가 장기간 지속되면서 결국 투자자들의 유동성은 묶이게 되었다. 하지만 시간이 지나며 일부 지역에서는 매물이 소화되고 서서히 가격이 안정되는 모습도 나타났다. 그렇기에 투자자에게는 다시 원위치로 돌아오거나 가치의 기준점이 더 높아질 수 있는 '탄성 있는 지역'을 고르는 안목이 필요하다.

심리 역시 시세를 움직이는 변수다

부동산 시장에서는 거래 당사자들의 기대감이 시세를 결정하는 데 중요한 기준이 된다. 기대감이 높은 지역의 시세가 우선적으로 반영되고, 상대적으로 주목도가 덜한 지역은 시간이 지난 뒤 뒤늦게 시세에 반영된다. 이 과정에서 발생하는 간극이 바로 '심리적 탄성'이다.

예를 들어 새로운 지하철이 들어오는 교통 호재가 있더라도, 기대감이 큰 초역세권 지역은 시세가 빠르게 선반영되고, 준역세권은 일정한 시간이 지난 뒤 서서히 따라 올라오는 흐름을 보인다. 따라서 초역세권 매물이 시세에 반영된 시점을 포착할 수 있다면, 준역세권 매물의 상승 여력 역시 일정 부분 예측할 수 있다.

물론 가장 이상적인 경우는 초역세권이 호재에 영향을 받기 전에 매수하는 것이다. 하지만 초기 단계에서 그 흐름을 예측하는 일은 현실적으로 쉽지 않다. 그래서 투자자는 시장에 드러난 시그널을 통해 간접적으로 흐름을 읽어야 한다. 그 시그널 중 하나가 바로 핵심지의 시세 상승이다. 핵심지가 먼저 반응했다는 것은, 일정한 시간차를 두고 인근 지역도 뒤따라 시세가 오른다는 의미다. 이처럼 예측 가능한 구조 안에서 판단하고 움직이는 것이 핵심이다.

부동산 투자자는 시세의 탄성이 본격적으로 작동하기 전, 정확한 기준값과 시간차를 인식해 움직일 수 있는 안목이 필요하다. 이를 위해선 꾸준한 관심과 지역 분석 그리고 급매가 나왔을 때 나에게 연락을 해줄 관심 지역 공인중개사들과의 정보 교류가 반드시 선행되어야 한다.

이러한 탄성 구조는 각종 변수로 인해 단순하게 작동하진 않지만, 그렇다고 비현실적인 전략도 아니다. 시세의 '정직함'과 '변수'라는 두 가지 특징을 동시에 인식한다면, 급매를 찾아내는 눈이 생긴다.

그렇기에 싸게 사고 비싸게 파는 이 기본 원칙은 간단하지만 본질적인 인식에서 출발한다.

부동산 투자는 통계 싸움이 아니다. 데이터의 평균값을 계산하는 일이 아니라 내가 살 수 있는 단 하나의 좋은 매물을 찾는 일이다. 중요한 것은 내가 그것을 찾아낼 수 있느냐다.

좋은 매물은 분명히 존재한다. 다만 많은 사람들이 통계를 근거로 그런 매물은 없다고 단정하며 현장에 나가지 않는다. 그러나 기회를 잡는 사람은 다르다. 통계에는 잡히지 않는 매물을 직접 확인하고, 남들이 지나친 기회를 찾아낸다. 그렇게까지 움직이는 사람은 생각보다 많지 않기 때문이다. 그 한 발의 차이가 결국 한 채의 차이를 만든다.

03

재건축과 재개발,
입지의 본질을 이해해야 한다

재건축과 재개발은 부동산 시장을 움직이는 두 축이다. 두 사업 모두 노후 주거지를 새롭게 바꾸는 정비 방식이지만, 그 출발점과 목적이 분명히 다르다. 재건축은 이미 아파트 단지가 들어선 지역에서 진행되는 사업으로, 노후 아파트의 구조적 안전 문제나 노후화로 인해 새 아파트로 교체하는 데 초점이 맞춰져 있다. 기반시설과 생활권이 이미 갖추어진 경우가 많기 때문에, 건물 가치의 회복과 단지 업그레이드가 핵심이다.

반면 재개발은 다가구주택·다세대주택·빌라·상가가 뒤섞여 있는 노후 주거지 전체를 정비하는 사업이다. 건물을 새로 짓는 데 그치지 않고, 도로·주차장·상하수도·공원 등 생활 기반시설을 재구성해 '지역의 생활 환경'을 새롭게 만드는 데 목적이 있다. 즉, 재개발은 한 동의 건물이 아니라 노후된 생활권 전체를 정비하는 사업이다.

재건축과 재개발이 갈리는 입지

재건축 대상지와 재개발 대상지를 유심히 살펴보면 미묘한 입지 차이를 현장에서 쉽게 체감할 수 있다. 서울 목동만 보더라도 같은 행정구역 안에서 재건축 대상 아파트 단지들과 저층 노후 주거지의 입지 차이는 명확하다. 재건축되는 1·2·3·4단지는 양천로와 목동로 같은 주요 간선도로, 학군 중심축과 가까워 생활 접근성이 뛰어나다. 반면 목동 2·3단지 뒤편의 저층 주거지와 신정동 빌라 밀집 지역은 대로 접근성이 떨어지고, 도보 생활권 인프라가 상대적으로 부족하다. 같은 '목동'이라는 이름 아래에서도 입지와 도시 환경은 상당한 차이를 보인다.

서울 청량리역 일대 주거지역을 보면 초역세권에는 구축 아파트인 미주아파트가 자리하며 가장 좋은 입지를 오랜 시간 동안 차지하고 있다. 반면 이면도로에는 저층 주거지와 상권이 혼재된 지역이 형성되어 상대적으로 입지 경쟁력이 낮다. 그래서 이 지역들이 재개발을 통해 신축 아파트로 탈바꿈하더라도, 원래부터 중심 입지에 자리하고 있던 미주아파트와의 입지 차이는 여전히 존재한다. 청량리 롯데캐슬 하이루체 역시 신축 아파트이지만, 미주아파트와 입지 차이가 존재한다. 따라서 향후 미주아파트가 재건축을 통해 신축으로 거듭나면 그 입지 격차는 오히려 더 부각될 것이다. 실제로 같은 생활권의 신축 아파트 중에서도 재건축 출신 단지는 중심축, 재개발 출신 단지는 외곽부에 자리하는 사례가 여러 지역에서 공통적으로 나타난다.

즉, 빌라 밀집지의 입지가 아파트의 입지를 넘어서는 경우는 거의 없다. 그 이유는 무엇일까? 도시를 하나의 '도화지'로 비유해 보면, 이 현상을 이해하기 쉽다. 아무것도 없는 도화지 위에서는 원하는 위치부터 마음대로 그림을 그릴 수 있지만, 이미 중앙에 그림이 그려 져 있다면 새로운 그림은 여백에 그릴 수밖에 없다. 도시 개발도 마찬가지다. 초기 도시 형성 단계에서는 입지가 좋은 중심부에 대규모 아파트 단지가 먼저 들어서고, 이후 남은 공간에 단독주택·다가구주택·빌라가 채워진다. 시간이 흘러 정비사업이 시작되면 중심에 있던 아파트는 재건축으로, 주변부 저층 주거지는 재개발로 이어지는 흐름이 나타난다. 이처럼 같은 지역 안에서도 정비사업의 방식에 따라 재건축 단지와 재개발 단지 사이에 미묘하지만 분명한 입지 격차가 생긴다.

도시의 중심은 한 번 정해지면 쉽게 바뀌지 않는다. 따라서 투자자가 낯선 지역을 임장할 때도 관심 있는 아파트 단지가 재건축으로 지어진 것인지, 재개발을 통해 만들어진 것인지 확인하는 것만으로 그 단지가 해당 지역에서 어떤 위치에 놓여 있는지를 어느 정도 가늠할 수 있다. 재건축과 재개발의 차이를 이해하는 일은 단순히 정비사업 방식을 구분을 넘어, 실제 입지를 판단하는 기준이 된다.

04
신도시 개발이 반복하는 공식, 입지는 어떻게 선점되는가

앞서 살펴본 도시의 완성 과정은 오늘날 신도시 택지개발에서도 반복된다. 신도시가 조성될 때는 아파트를 지을 수 있는 택지지구가 계획적으로 공급되는데, 건설사들은 이 '빈 도화지' 위에서도 각각의 입지에 따라 사업 참여 의지가 달라진다. 초역세권 예정지, 중심 상업지, 학교 부지 인접지와 같은 핵심 입지에 해당하는 구획일수록 건설사의 사업 참여 의지가 높아 사업이 비교적 빠르고 원활하게 진행되는 경향이 나타난다. 도시의 핵심축이 될 위치를 선점해 안정된 수요를 확보하려는 전략이다.

또한 신도시에서 첫 번째 분양을 진행하려면 아직 시장의 평가를 받지 않은 만큼 리스크도 따른다. 그래서 건설사들은 이러한 불확실성을 최소화하기 위해 대개 첫 번째 분양은 입지가 가장 우수한 위치에서 진행하는 경우가 많다. 하지만 이 시점의 신도시는 아직 미

완성인 상태다. 주변은 황량하고 상권이나 교통망이 완비되지 않았으며, 생활 인프라도 부족하다. 이 때문에 초기 분양가는 리스크를 반영해 낮게 책정된다.

분양 순서와 가격은 반대로 움직인다

이 과정에서 흥미로운 현상이 나타난다. 입지가 좋은 순서대로 분양이 이루어지다 보니, 두 번째로 분양된 단지는 첫 번째 단지보다 상대적으로 입지가 떨어지는 경우에도 분양가는 오히려 더 높게 책정되는 경우가 많다. 이유는 단순하다. 첫 번째 단지가 흥행했기 때문이다. 첫 단지가 완판되면 시장은 이미 그 지역의 수요를 증명한 셈이 된다. 그렇다면 건설사는 굳이 가격을 낮출 이유가 없다. 그렇게 두 번째 단지의 분양가가 오른다.

두 번째 단지마저 완판되면, 세 번째 단지는 더 외곽으로 밀려나지만 가격은 또다시 오른다. 그 결과 도시가 만들어지는 과정에서 가장 입지가 좋은 첫 번째 단지가 가장 낮은 가격으로 공급되는 역설적인 구조가 만들어진다.

이 구조가 흥미로운 이유는 분양가의 흐름 때문만이 아니다. 시간이 흐르며 도시의 모습이 구체화될수록 리스크는 줄어들고, 첫 번째 단지의 입지가 수면 위로 떠오른다. 예정이었던 교통망이 연결되고, 상권이 형성되고, 학교가 들어서며 사람들이 실제로 생활을 시작할 때 비로소 첫 번째 단지가 도시의 중심축으로 기능한다.

결국 가장 먼저 분양한 단지가 초기 리스크를 감수한 대가로 가장 낮은 분양가에서 출발했지만, 도시가 완성되는 동안 가치는 재평가된다. 그래서 분양가가 가장 높은 마지막 단지보다 더 높은 시세를 기록하는 경우도 충분히 발생할 수 있다. 그리고 그 차익은 고스란히 투자자의 몫으로 돌아온다.

물론 모든 지역이 이 원리에 정확히 들어맞는 것은 아니다. 초기에 분양한 단지가 흥행에 실패하거나 해당 지역의 수요가 미약한 경우에는 두 번째 단지부터 분양가가 낮아질 수도 있다. 그래서 막연한 기대감이 아니라 실제로 거주할 이유가 있는 지역인지 판단해야 한다. 또한 행정구역의 경계, 보상 절차, 교통 인프라 확충 등 신도시는 여러 변수가 작용하기 때문에 개발 순서가 입지 순서와 다르게 흘러가기도 한다.

그래서 아무리 확신하는 지역이라도 신도시 택지지구 조성사업의 첫 분양 단지를 성급하게 들어갈 필요는 없다. 몇 개 단지의 분양 결과를 지켜본 뒤, 아직 분양 예정 구획이 충분히 남아 있을 때 진입하는 것이 리스크를 줄이면서 수익을 높이는 전략이 된다.

05
부동산 투자의 근본은
결국 토지다

　서울의 부동산은 이미 가치가 높은 지역이기 때문에 개인이 온전히 한 필지를 소유하려면 막대한 자본이 필요하다. 그래서 우리는 서울의 아파트나 빌라의 형태로 토지 지분을 조각 매수하고 있는 셈이다.

　그렇게 아파트에 대한 관심이 집중되는 사이, 토지라는 자산의 본질적인 가치는 상대적으로 덜 주목받아 왔다. 물론 아파트에는 생활 편의성이라는 분명한 장점이 있지만, 토지 한 필지를 온전히 소유할 때 얻는 독립성과 확장성의 가치 또한 결코 작지 않다. 게다가 외부 조건에 덜 제약받고, 활용 방향을 스스로 설계할 수 있다는 점에서 다른 자산과 구별된다.

　타인과 공유하지 않고 하나의 토지를 소유한다는 것은, 그 땅을 의지에 따라 활용하거나 개발하며 가치를 높일 수 있다는 의미다.

이런 점에서 토지는 시간이 지날수록 소유자의 선택에 따라 가치가 결정되는 능동적 자산이다. 그래서 토지 투자자들은 언제나 토지에 주목한다. 아파트가 이미 성숙한 시장이라면, 토지는 여전히 원석의 시장이기 때문이다.

토지 투자를 잘하는 사람의 특징

그러나 모든 지역에 투자할 수도 없고, 모든 지역을 깊이 있게 공부하기에도 한계가 있다. 그래서 투자자는 자신이 집요하게 파고들 수 있을 만큼 가치가 있다고 판단되는 몇 개의 지역을 고르고, 그 지역을 끝까지 이해하려는 태도를 가져야 한다. 토지 투자는 여러 곳을 아는 사람보다 한 곳을 깊이 아는 사람에게 더 많은 기회를 준다.

건물은 변하지만, 땅은 남는다. 누군가는 이미 만들어진 도시에서 토지의 조각을 사고 있을 때, 또 다른 누군가는 아직 완성되지 않은 도시의 한 필지 땅을 산다. 그래서 토지 투자는 '시간을 사는 투자'라 할 수 있다. 건물이 현재의 가치를 매수하는 자산이라면, 토지는 미래의 가치를 사고 그 가치를 스스로 만들어갈 수 있는 자산이기 때문이다.

또한 토지를 이해하기 시작하면 아파트를 바라보는 시선도 달라진다. 재건축·재개발 같은 정비사업을 평가할 때도 토지의 형상, 도로 조건, 기반시설 확장 가능성 같은 토지의 관점에서 입지를 해석하기 때문이다. 결국 토지를 이해하는 것은 토지 투자만을 위한 준비가 아니라, 부동산 전체를 깊이 있게 읽기 위한 기본기를 갖추는 일이다.

토지 투자는 장점이 분명한 자산이지만, 막연히 좋아 보인다는 이유만으로 서둘러 뛰어들어서는 원하는 수익을 얻기 어렵다. 그래서 토지 투자와 잘 맞지 않는 사람이 있는가 하면, 반대로 꾸준히 성과를 내는 사람들도 분명 있다. 그렇다면 실제로 토지 투자를 잘하는 사람들은 어떤 방식으로 접근할까?

① 한 필지에만 머물지 않는 컬렉터형 투자자

토지 투자에 관심이 있다면, 이미 토지 투자를 잘하고 있는 사람에게 한 가지 질문을 던져보자. "지금 당신은 토지를 몇 필지나 가지고 있습니까?" 아마 고수 투자자라면 한 필지만 가지고 있지는 않을 것이다.

아파트는 1가구 1주택에 대한 세제 혜택이 있고, 다주택자가 되면 징벌적 세금이 부과된다. 이는 아파트 시장의 높은 유동성과 순환율, 즉 비교적 거래가 활발히 이뤄진다는 특성에 기반한 정책이다. 하지만 토지는 구조 자체가 다르다. 잘못 매수하면 '대대손손 물려줘야 할 땅'이 되기 쉬운 데다가 입지가 좋은 토지라도 거래까지 오랜 시간이 걸린다.

토지 투자에서는 불확실한 엑시트 타이밍을 대비하는 것이 중요한 만큼, 한 필지에 의존할수록 리스크가 커진다. 여러 필지를 보유하면 그만큼 매도 기회도 분산되고, 확률적으로 엑시트 기회도 넓어진다. 그래서 고수 투자자들은 컬렉터처럼 토지를 모은다. 여러 필지를 보유한 채 원하는 가격에 시장에 올려두고 기다린다. 일부는 빠르게 팔리고, 일부는 시간이 걸린다.

그렇게 발생한 수익으로 레버리지를 상환하거나 다시 다른 토지에 재투자하는 순환을 반복하다 보면, 결국 자기 자본으로 보유한 토지만 남는다. 물론 무작정 오래 보유하라는 의미는 아니다. 싸게 매수해 수익률을 낮출수록 매도는 빨라진다. 다만 조급한 매도는 높은 수익을 기대하기 어렵다.

그래서 이 방식은 단순한 매매 전략이 아니라 투자자의 마인드에서 출발한다. 전제는 분명하다. 누구나 탐낼 만한 토지를 시장 가격보다 낮게 매수하고, 명확한 매도 기준을 설정하는 것이다. 이 기준이 흔들리지 않는 판단의 출발점이 된다.

토지는 역사적으로 공시지가가 꾸준히 상승해 온 자산이다. 장기적으로 가치가 유지되거나 상승하는 성향을 가진다는 의미다. 그래서 비싸게 매수하더라도 시간이 지나면 수익 구간에 진입할 수 있다. 그러나 그 시점이 늦어질수록 기회비용은 커진다.

결국 수익을 앞당기고 싶다면 매수 가격이 핵심이다. 빠르게 수익권에 진입하고 싶다면, 싸게 사는 것이 무엇보다 중요하다. 토지는 '소유자가 부르는 게 값'인 시장이기 때문에, 낮은 가격에 매수할수록 원하는 가격을 기다릴 수 있는 선택지가 넓어진다.

처음에는 소액으로 환금성 좋은 토지부터 시작하고, 점점 리스크를 높여가는 방식이 효과적이다. 주식 단타처럼 빨리 팔아야 한다는 조급한 마음으로 접근하는 사람에게 토지는 맞지 않는 자산이다. 반대로 근거 있는 판단과 충분한 기다림을 감당할 수 있다면, 토지는 기다린 만큼 정직하게 보상하는 자산이기도 하다. 그 정도의 인식에 도달했다면, 이미 토지 투자자로서의 첫 단계는 넘어선 셈이다.

② 경험에서 나오는 상상력

토지 임장을 나간다고 가정해 보자. 특정 지역으로 임장을 간다는 건 그 지역에 대형 호재가 있어서 시세 차익을 기대한다는 의미일 것이다. 하지만 실제로 현장에서 마주하는 현실은 대부분 자연 그대로의 시골 땅이다. 눈앞의 토지가 정말 수익을 안겨줄 수 있을지 의문이 드는 건 당연하다. 그럼에도 불구하고 확신 없이 "나는 추진력이 있으니까"라는 이유만으로 매수한다면, 그 땅은 팔리지 않는 토지가 될 수도 있다.

그렇다면 좋은 땅인지 아닌지 어떻게 알 수 있을까? 이미 당신은 그 답을 알고 있다. 땅을 처음 보았을 때 이유 없이 '이게 될까?'라는 불안감이 들 때가 있다. 이런 감정은 괜히 생기는 것이 아니다. 토지에 대해 전문 지식이 없어도, 직관적으로 가능성이 느껴지는 땅은 분명히 있다. 토지도 결국 사람이 활용하는 부동산이기 때문이다.

자연스럽게 끌리는 땅은 대부분 우리가 살아오며 축적한 환경적·공간적 경험과 맞닿아 있다. 그래서 대부분이 필요로 하는 땅에서는 편안함과 가능성을 느끼고, 반대로 활용하기 어려운 땅에서는 본능적인 거부감을 느낀다. 토지를 처음 봤을 때 느껴지는 '좋다'는 감각은 경험에서 비롯된 중요한 판단 기준인 셈이다. 그래서 본인의 경험이 많을수록 좋은 땅을 알아보며 상상할 수 있는 능력도 함께 높아진다.

예를 들어 바닷가 앞 유동 인구가 많은데 상가가 없다면 "여기 횟집 하나만 차리면 장사 잘 되겠네"라는 말이 자연스레 나온다. 산업 단지 정문 인근의 토지를 보며 "여기 식당 하나만 열어도 직장인들 많이 오겠네"라고 상상하는 것도 마찬가지다. 창고나 물류업 경험이 있다면 차량 동선과 도로 폭이 보이고, 음식 장사를 해본 사람은 유동보다 배후 수요를 먼저 본다. 외곽 대형카페를 운영해본 사람은 조망과 시야 개방감을 읽어낸다. 신도시 개발 지역에서는 주거 수요를 따라 형성될 상권의 위치가 자연스럽게 그려진다. 이처럼 투자자는 경험이 많고 다양한 분야를 이해할수록 토지를 읽는 시야가 한층 넓어진다.

그렇게 좋은 토지를 발견했다면 바로 매수해도 될까? 아무리 많은 사람이 좋아할 땅처럼 보여도, 법과 제도의 벽을 넘지 못하면 팔리지 않는 땅이 된다. 그래서 경험과 직관으로 좋은 땅을 걸러냈다면, 반드시 공법적 조건을 통해 한 번 더 검증해야 한다.

모든 조건이 좋아 보였는데 건축이 불가능한 경우, 사람들은 흔히 "싼 이유가 있었네."라고 말한다. 결국 보는 눈은 비슷하다. 좋은 땅을 추린 뒤 공법적 하자까지 없는 곳을 찾아내야 진짜 좋은 토지에 가까워진다.

③ 끝까지 파헤치는 집요함

지역을 정하고, 경험적 상상력을 바탕으로 '좋은 땅'이라 판단되는 토지를 만났다면, 이제 그 땅의 현실적인 가치를 구조적으로 따져야 한다. 직관과 감각에서 법과 제도로 넘어가는 단계다. 토지를 이해한다는 것은 인허가 구조와 활용 가능성을 함께 해석하는 일이다. 이 지점에서 많은 사람이 진입장벽을 느끼지만, 그만큼 이 장벽을 넘으면 새로운 기회가 열린다.

가장 먼저 확인해야 할 것은 건축 가능 여부다. 기본적으로 알아볼 수 있는 것은 도로 접면이다. 일반적으로 건축이 가능한 대지는 폭 4미터 이상의 도로에 2미터 이상 접해야 한다. 하지만 도로가 접하지 않아서 남의 땅을 밟고 들어가야만 도달할 수 있는 땅은 맹지라고 부른다.

맹지는 기본적으로 건축이 불가능해서 활용성과 환금성이 매우 떨어진다. 일부 고수 투자자들은 이를 전략적으로 활용하기도 하지만, 주변 호재를 통한 가치 상승을 노리는 일반 투자자에게는 접근성이 좋은 토지가 훨씬 안전한 선택이다.

또한 도로에 접해 있다고 해서 바로 안심해서는 안 된다. 도로는 공도(공공도로)와 사도(사유지도로)로 나뉘며, 사도는 타인의 땅이기 때문에 문제가 복잡해질 수 있다. 따라서 반드시 지적도를 통해 접한 도로가 공공 소유인지 확인해야 한다.

여기서 별다른 문제가 없다면, 이제는 그 땅에 어떤 건축이 가능한지를 구체적으로 확인해야 한다. 용도지역, 용도지구, 건폐율, 용적률을 확인해 바닥면적, 층수, 허용 용도를 검토해야 한다. 이러한 정보는 토지이용계획확인원, 지적도, 각 지자체의 개발행위허가 기준, 도시계획 자료, 도시별 도시계획조례 등을 통해 비교적 쉽게 확인할 수 있다.

여기까지 확인했더라도 계약 전 한 번 더 해당 지역 구청이나 시청의 관련 부서에 구체적인 사항을 직접 문의하는 것이 좋다. 비도시권은 상수관과 오수관이 인근에 없는 경우가 흔해서 건축을 한다면 떨어져 있는 배관들을 끌어와야 하는 경우가 생기곤 한다. 토지 인근에 문화재, 보호수, 산림 규제 등도 다양한 부서의 확인이 필요하다. 이때는 중간에 멈추지 말고, 마지막까지 해당 부서에 확인해야 한다.

공무원의 답변이 모호할 경우에는 실무 경험이 풍부한 건축설계 사무소에 자문을 구하는 것도 좋은 방법이다. 일정 비용이 들더라도 리스크를 줄이는 데는 훨씬 유리하다. 공인중개사의 설명 역시 참고하되, 반드시 교차 검증하는 자세가 필요하다.

이러한 집요한 검토 과정을 통해 우리는 땅을 사는 것을 넘어 땅을 해석하는 능력을 기르게 된다. 해당 토지가 어떤 용도로, 어떻게 활용될 수 있는지를 여러 활로로 꿰뚫어 볼 수 있어야 비로소 그 땅의 진짜 가치를 자신 있게 평가할 수 있기 때문이다. 따라서 토지 투자는 '좋은 땅을 싸게 사는 것' 이전에 '쓸 수 있는 땅을 제대로 알고 사는 것'에서 출발한다.

06

수익을 갉아먹는 투자자의 치명적 습관

부동산 투자를 시작하는 사람들은 흔히 '무엇을 해야 하는가'에 집중한다. 그러나 실제로는 '무엇을 하지 말아야 하는가'를 아는 것이 더 중요할 때가 많다. 잘못된 접근은 자산을 잃는 데 그치지 않고, 투자 감각 자체를 흐리게 만든다. 다음의 세 가지는 내가 오랫동안 현장을 다니며 몸으로 익힌 절대 하지 말아야 할 부동산 투자 습관이다.

부동산 투자에서 반드시 피해야 할 세 가지

첫째, 실거주 한 채를 주식처럼 하지 마라. 강남 은마아파트의 1979년 분양가는 약 2,000만 원이었다. 그때부터 은마아파트 한 채를 계속 보유해 온 사람과, 주택을 사고팔며 갈아탄 사람들의 평균 수익률을 비교해 본다면 어떨까. 은마아파트의 수익률을 넘기기는 쉽지 않았을 것이다.

물론 적절한 갈아타기는 수익률을 증폭시킨다. 하지만 실거주 한 채를 보유한 상태에서 주식처럼 수익률에만 집착하는 순간, 부동산의 본질을 놓치기 쉽다. 주식은 가격의 등락이 빠르고, 차익을 중심으로 사고판다. 반면 부동산은 입지와 수요라는 실체적 가치를 기반으로 움직이는 자산이다. 수익률만 보고 접근하면 눈앞의 수치에 끌려 입지도 약하고, 수요도 없는 지역을 택하게 된다. 이런 지역의 부동산은 시장이 좋을 때는 팔 수 있겠지만, 경기가 꺾이면 거래가 막혀 오랫동안 자금이 묶인다.

부동산에서 가장 중요한 것은 언제나 '입지'와 '수요'다. 이는 곧 거래가 많은 곳, 임대수요가 많은 곳, 전세매물이 귀한 곳, 사람이 살고 싶어 하는 곳이다. 지금 사서 몇 년 뒤 얼마를 남기겠다는 단기 수익률 계산에 매달릴수록 '좋은 부동산'을 알아보는 눈은 흐려진다. 부동산 투자는 부동산의 특성에 맞게 접근하는 것이 바람직하다.

둘째, 남의 확신을 빌려 투자하지 마라. 부동산 시장에는 언제나 확신에 찬 목소리가 있다. 유튜브, 뉴스, 부동산 전문가의 강의 등 어디에서든 누군가는 "지금이 기회다", "여기는 오른다"라고 말한다. 그러나 그 확신은 그 사람이 직접 보고, 겪고, 판단해 쌓아온 경험에서 나온 것이다.

경험은 전이되지 않는다. 강의를 들었다고 그 경험이 내 경험이 되는 것은 아니며, 판단의 근거까지 함께 가져올 수도 없다. 그래서 아무리 전문가의 이야기라 하더라도 그 말을 그대로 믿고 투자하면,

시장이 흔들릴 때 스스로 판단할 기준이 없다. 확신이 없으니 가격이 조정될 때 왜 빠지는지 설명할 수 없고, 버텨야 할지 정리해야 할지도 결정하지 못한다. 구조를 이해하지 못하면 불안은 커지고, 결국 심리적으로 흔들린다.

물론 정보는 참고할 수 있다. 그러나 확신은 빌리는 것이 아니라 스스로 만들어야 한다. 어떤 지역이 좋다는 이야기를 들어서 관심이 생겼다면 직접 가서 현장을 보고, 구조를 확인하며 스스로 판단해보는 과정이 필요하다. 남의 경험을 자신의 경험으로 바꾸는 과정이 있어야만 비로소 판단이 단단해진다. 투자는 남의 말 위에 서는 일이 아니라 자신의 이해와 경험 위에 서는 일이다. 확신은 듣는 순간 생기는 것이 아니라, 확인하는 과정을 거치며 만들어진다.

셋째, 현장에서의 대화를 피하지 마라. 현장의 진짜 정보는 책이나 인터넷보다 사람에게서 나온다. 동네 주민, 아파트 경비원, 인근 상가의 사장님, 공인중개사와의 대화를 두려워해서는 안 된다.

부동산 투자는 수억 원이 오가는 결정이다. 그런 선택을 하면서 사람에게 말을 거는 걸 망설일 이유는 없다. 한마디의 대화가 현장의 분위기와 흐름을 읽게 만들고, 숫자보다 더 정확한 정보를 주기도 한다. 나 역시 현장 대화를 통해 다른 사람들보다 먼저 개발의 움직임을 감지하거나 숨은 매물을 발견한 경험이 여러 차례 있다. '말하기'는 투자자의 가장 기본적인 도구다. 부끄러움을 넘지 못하면, 정보의 깊이도 넘을 수 없다.

숫자와 수익률만 쫓으면 사람을 놓치고, 사람을 놓치면 시장을 놓친다. 타인의 경험담만 듣고 판단하면 시야가 좁아지고, 현장 사람들과의 대화 없이 얻은 정보는 누구나 알고 있는 정보일 가능성이 높다. 그래서 부동산 투자를 잘하고 싶다면, 이 세 가지를 기억해야 한다. 부동산을 주식처럼 다루지 말 것, 타인의 이야기만 듣고 투자하지 말 것, 그리고 사람과의 대화를 피하지 말 것. 이 세 가지만 지켜도 부동산을 해석하는 안목은 한층 깊어질 것이다.

부동산은
사람을 읽는 일이다

입지는 사람이 만든다. 부동산 가치는 저절로 만들어지는 것이 아니라 사람들의 반복된 선택이 쌓이며 도시의 가치로 완성된다. 그래서 부동산은 숫자만으로 이해할 수 있는 영역이 아니다. 궁극적으로 시장을 움직이는 것은 그 공간을 선택하고 살아가는 사람들이다.

우리가 해야 할 일은 그런 선택이 모이는 자리를 찾아내는 것이다. 특별한 능력이 필요한 일은 아니다. 우리는 모두 같은 인간이기 때문이다. 내가 편한 곳은 다른 사람에게도 편하기 마련이고, 내가 불편한 곳은 대개 다른 사람에게도 불편하다. 인간이라면 누구나 가진 오감으로 그 차이를 느낄 수 있다. 그 감각이야말로 가치 있는 부동산을 가려내는 가장 기본적인 기준이다.

이 책을 덮는 지금, 무엇부터 해야 할지 막막할 수 있다. 하지만 거창한 전략은 필요 없다. 완벽한 타이밍을 기다릴 필요도 없다. 중요한 것은 지금 당장 움직일 수 있는 실행력이다.

간혹 준비 없는 임장은 필요 없다고 말하는 사람들도 있다. 아파트 한 바퀴 돌고 오는 것은 의미 없다고 조언하기도 한다. 틀린 말은 아니지만, 나는 조금 다르게 생각한다. 생각만 하는 것보다 한 번 나가보는 편이 낫다. 한 번의 임장이 생각의 방향을 바꿀 수 있다면 그것만으로 충분하다.

임장은 계산적으로 다니는 일이 아니다. 리스트를 들고 다니며 열정적으로 체크하고 정답을 찾으러 다니는 것도 아니다. 궁금하면 가보고, 보고 싶으면 가보면 된다. 그곳에서 걷고, 보고, 느끼고 돌아오면 된다. '이 집은 정말 사고 싶다'라는 생각 하나만 가지고 와도 성공이다.

그렇게 한 번, 또 한 번 나가다 보면 자연스럽게 비교할 수 있다. 그러다가 "오늘은 중개사무소에도 한번 들어가 볼까?" 하는 생각이 들면, 직접 들어가 물어보게 된다. 그렇게 하다 보면 어느 순간 그 지역의 '사람'이 보이기 시작한다. 왜 이곳에 수요가 쌓이는지, 왜 이 지역이 유지되는지가 눈에 들어온다.

임장이 공부가 아니라 일상이 되는 순간, 부동산은 더 이상 두려운 대상이 아니다. 모른다고, 준비가 안 되었다고 더 이상 미룰 필요가 없다. 모르는 것은 그때그때 찾아보면 된다. AI 시대인 지금은 정보를 찾기 어려운 환경도 아니다. 억지로 정보를 외우고 완벽히 준비한 뒤 움직일 필요도 없다. 오히려 현장에서 생긴 궁금증을 바로 확인하며 이해하는 과정이 더 오래 기억에 남는다.

처음에는 확신이 없어도 괜찮다. 임장을 반복하다 보면 어느 순간 선택의 기준이 생긴다. 그러다 "이 집은 정말 사고 싶다"라는 판단이 서는 순간, 관심은 깊어지고 부동산 온도는 서서히 올라가기 시작한다.

이 책의 서두에서 이야기했듯, 부동산은 전공필수 과목이다. 우리는 모두 평생 자신의 공간을 선택하며 살아간다. 그러니 이왕 평생 해야 할 공부라면 재미라도 있어야 한다. 그래서 의미 없는 임장은 없다. 한 번의 방문이 동기를 만들고, 그 동기가 판단을 단단하게 만든다.

도시의 축은 앞으로도 계속 이동할 것이고, 그에 따라 부동산의 가치도 끊임없이 변화할 것이다. 그 변화 속에서도 사람이 머무를 자리를 읽어내는 감각, 가치 있는 부동산을 찾는 오감을 갖춘다면 당신의 선택은 쉽게 흔들리지 않을 것이다.

이 책이 당신을 한 번이라도 밖으로 나가게 했다면 그것으로 충분하다. 이제 남은 것은 당신의 발걸음이다. 입지는 지도 위에서 먼저 정해지는 게 아니라 사람들이 모여 살아가며 만들어진다. 그래서 부동산을 볼 때는 숫자와 그래프로 단기 수익만 계산하기보다 사람이 사는 생활의 공간을 보는 눈이 더 중요하다. 전문가의 정교한 분석보다 "내가 정말 살고 싶은 곳인가?"라는 질문 하나가 더 정확한 답을 줄 때가 많다.

전문가든 일반인이든 인구 감소와 지방 소멸을 이유로 "이제 집은 너무 많고 수요는 없다"라는 이야기를 종종 한다. 만약 그런 말을 듣게 된다면, 이렇게 되물어보길 바란다.

"그렇다면 당신이 살고 싶은 집은 어디인가요?"

사람은 여전히 더 나은 환경을 찾아 움직인다. 최신 스마트폰을 사도 몇 년이 지나면 신형으로 바꾸고 싶어지듯, 더 편리하고 더 쾌적한 집이 등장하면 옮겨 살고 싶고, 소유하고 싶어진다. 주거 환경이 바뀌면 사람은 언제나 그 변화의 중심으로 이동한다. 그리고 그 모든 변화를 이끄는 것은 언제나 입지다. 그래서 다소 오래된 집이라도 입지가 좋으면 사람은 그곳에 머문다. 입지가 주는 편리함이 삶의 질을 지탱해 주기 때문이다.

우리가 선택하는 집은 결국 세 가지의 균형 속에서 결정된다. 입지, 주택의 기능, 그리고 내가 가진 자산이다. 이 조건이 비슷한 사람들은 결국 비슷한 집을 고르게 된다. 예를 들어 연봉 1억 원대에 강남권 직장이 있고 유치원생 자녀를 둔 40대 부부들은 자금 범위 안에서 직주근접이 가능하면서도 아이 키우기 좋은 곳을 찾게 된다. 그러다 보면 결국 동일한 아파트들을 후보지로 뽑을 확률이 높다. 이렇게 비슷한 조건의 사람들이 같은 선택을 반복하면, 그 지역의 수요는 자연스럽게 쌓이고 부동산의 가치는 상승한다. 이 단순한 구조가 바로 부동산의 본질이다.

도시를 이해하려면 그곳에 사는 사람을 먼저 살펴봐야 한다. 그래야 그 지역의 부동산 가치도 함께 보이기 시작한다. 낯선 지역을 마주할 때는 항상 인문학적 시선으로 상상해 보자. 이 지역에 사는 사람은 어떤 하루를 보낼까? 강남으로 출퇴근하는 직장인이라면 이

곳을 선택할까? 초등학생 자녀가 있는 가정이라면 이 지역에서 어떤 아파트를 고를까? 이러한 '사람 중심적 사고'가 부동산을 바라보는 중요한 기준이 된다.

예로부터 부동산은 중장년층의 투자라는 말이 있다. 다양한 공간에서 산전수전을 겪은 사람들은 직관적으로 안다. "이곳에 살면 살기 좋겠다", "이 자리에 가게를 차리면 장사 잘 되겠다" 같은 판단은 복잡한 분석보다 오히려 생활의 경험에서 자연스럽게 나온 것이다. 그래서 낯선 지역을 마주할 때는 전문가의 해석보다 자신의 감각을 먼저 믿어보는 것이 좋다. 현장을 직접 보고 스스로에게 물어보자. "이곳에서의 삶이 나에게 자연스럽게 그려지는가?" 그 기준이 분명해지는 순간, 선택의 방향도 함께 또렷해진다.

결국 발로 뛰며 보고, 듣고, 냄새 맡고, 만져보고, 맛보는 부동산 오감 임장을 한다면 가치 있는 부동산을 발견할 가능성은 올라간다. 이 책을 읽은 모든 독자가 이러한 관점을 잊지 않고, 인문학적 시선으로 부동산을 해석하며 각자의 투자 여정을 이어가길 바란다.

인생을 바꿀 부동산이 쏟아진다

1판 1쇄 발행 2026년 4월 27일

지은이 최이준(오감스)
발행인 오영진 김진갑
발행처 토네이도미디어그룹(주)

책임편집 김예은
기획편집 박수진 유인경 박은화
디자인팀 김현주
표지 및 본문 디자인 유어텍스트
교정교열 한지원
마케팅 박시현 박준서 박가영 한영은
경영지원 이혜선

출판등록 2006년 1월 11일 제313-2006-15호
주소 서울시 마포구 월드컵북로5가길 12 서교빌딩 2층
원고 투고 및 독자 문의 midnightbookstore@naver.com
전화 02-332-3310 팩스 02-332-7741
블로그 blog.naver.com/midnightbookstore
페이스북 www.facebook.com/tornadobook
인스타그램 @tornadobooks

ISBN 979-11-5851-348-1 (03320)

토네이도는 토네이도미디어그룹(주)의 자기계발/경제경영 브랜드입니다.